科学者が消える

ノーベル賞が取れなくなる日本

岩本宣明
Iwamoto Noa

東洋経済新報社

はじめに

みなさんよくご存知のとおり、近年、日本人のノーベル賞受賞が相次いでいます。ラッシュです。昨年は京都大学の本庶佑特別教授が生理学・医学賞を受賞、一昨年は長崎出身のイギリス人作家カズオ・イシグロ氏が文学賞を受賞して、多くの日本人が我がことのように喜びました。

ことに自然科学部門での日本勢の健闘は目覚ましく、２０００年以降、日本人科学者（外国籍の日本出身者を含む）の受賞は17人に及び、アメリカに次いで2位。堂々のノーベル賞大国です。２００８年に物理学賞を受賞した益川敏英博士は、受賞後の会見で「ノーベル賞は毎年9人か10人なので、日本人研究者が毎年一人ぐらい受賞するのは当たり前」と豪語しました。その言葉を聞いて、科学や技術の分野では、まだまだ日本の将来は明るいと勘違いする人は多かったと思います。私もその一人です。

ところが、この数年間で、受賞後の記者会見の光景は様変わりしました。ノーベル賞受賞者が口々に、日本の研究現場の疲弊を訴え、未来を悲観する声を発するようになったからです。景気のよい言葉が飛び出すことはなくなりました。

２０１６年に生理学・医学賞を受賞した大隅良典・東京工業大学栄誉教授は、受賞後ことあるごとに、「このままでは将来、日本からノーベル賞学者が出なくなると思っている。（日本人の連続受賞は）過去の遺産という面もある」（『日本経済新聞』２０１７年9月30日朝刊）などと指摘し、警鐘を鳴らし続けています。「日本の大学はすべてを効率で考えるという袋小路に陥り、科学の世界に『役に立つ』というキーワードが入り込みすぎている。研究費が絞られるほど研究者のマインドは効率を上げることに向かうが、自由な発想なしに科学の進展はない」（同）――。つまり、研究費が少なくなり、研究者が「効率」を求められるようになった結果、自由な発想に基づく基礎研究が疎かになっている、と言うのです。

大隅さんは受賞後、自ら若手研究者の基礎研究を支援する「大隅基礎科学創成財団」を設立しました。本庶さんも続きます。京都大学内にノーベル賞の賞金を原資として「本庶佑有志基金」を設立し、「高い理想を持って研究者を目指す若手人材」に対する「安定した地位と研究資金を提供できるような助成」に乗り出しました。

今の大学制度や研究環境では、若手研究者に将来のノーベル賞につながるような独創的な研究はできない。政府や大学が何もしないなら、自分たちでやるしかない――。それが、お二人に共通の危機感です。

ほんまかいな、と思われる方は多いと思います。なんぼなんでも、京大や東工大でそんなことないやろ。ノーベル賞を受賞するような人は理想が高すぎるんとちゃうか――。私もそう思っていました。

日本の研究現場は本当にそんなに酷いことになっているのか。ちょっと調べてみよう。それが本書の出発点です。データの大半は、政府のお墨付きを与えられている「科学技術白書」などの公的刊行物から入手しました。政府の文教政策や科学技術政策に批判的な人々から提供されたデータに頼っていると、最初から結論は決まってしまい、しかも客観的とは限らないということになってしまう危険性が高いからです。

その点、政府刊行物なら安心です。もちろん、政府に都合の悪い真実は伏せられている可能性は非常に高い。けれど、そういう資料から集めた情報で分析してもなお、日本の研究現場は相当酷い状況にあると結論されるのなら、それはもう本当に酷い。多分、それ以上に酷い、ということが客観的に言えるはずです。

本書の結論を先に言ってしまいます。本当に酷い。無茶苦茶です。このままでは、ノーベル賞受賞者はおろか、日本から科学者自体がいなくなってしまいそうです。

嘘だと思われたら、是非、最後までお付き合いください。

目次

第3章　衰弱している日本の研究力——主要国で最低レベルに凋落

第4章 忙しくて研究できない──「選択と集中」の弊害

第5章
ノーベル賞が消える
——研究者が共有する危機感

終章 大学解体のとき

第1章

憧れだったノーベル賞

世界の偉人が受賞

言うまでもなく、ノーベル賞はダイナマイトや無煙火薬の発明で巨額の富を得たスウェーデンの化学者で実業家でもあったアルフレッド・ノーベルの遺言に従って設けられた世界的な賞です。資産を受け継ぐ子がいなかったノーベルが、無煙火薬が兵器に使われ戦争で猛威をふるったことに心を痛め、科学の発展と世界の平和のために遺産の使途を遺言したと言われています。

毎年、物理学、化学、生理学・医学、文学、平和、経済学の6分野で「過去1年間に人類に対して最大の貢献をした者」に授与されます。最初の授与はノーベルの5回目の命日である1901年12月10日に行われました。当初は5分野の授与で、経済学賞は1968年にスウェーデン国立銀行が創設し翌年から授与が始まっています。

長い歴史の中で、ノーベル賞は904人24団体、延べ908人27団体に授与されています。「キュリー夫人」の伝記で日本人には馴染み深いポーランド出身のフランス人科学者マリア・キュリーは物理学賞と化学賞を、アメリカ人化学者ライナス・ポーリングは化学賞と平和賞を受賞。アメリカ人物理学者ジョン・バーディーンは物理学賞を、イギリス人化学者フレデリック・サンガーは化学賞をそれぞれ2度受賞、赤十字国際委員会は平和賞を3度、国連難民高等弁務官事務所は2度受賞しています。ノーベル賞の個人受賞者892人のうち、女性受賞者は48人です。2018年にカナダのドナ・ストリックランドが3人目の物理学賞受賞者となり、一人加わりました。

世界でもっとも権威のある賞なのですから当然ですが、歴代受賞者には世界の偉人たちが名を連ねています。物理学賞ではX線を発見したヴィルヘルム・レントゲン（1901年、ドイツ）、マリア・キュリー（1903年、フランス）、相対性理論のアルベルト・アインシュタイン（1921年、ドイツ）、生理学・医学賞では、結核菌やコレラ菌を発見し細菌学の開祖と言われるロベルト・コッホ（1905年、ドイツ）、ビタミンを発見したフレデリック・ホプキンズ（1929年、イギリス）、DNAの二重螺旋構造を発見したジェームズ・ワトソン（1962年、アメリカ）とフランシス・クリック（同、フランス）らがいます。

文学賞には世界の文豪がずらり。ロマン・ロラン（1915年、フランス）、ウィリアム・イェイツ（1923年、アイルランド）、アンリ・ベルグソン（1927年、フランス）、パール・バック（1938年、アメリカ）、ヘルマン・ヘッセ（1946年、ドイツ）、アンドレ・ジイド（1947年、フランス）、ウィリアム・フォークナー（1949年、アメリカ）、アーネスト・ヘミングウェイ（1954年、アメリカ）、アルベール・カミュ（1957年、フランス）、ジャン・ポール・サルトル（1964年、フランス、辞退）などなど。平和賞には、高度成長期の日本の少年少女ならば誰もが知っていたシュバイツァー博士（1952年、ドイツ）、マザー・テレサ（1979年、インド）、ネルソン・マンデラ（1993年、南アフリカ）らの名前があります。アルベルト・シュバイツァーは生涯をアフリカのガボンでの医療に捧げた人です。

今世紀自然科学部門では世界2位

よくご存知の方も多いと思いますが、日本人受賞者についてもおさらいしておきましょう。受賞者は24人、外国籍の日本出身者を含めると27人となります（2018年時点）。ア

図表1－1　国別・分野別のノーベル賞の受賞者数（1901～2017年）

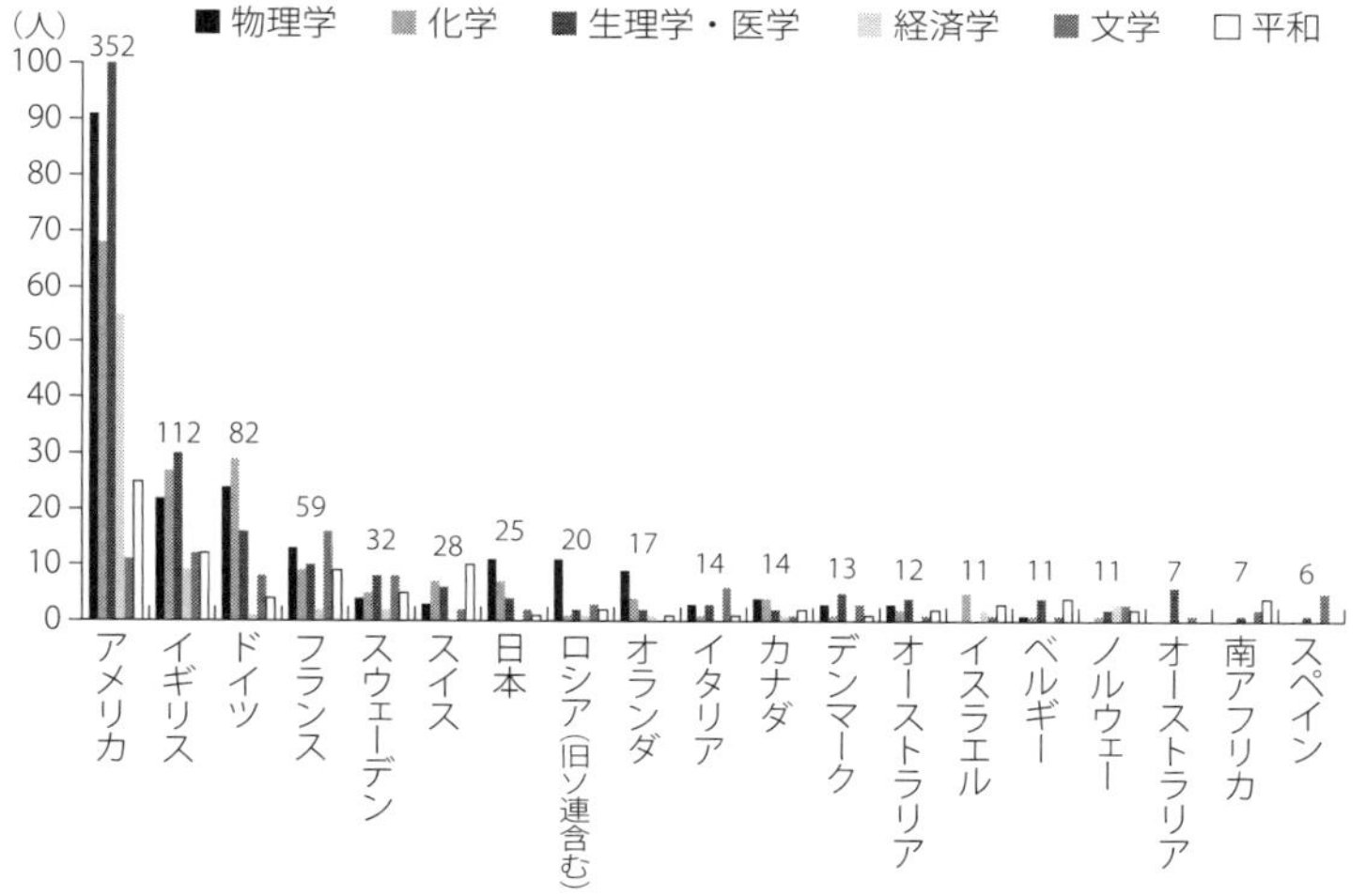

（注1）日本人受賞者のうち、2008年物理学賞受賞の南部陽一郎、2014年物理学賞受賞の中村修二は、米国籍で受賞している。
（注2）日本人以外は、ノーベル財団が発表している受賞時の国籍（二重国籍者は出生国）でカウントし、それらが不明な場合等は、受賞時の主な活動拠点国でカウントしている。
（注3）2017年文学賞受賞のカズオ・イシグロ氏は日本出生ではあるが、日本人受賞者には計上しない。
(Note) Some numbers may not add due to counting dual national in each country.
（資料）文部科学省調べ（ノーベル財団資料 等）
（出典）文部科学省「文部科学要覧」（2018年版）

メリカ、イギリス、ドイツ、フランス、スウェーデン、スイスに次いで世界第7位、欧米以外の国々の中では首位独走です（図表1－1）。

自然科学部門の受賞者は15人

今世紀の自然科学部門に限ると、日本人受賞者は15人。アメリカ（68人）、イギリス（16人）に次ぐ3位で、堂々のノーベル賞受賞大国です（図表1－2、1－3）。

2008年に物理学賞を受賞したヨウイチロウ・ナンブ（南部陽一郎）と2014年の物理学賞のシュウジ・ナカムラ（中村修二）

図表1－2　国別のノーベル賞（自然科学系）受賞者数

	1901 ～ 2000 年	2001 ～ 2017 年
アメリカ	195	64
イギリス	68	15
ドイツ	63	6
フランス	25	7
日本	6	14

（注 1）1901 年から 2015 年までの受賞者をまとめた 2016 年版科学技術白書をもとに、2016、2017 両年のデータを加え著者が修正・作成

（注 2）ノーベル財団が発表している受賞時の国籍（二重国籍者は出生国）でカウントし、それらが不明な場合等は受賞時の主な活動拠点国でカウント。2008 年物理学賞受賞の南部陽一郎、2014 年物理学賞受賞の中村修二は米国籍のためアメリカにカウントした。

図表1－3　今世紀の国別ノーベル賞（自然科学系）受賞者

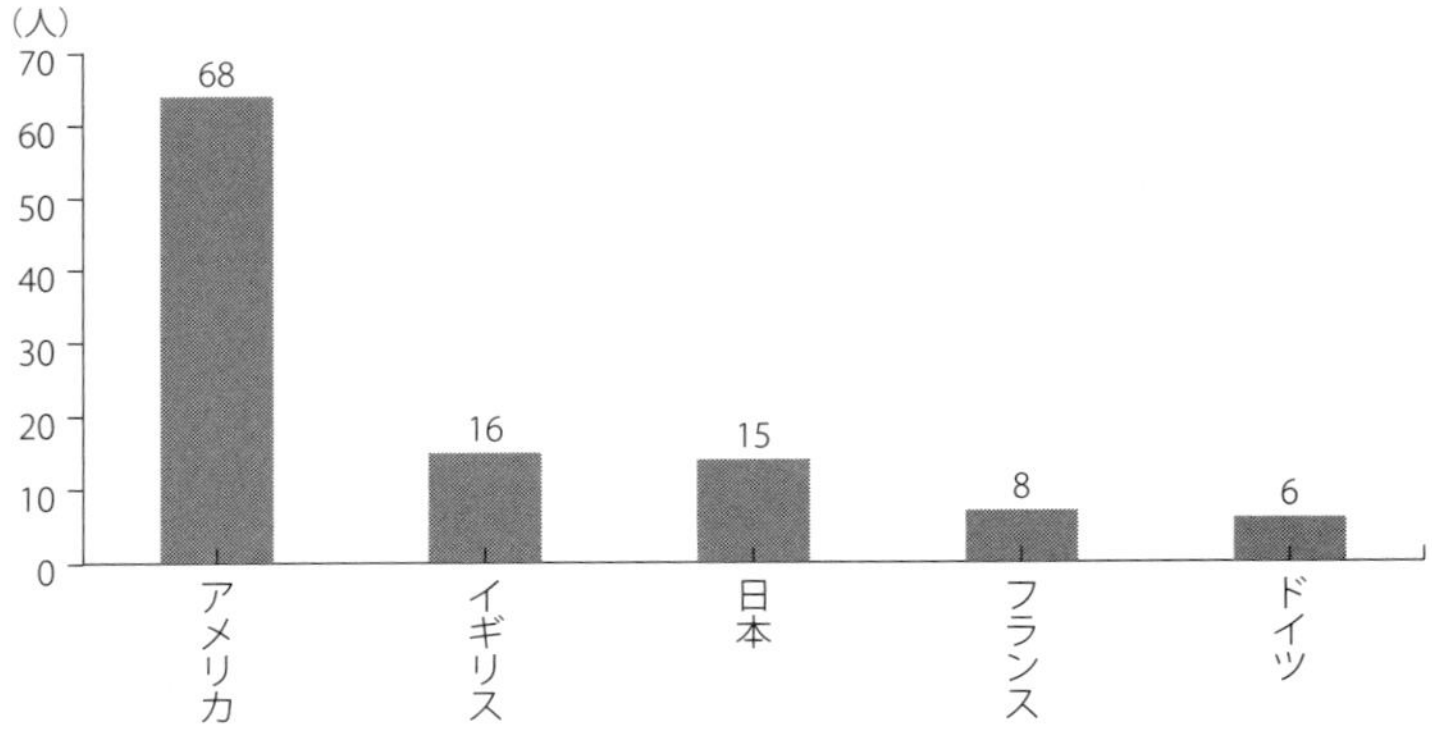

（注）ノーベル財団の公表をもとに、著者が作成

は米国籍のためアメリカにカウントしていますから、この二人を日本人受賞者に加えると、イギリスを抜いて2位ということになります。文部科学省のデータではそうなっています。

世界3位、または2位の実績は、過剰なノーベル賞報道でも見過ごされがちな事実ですが、ここはもっと強調してもよいように思います。

敗戦後の日本人を勇気づけた受賞第1号

日本人初のノーベル賞受賞者は湯川秀樹博士です。受賞は敗戦後、連合国軍の占領下にあった1949年のことでした。湯川博士の受賞は敗戦で荒みきっていた日本人が自信を取り戻す契機の一つとなり、勇気を与えたと言われています。さすがノーベル賞です。

二人目の受賞者は朝永振一郎博士で、「量子電磁力学の構築と素粒子物理学への功績」により1965年に物理学賞を受賞しました。湯川博士と朝永博士は京都一中、第三高等学校、京都帝国大学理学部の同級生で、卒業後も同じ研究室で机を並べていました。この頃は、ノーベル賞受賞者を「博士《はくし》」と呼んでいました。

三人目は文学賞の川端康成です。『雪国』や『伊豆の踊子』で有名です。この頃までは、小学生に至るまで、日本人ノーベル賞受賞者の名前を言えない日本人はいない。そんな時代でした。

1970年代にはアメリカのIBMの研究所に勤務していた江崎玲於奈が物理学賞を受賞し、「残念な頭脳流出」と報道されました。渡米前、江崎はソニーに勤めていましたが、後にノーベル物理学賞を受賞する授賞対象の研究論文は日本の学界では見向きもされませんでした。学術に限らず日本ではよくある現象です。しかし、その論文はアメリカで絶賛され、江崎は自由な研究環境を求め1960年に渡米しました。

江崎受賞の翌年には、元首相の佐藤栄作が平和賞を受賞します。唯一の原爆被爆国の首相として「非核三原則」を打ち出したことなどが評価されての受賞でしたが、後に公開された米国の公文書で、佐藤が非核政策を「ナンセンスだ」と語っていたことなどが明らかになり、平和賞を選考するノーベル平和賞委員会の記念誌の執筆者の一人は「(佐藤への授賞は)ノーベル平和委員会の最大の誤り」と当時の委員会を批判しました。その後、日米の密約で三原則の一つの「持ち込ませず」は空文化されていたことが判明したこともあり、日本で唯一の平和賞受賞が肯定的に話題になることはほとんどありません。

欧米人以外の受賞の道を広げた福井、利根川

1981年には福井謙一が日本人初の化学賞を、87年には利根川進が初の生理学・医学賞を受賞しました。利根川は米マサチューセッツ工科大学の教授で、江崎同様「頭脳流出」が惜しまれました。

この頃まで、ノーベル賞の受賞者はほぼ欧米人に独占されていました。欧米人は曖昧な概念ですが、ここではあまり厳密に考えず、中南米の移民やその係累も含め、ヨーロッパ

にルーツを持つ人々程度の意味で使っています。

欧米人以外で初めてのノーベル賞受賞者は1913年に文学賞を受賞したインドの詩人、ラビンドラナート・タゴールです。自然科学部門では、やはりインド人科学者のチャンドラセカール・ラマンが1930年に物理学賞を受賞したのが最初です。そして、湯川博士が欧米人以外では三人目の受賞者となりました。

1980年代に受賞した福井は化学賞の、利根川は生理学・医学賞の、どちらも欧米人以外では初の受賞者です。化学賞では1970年にアルゼンチンの化学者ルイ・ルロワールが、生理学・医学賞では1947年にアルゼンチンのバーナード・ウッセイ、1951年に南アフリカのマックス・タイラーが受賞していますが、いずれもヨーロッパにルーツを持つ人でした。お二人の受賞は、おそらく、日本人だけではなくアジアの若い科学者たちに大きな希望と野心を与えたと思われます。

福井の受賞当時、私は京都の大学生で、ノーベル賞受賞記念講演が開催されたキャンパスで、偶然、すれ違ったことがあります。目の前を、ノーベル賞受賞者が歩いていたのです。先生のノーベル賞受賞は、自分とはなんの関係もないのに、なんだか誇らしい気分になったことを思い出します。講義の出欠をとるような無粋をする先生は一人もいないような大学でしたが、その後何日間は、真面目に講義に出席したかもしれません。つまり、ノーベル賞とは、同じアジア人がとか、同じ日本人が、同じ大学の先輩が受賞したという だけで、怠惰な大学生をほんの一瞬であったにせよ、勤勉にさせることができる、そのよ うな魔力を持っていたのです。理科系の学生ならなおさらだったと思います。

日本人受賞ラッシュ

90年代の受賞は文学賞の大江健三郎一人でしたが、2000年代に入ると、2000年の白川英樹の化学賞受賞を皮切りに、受賞ラッシュと言える状況が生まれ、毎年のように日本人ノーベル賞受賞者が誕生しています。2000年以降に受賞した日本人・日本出身者は19人に及びます。皆さん、記憶に新しいことと思います。

2002年には、カミオカンデの小柴昌俊が物理学賞を、大卒のサラリーマン研究者で受賞当時博士号取得者ではなかった田中耕一が化学賞を同時受賞し、初の日本人複数受賞に多くの人が驚きました。さらに、2008年には、小林誠、益川敏英、アメリカ国籍のヨウイチロウ・ナンブ（南部陽一郎）が物理学賞を、下村脩が化学賞を受賞し、4人が同時受賞。益川の「毎年一人ぐらい受賞するのは当り前」という発言が飛び出しました。益川発言は予言通りとなり、続いて、2010年（二人）、2014年（三人）、2015年

（二人）と続き、複数受賞は当たり前と受け取られるようになりました。湯川博士の受賞から半世紀を経て、日本人研究者は欧米の研究者と比肩する実力を確かに培ってきた証左と言えます。

発明より発見、応用より基礎

日本人の多くが大好きなノーベル賞ですが、ノーベル賞はどんな人に贈られているのでしょう。前述のとおり、ノーベル賞は、物理学、化学、生理学・医学、文学、平和、経済学の6分野で「過去1年間に人類に対して最大の貢献をした者」に授与されます。

あれ、数学は？　地学・天文学は？　工学は？　コンピュータ科学は？　音楽は？　美術は？……などなど、疑問や不満を持つ人は多いようですが、ないものは仕方ありません。その代わり、数学にはフィールズ賞やアーベル賞が、コンピュータにはチューリング賞などがあり、賞金もアーベル賞とチューリング賞は約1億円で、ノーベル賞と遜色ありません。が、いずれも、数学のノーベル賞とか計算機科学のノーベル賞などと形容され、知名度や名誉の観点からは本家の後塵を拝している観は否めません。フィールズ賞は4年に一度の授賞で賞金は約200万円です。

ノーベル工学賞はない

美術や音楽、それにノーベル賞創設当時には発展していなかった計算機科学はともかく、数学や工学がないのは確かに不思議な気がします。その理由は、ノーベルの遺言に数学と工学の文字がなかったからですが、数学については、真相は明らかではありませんが俗説がいろいろあります。面白いのは、同時代の数学者ヨースタ・レフラーとの不仲原因説です。数学賞を作るとレフラーが受賞する可能性がある。そんなのは御免だ、という訳です。不仲の原因は恋敵だったという説まであります。マドンナはロシア人数学者だったと言われています。もう一つ有力なのは、数学賞を作ると、当時、数学先進国だったフランスとドイツに受賞者が偏ってしまうことを危惧したという説です。

では、工学賞がない理由はなんだったのでしょう。いろいろ調べてみましたが、それを説明する文献は見つかりませんでした。どこかにはあるかもしれませんが、簡単には見つからないことからすると、誰もあまり不思議に思わなかったからなのだと推察されます。同じ「理科系」の学問ですが、物理や化学、地学、生物学と工学は大きく違います。日本の大学では前者はすべて理学部で後者は工学部で研究されています。物理や化学などが真理や事実を探究する基礎科学であるのに対し、工学は基礎科学が明らかにした事実をもとに、目的を持って何かを作る（発明する）応用科学あるいは技術です。

自然科学系のノーベル賞の授賞対象をもう少し詳しく見てみると、次のようになっています。

物理学賞＝最も重要な発見又は発明をした者
化学賞＝最も重要な発見又は改良を成し遂げた者
生理学・医学賞＝最も重要な発見を成し遂げた者

物理学賞の対象者に「発明」の文字はありますが、歴代の受賞者と授賞理由を見ていくと、ノーベル賞が「発見」を重視し、技術（発明）はあまり重視されていないのがよく分かります。

エジソン落選

その象徴が、白熱電球など多くの製品を世に送り出し「発明の父」と称されるトーマス・エジソンが受賞を逃していることです。ノーベル財団の公式サイトで調べると、エジソンは1915年に物理学賞の候補者に選定されていますが、受賞は逃しています。その理由は今となっては明らかではありません。もう一人、電話機を発明したグラハム・ベルに至っては候補者にも選ばれていません。ノーベル工学賞があれば、エジソンもベルも何度も受賞していても不思議ではありませんが、二人にとって残念なことに、工学賞はありません。自動車を発明・開発したベンツやダイムラーも、世界で初めて動力飛行機の有人飛行に成功したライト兄弟もノーベル賞とは無縁でした。

ノーベルは「化学者」と解説されることが多いようですが、ダイナマイトや無煙火薬を発明したノーベルの功績は、化学というよりは工学と呼ぶのが相応しい分野の仕事だと思われます。ひょっとすると、工学者であったノーベルは、純粋に真理を探究する物理学者や化学者に敬意を払っていたのかもしれません。

図表1－4に、自然科学3部門の日本人受賞者の一覧を示しました。授賞の対象となった研究についても記しています。これを見ても、「発見」「解明」のオンパレードで、「発

図表1－4　日本人受賞者の授賞理由・対象研究

氏名	受賞年	受賞年齢	出身大学	部門	授賞理由	授賞対象の研究をした年齢	研究当時在籍の身分
湯川秀樹	1949	42歳	京都帝国大学	物理学賞	核力の理論的研究に基づく中間子の存在の予想	27歳	京都帝国大学講師
朝永振一郎	1965	59歳	京都帝国大学	物理学賞	量子電磁力学の分野における基礎研究と素粒子物理学についての深い結論	41歳	東京文理科大学教授
江崎玲於奈	1973	48歳	東京帝国大学	物理学賞	半導体内および超伝導体内の各々におけるトンネル効果の実験的発見	32歳	ソニー半導体研究室主任研究員
福井謙一	1981	63歳	京都帝国大学	化学賞	化学反応過程の理論的研究	34歳	京都大学工学部教授
利根川進	1987	48歳	京都大学	生理学・医学賞	抗体の多様性に関する遺伝的原理の発見	39歳	バーゼル免疫学研究所(スイス)主任研究員
白川英樹	2000	64歳	東京工業大学	化学賞	導電性高分子の発見と発展	41歳	米ペンシルベニア大学研究員
野依良治	2001	63歳	京都大学	化学賞	キラル触媒による不斉反応の研究	42歳	名古屋大学理学部教授
小柴昌俊	2002	76歳	東京大学	物理学賞	天文物理学、特に宇宙ニュートリノの検出に対するパイオニア的貢献	60歳	東京大学理学部教授
田中耕一	2002	43歳	東北大学	化学賞	生体高分子の同定および構造解析のための手法の開発	26歳	島津製作所中央研究所研究員
小林誠	2008	64歳	名古屋大学	物理学賞	小林・益川理論とCP対称性の破れの起源の発見による素粒子物理学への貢献	28歳	京都大学理学部助手
益川敏英	2008	68歳	名古屋大学	物理学賞	同上	33歳	京都大学理学部助手
下村脩	2008	80歳	長崎医科大学付属薬学専門部	化学賞	緑色蛍光タンパク質（GFP）の発見と生命科学への貢献	34歳	米プリンストン大学研究員
南部陽一郎	2008	87歳	東京大学	物理学賞	素粒子物理学における自発的対称性の破れの発見	39歳	米シカゴ大学教授
根岸英一	2010	75歳	東京大学	化学賞	有機合成におけるパラジウム触媒クロスカップリング反応の開発	41歳	米シラキュース大学准教授
鈴木章	2010	80歳	北海道大学	化学賞	同上	49歳	北海道大学工学部教授
山中伸弥	2012	50歳	神戸大学	生理学・医学賞	成熟細胞が、初期化され多能性を獲得し得ることの発見	43歳	京都大学再生医科学研究所教授
赤崎勇	2014	85歳	京都大学	物理学賞	明るく省エネルギーの白色光源を可能にした効率的な青色発光ダイオードの発明	57歳	名古屋大学工学部教授
天野浩	2014	54歳	名古屋大学	物理学賞	同上	26歳	名古屋大学大学院博士課程
中村修二	2014	60歳	徳島大学	物理学賞	同上	39歳	日亜化学工業研究員
大村智	2015	80歳	山梨大学	生理学・医学賞	線虫の寄生によって生じる感染症に対する画期的治療法の発見	44歳	北里大学薬学部教授
梶田隆章	2015	56歳	埼玉大学	物理学賞	ニュートリノが質量を持つことの証拠であるニュートリノ振動の発見	39歳	東京大学宇宙線研究所助教授
大隅良典	2016	71歳	東京大学	生理学・医学賞	オートファジーの仕組みの解明	48歳	東京大学教養学部助教授

（注）2016年版科学技術白書の資料をもとに著者が加筆・作成

明」やそれと意味が近い「開発」はあまりありません。ノーベル賞が基礎研究を重視していることは一目瞭然です。

もちろん、それは日本人受賞者に限ったことではありません。ノーベル賞の公式サイトで物理学賞の「顔（Featured laureates）」として紹介されている人々の功績を見ても、「discover（発見）」と「investigation（研究・究明）」の言葉が頻出します。例えば、1921年受賞のアインシュタインは「理論物理学への貢献、特に、光電効果の法則の発見」、1935年のジェームズ・チャドウィック（イギリス）はシンプルに「中性子の発見」と紹介されています。物理学賞の最初の受賞者だったレントゲンの授賞理由は「X線の発見」でした。

もっとも、発明や開発がまったく評価されないという訳ではありません。創設初期にも1908年にはフランスのガブリエル・リップマンがカラー写真の技法の開発で、翌年1909年には無線電信を開発したイタリアのグリエルモ・マルコーニが物理学賞を受賞しています。近年でも、2014年の赤崎勇、天野浩、シュウジ・ナカムラ（中村修二）の授賞理由は「青色発光ダイオードの発明」でした。2018年の物理学賞を受賞したアーサー・アシュキン（アメリカ）、ジェラール・ムル（フランス）、ドナ・ストリックランド（カナダ）の三氏は、レーザー物理学分野で産業や医療で応用できる手法を開発したことが評価され、化学賞のフランシス・アーノルド（アメリカ）、ジョージ・スミス博士（アメリカ）、グレゴリー・ウィンター（イギリス）の三氏も、タンパク質の改変技術などの開発が受賞につながりました。が、それらは例外とは言わないまでも珍しい事例で、圧倒的多数は「発見」や「解明」に授与されています。

ノーベル賞を受賞するためには、基礎研究に力を入れなければならないということです。

授賞理由の大半は若手時代の研究

ノーベル賞について、もう一つ注目しておきたいのは、授賞対象の功績の大半は受賞者が若かりし頃の研究であることです。

もう一度、図表1－4をご覧ください。授賞の対象となった研究を発表した年齢を記してあります。20歳代が4人、30歳代8人、40歳代8人、50歳代1人、60歳代1人です。アメリカ国籍の南部、中村を含め自然科学系の受賞者22人のうち半数以上の12人は、20、30

歳代に行った研究が評価されてノーベル賞を受賞しているのです。

最も若いのは２００２年に化学賞を受賞した田中耕一と２０１４年に物理学賞を受賞した天野浩で、いずれも26歳の研究が評価されました。26歳は浪人も留年もせずに大学院に進学すると博士課程後期２年目の年齢です。田中は大学院には進学しておらず、このとき島津製作所で研究していました。一方の天野は名古屋大学大学院博士課程の学生で、天野と同時受賞した赤崎は天野の指導教官でした。

ノーベル賞日本人初受賞の湯川の授賞対象となった研究は27歳で、このとき湯川は母校京都帝国大学の講師の職にありました。２００８年の物理学賞を受賞した小林誠が授賞対象の「小林・益川理論」を発表したのは１９７３年で、小林は当時28歳。京都大学理学部の助手です。今日でいう助教で、一般に博士課程修了者が最初に就くポストです。同時受賞の益川敏英は同じ研究室の先輩助手でした。

30歳代の研究が授賞対象となったのは、江崎、福井、利根川、益川、下村、南部、中村、梶田の８人。32歳の若さで京都大学工学部教授に就任していた福井と、37歳でシカゴ大学の教授となっていた南部を除くと、いずれも大学の助教授や助手、企業の研究所の研究員でした。みんな若手研究者だったのです。

もちろん、こうした傾向は日本人受賞者だけのものではありません。少し古いデータで

図表1－5　ノーベル賞受賞者の業績を上げた年齢の分布（1987～2006年）

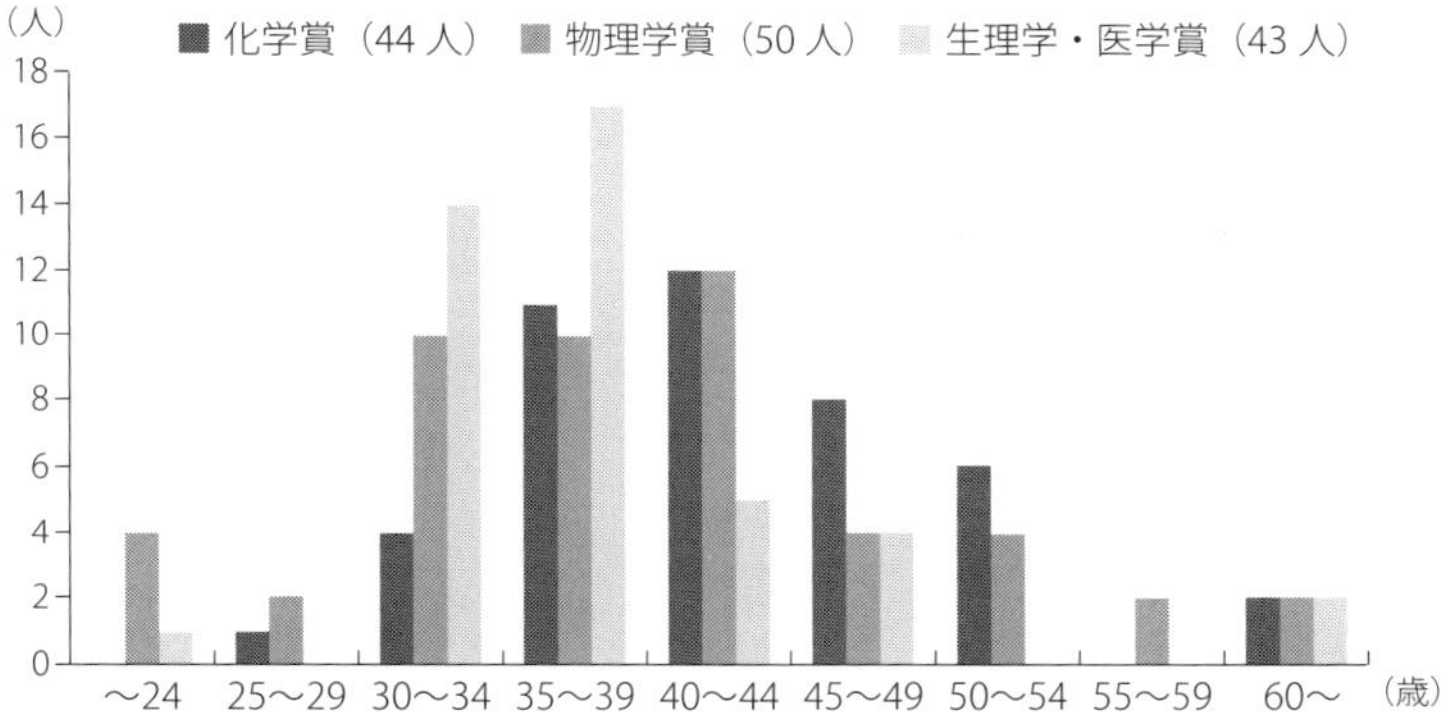

（注）業績を上げた年齢は、受賞のきっかけとなった論文等の発表時点である。その際に以下の手法を適用した。
①受賞のきっかけとなった論文等の発表年から生まれた年を単純に差し引く。
②複数の論文等が受賞の対象になっている場合は、最初の論文等が発表された年を使用。
③授賞の対象となった論文等の発表時点が特定できない場合は、その中間の年を発表時点と仮定。例えば、1990年代の業績であれば、1995年。1990年代初めの業績は、1992年。1990年代後半の業績は、1998年。1999年代中頃の業績は1995年。
（資料）文部科学省調べ
（出典）2007年版科学技術白書

すが、２００７年版の科学技術白書で文部科学省が作成した「ノーベル賞受賞者の業績を上げた年齢の分布（１９８７～２００６年）」（図表１－５）という資料があります。これを見ても、１９８７年から２００６年までに自然科学系のノーベル賞３賞を受賞した研究者１３５人のうち半数以上の74人の受賞が、20歳代か30歳代の研究を評価されてのことだったことが分かります。生理学・医学賞では43人中32人がそれにあてはまります。日本人受賞者の事例でも分かるとおり、その傾向は２００７年以降も変わっていません。

　近年、ノーベル賞受賞者といえば、白髪の老人男性のイメージがありますが、受賞者の年齢が高齢化する一方で、評価された研究の大半は、受賞者が若手研究者であったときの実績なのです。ノーベル賞受賞者の高齢化が進んでいるのは、受賞候補者の数が多くなりすぎて順番待ちの期間が長くなっているからだと言われています。

つまり、日本からノーベル賞受賞者を輩出し続けていくためには、若手研究者がのびのびと基礎研究に打ち込める環境が不可欠だということです。

高い山には広い裾野

２０１６年に生理学・医学賞を受賞した大隅教授が、このままでは「将来、日本からノーベル賞受賞者が出なくなる」と警鐘を鳴らしているのは、本書の冒頭でご紹介した通りです。若手の研究者が自由に基礎研究に没頭できる環境がなくなっている、というのがその理由でした。

もう一つ大きな問題があります。次章で詳しく見ていくことになりますが、ノーベル賞を目指すプレイヤーが年々減少している現状がそれです。裾野が狭くなればトッププレイヤーの数も少なくなるのは必然だからです。基礎研究が疎かになっているのと同じくらい深刻な問題です。

世界を制したバドミントン

ところで、ノーベル賞と同じぐらい、日本人は金メダルが大好物です。オリンピックや世界選手権での日本人の活躍に熱狂します。学術の世界とスポーツの世界では必ずしも同じことは言えない可能性もありますが、スポーツの世界では、世界を舞台に活躍する選手が現れると競技人口が増え、結果、世界のトップ選手が再生産されるという好循環の事例がよくあります。

近年、日本人選手が目覚ましい活躍を見せているのはなんといってもバドミントンと卓球です。特にバドミントン勢の活躍は瞠目に値します。髙橋礼華と松友美佐紀のタカマツペアがリオデジャネイロ五輪で日本勢初の金メダルを獲得したのは記憶に新しいことですが、この大会では女子シングルスでも奥原希望が銅メダルに輝いています。2018年の世界選手権でも日本勢は大活躍。男子シングルスで桃田賢斗が日本男子史上初の優勝を果たしたほか、女子ダブルスでは準決勝に3ペアが進出し、日本ペア同士の対決となった決勝を制した永原和可那・松本麻佑ペアが優勝しました。男子ダブルスも園田啓悟・嘉村健士ペアが銀メダルを、女子シングルスでは山口茜が銅メダルを獲得しました。オリンピックや世界選手権で男女が揃ってこれほどの結果を残すのは稀有なことです。

バドミントンの選手はテニスと同じように世界を転戦するワールドツアーに参加し、その成績により、世界バドミントン連盟（BWF）が世界ランキングを発表しています。2019年7月23日現在のランキングは、女子ダブルスで福島由紀・廣田彩花ペアが1位、永原・松本ペアが2位、髙橋・松友ペアが3位で、なんとトップ3を日本が独占しています。オリンピックの出場枠は各国最大2ペアまでなので、世界ランク3位なのに出場できないという事態が起ってしまいそうです。田中志穂・米元小春ペアも8位です。女子シングルスでも2位に山口、3位に奥原が入っていて、山口は2018年4月には世界ランク1位でした。凄いことです。男子も負けていません。男子シングルスでは世界選手権を制した桃田が1位、ダブルスでも園田・嘉村ペアが3位、遠藤大由・渡辺勇大ペアが5位にランクされています。渡辺は東野有紗とペアのミックスダブルスでも堂々の世界ランク3位です。

シングルスとダブルスで賞金などに大きな差があるテニスと違い、バドミントンではシングルスとダブルスに価値の違いはほとんどありません。テニス専門サイトのtennis365.netによると、賞金額が世界最高の全米オープンで優勝した大坂なおみの獲得賞金は380万ドルでしたが、ダブルスの賞金は1桁違う70万ドルです。一方、賞金の額は人気スポーツのテニスとは2桁違いますが、バドミントンの年間王者を決めるBWF主催のワールドツアーファイナルズの優勝賞金はシングルスが12万ドル、ダブルスは12・6万ドルと、テニスほどの差はありません。

金メダルを量産した競技人口の増加

1992年のバルセロナ大会でバドミントンがオリンピックの正式競技となる以前に、お家芸と言われた時代があったものの、日本バドミントン界には長期低迷の時代がありました。風向きが変わったのは、オグシオの愛称で人気を集めた小椋久美子・潮田玲子ペアが2007年の世界選手権で銅メダルを獲得した前後からです。

オグシオ人気以降バドミントンの競技人口は右肩上がりに増え続けています（図表1－6）。オグシオ登場以前のデータがなくて残念ですが、オグシオが銅メダルを獲得した翌年2008年の競技人口は23万人でしたが9年後の2017年には約30万人に増加しまし

図表１－６　バドミントンの競技人口の推移

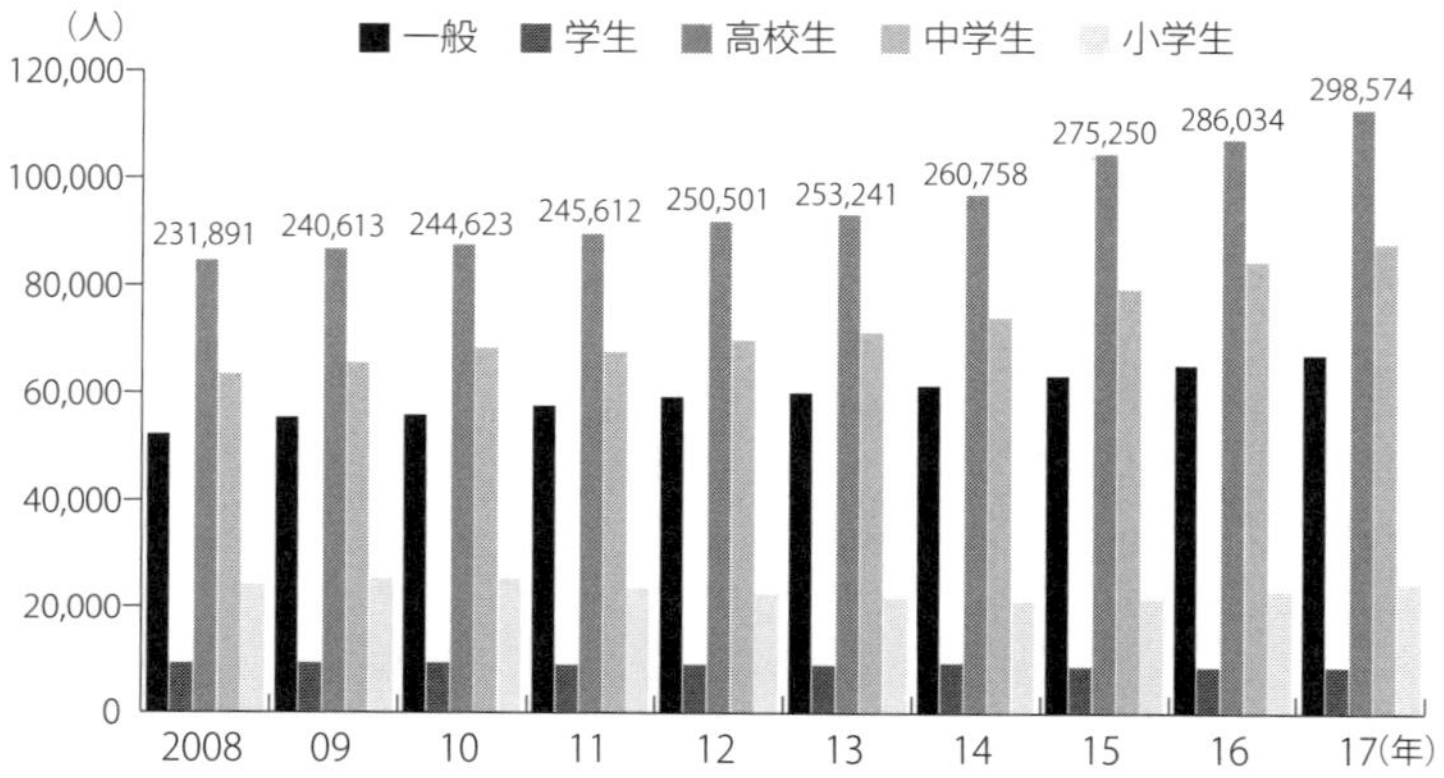

（注）日本バドミントン協会の公式サイトのデータから著者が作成

た。中学生、高校生の競技者の増加は著しく、２００８年にはそれぞれ６万３０００人、８万４０００人でしたが、２０１７年には８万７０００人、11万２０００人に増えました。中学生は38％、高校生は33％の増加率です。

山口は１９９７年、永原は１９９６年、松本は１９９５年生まれですから、皆、小学生の頃、オグシオの活躍に刺激を受けオリンピックの金メダルを夢見た世代だということができます。

卓球でも同じようなことが起こっています。２０１２年のロンドン五輪で女子団体が決勝に進出し日本初のメダルを獲得、続く２０１６年リオデジャネイロ大会では男子が銀メダル、女子が銅メダルに輝き男女とも五輪の表彰台に上りました。

卓球人気には五輪２大会連続でメダリストとなった福原愛の活躍が大きな役割を果たしています。３歳か

図表１－７　卓球の競技人口の推移

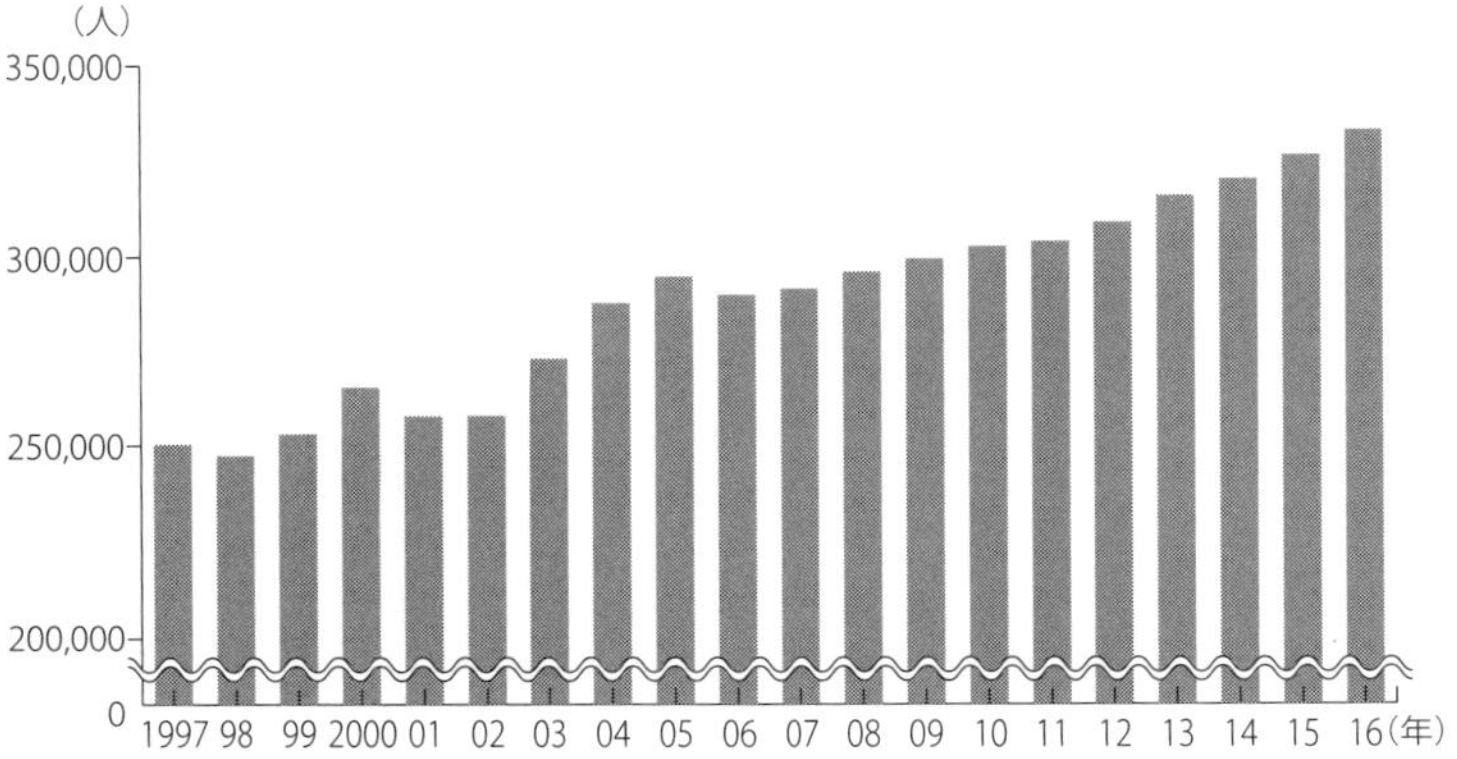

（注）日本卓球協会公式サイトのデータから著者が作成

ら卓球を始めた福原は、４歳の１９９３年に初出場した公式戦で小学生をなぎ倒して大活躍して一躍マスコミの寵児となり「天才卓球少女」ともてはやされました。ご存知のとおりです。この原稿を書いている最中、惜しまれつつ現役を退きました。

「愛ちゃん」の成長は、テレビを通して多くの日本人が目を細めて見守ってきました。10歳でプロ宣言し11歳で日本代表入り、２００２年に13歳で全日本選手権女子ダブルスに優勝、２００４年のアテネ五輪に史上最年少の15歳で出場するなど、卓球界の歴史を次々と書き換え輝かしい足跡を残しました。福原の後を追うように石川佳純や水谷隼らも登場し、マイナー競技だった卓球が脚光を浴びるようになっていきました。２０１８年10月には日本でプロのリーグ戦、Ｔリーグも開幕しました。

福原の活躍と軌を一にするように卓球の競技人口も

増え続けていきました（図表1－7）。福原がダブルスで全日本選手権に優勝した2002年以降、順調に増え続け、2002年の25万8000人から2016年には33万4000人に増加しました。その中から平野美宇、伊東美誠、張本智和ら2020年東京五輪でメダルが期待されるプレイヤーが続々と育ってきました。

世界で活躍するトッププレイヤーの出現を支えているのは競技人口の増加だったことがよく分かります。

ノーベル賞は少年の憧れなのに……

ノーベル賞に関係する面白いデータがあります。毎年、大手生保の第一生命が発表しているアンケート調査「大人になったらなりたいもの」です。調査は全国の幼稚園・保育園児と小学生1100人を対象に夏休みに実施しています。近年、「学者・博士」は男の子の上位10位の職業の常連ですが、第29回目を迎えた2017年の調査では、なんと15年ぶ

図表1－8　「大人になったらなりたいもの」（2017年）

【男の子】

1位	学者・博士	8.8%
2位	野球選手	7.2%
3位	サッカー選手	6.7%
4位	お医者さん 警察官・刑事	6.4%
6位	大工さん	4.8%
7位	消防士・救急隊	3.7%
8位	食べ物屋さん	3.2%
9位	建築家 水泳選手 電車・バス・車の運転手 料理人	2.7%

【女の子】

1位	食べ物屋さん	11.3%
2位	看護師さん	9.5%
3位	保育園・幼稚園の先生	6.9%
4位	お医者さん	6.6%
5位	学校の先生（習い事の先生）	4.4%
6位	歌手・タレント・芸人 薬剤師さん	3.4%
8位	飼育係・ペット屋さん・調教師	3.0%
9位	ダンスの先生・ダンサー・バレリーナ デザイナー	2.5%

（出典）第一生命「ニュースリリース」（2018年1月5日）

りに男子トップに返り咲いています（図表1－8）。調査をした第一生命は、学者・博士がトップに返り咲いた理由の一つとして、「3年連続で日本人のノーベル賞受賞が続き、学者や博士に憧れを抱く子どもが多くなっているのかもしれません」（第一生命「ニュースリリース」2018年1月5日）と分析しています。残念なことに、女の子の調査では「学者・博士」は上位にはランクされていません。

当然のことながら、「大人になったらなりたいもの」の調査結果は、ときどきの世情に大きな影響を受けます。子供もテレビの報道番組やドラマを見ています。野球選手の活躍が大きな話題になれば野球選手を夢見る子供が、医師の奮闘をテーマにしたドラマが大ヒットすれば医師を目指す子供が増えます。2017年の調査では、野球選手が8年ぶりにサッカー選手を逆転しています。どちらも男の子のなりたいもののトップの常連です。大谷翔平が二刀流で大リーグに挑戦したことが影響していることは明らかです。

大人の2割近くが、子供の頃の夢を実現

「大人になったらなりたいもの」の調査にどれほどの意味があるのか。そう思われる方も多いと思います。けれど、こんなデータもあります。ウェブマガジン『Career Groove』を発行するセレス社の「子どもの頃の夢と職業比較調査２０１７」です（図表１－９）。２０１７年の２月にモバイルリサーチを実施し10歳から69歳までの男女２２７７人から回答を得ています。「なりたかった職業に就くことができたかどうか」という質問に対し、全体の９％が「就くことができ、今も就いている」と回答しています。「就くことができたが、辞めてしまった」を含めると、夢を実現した人の割合は16・６％に膨れます。さらに、「就けていないが、現在も目指している」、つまり、夢を実現する可能性のある人も含めると20％を超えます。たかが子供の憧れと言うなかれ、です。

調査対象にはまだ職業に就いていない人がいる20歳代や、すでに退職している人がいる60歳代も含まれ、「就くことができ、今も就いている」という回答の割合が低くなる可能性があります。そこで、30歳から59歳に絞って比率を計算すると、夢を実現した人の割合はさらに高くなりました。子供の頃に夢見た職業に就いた人は1割を超え、「就くことができたが、辞めてしまった」人と「就けていないが、現在も目指している」人を加えると、

図表1－9　子どもの頃の夢と職業比較調査2017

なりたかった職業に就くことはできましたか。

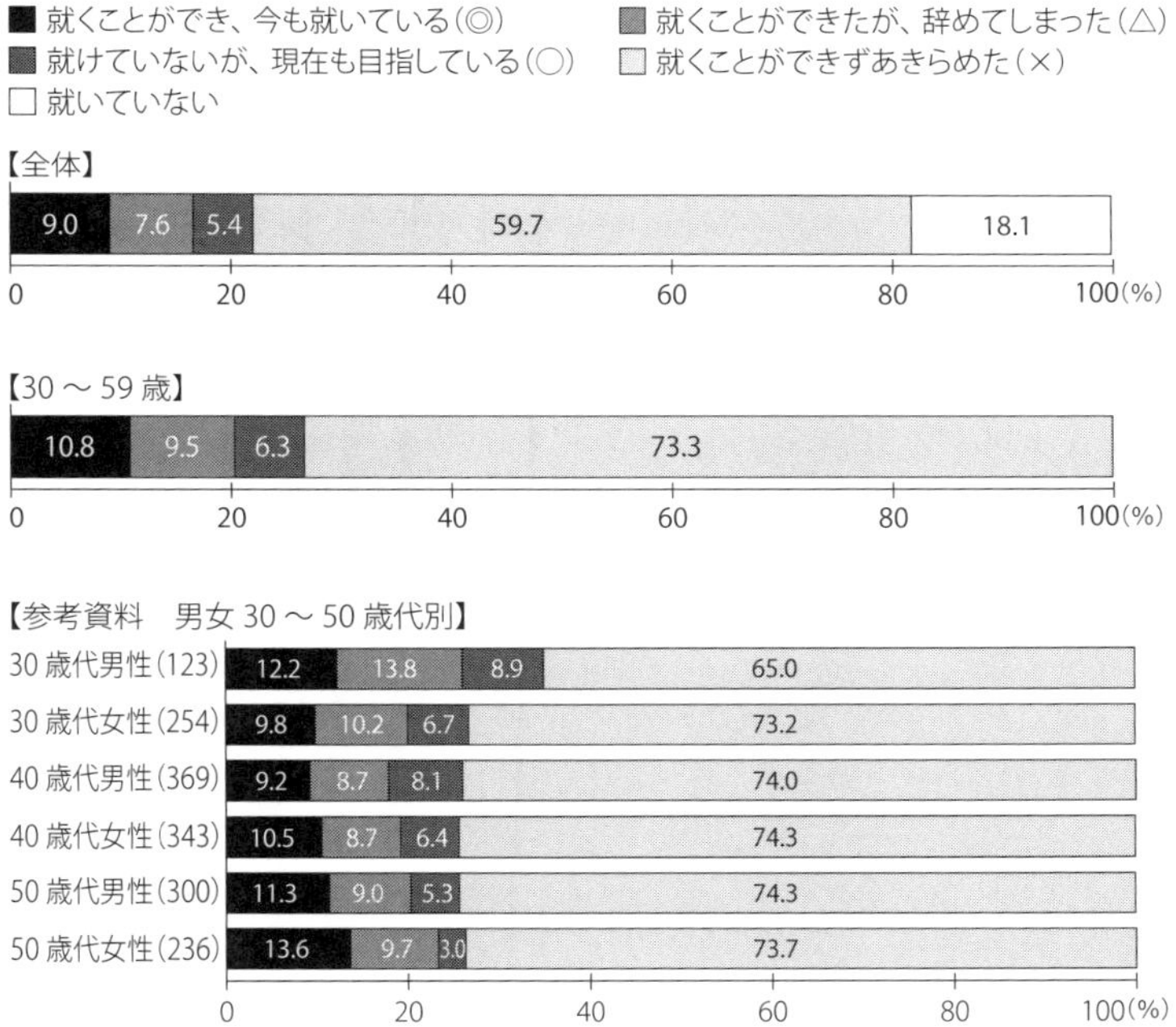

【参考】

	◎	△	○	×	計
30♂	15	17	11	80	123
30♀	25	26	17	186	254
40♂	34	32	30	273	369
40♀	36	30	22	255	343
50♂	34	27	16	223	300
50♀	32	23	7	174	236
計	176	155	103	1,191	1,625
%	10.8	9.5	6.3	73.3	99.9

（注）バイト・仕事を楽しむウェブマガジン『Career Groove』「子どもの頃の夢と職業比較調査2017」（2017年6月8日）のデータをもとに著者が集計し作成

4分の1を超えます。子供の頃の夢を忘れず、大人になって実現する人や大人になっても諦めずに目指す人が思いのほか多いことが分かります。

ノーベル賞は研究者の裾野を広げていない

図表1－10は、第一生命の調査「大人になったらなりたいもの（男の子）」で、学者・博士の順位の変遷を示した表です。1989年から2018年までのデータです。自然科学系でノーベル賞受賞のニュースがなかった1990年代には、93年と98年の2位がありますが、その他の年は上位10位のランク外が3回と低調でした。しかし、今世紀に入り日本人の受賞ラッシュが続くと、順位はうなぎ上りで上位3位の常連になりました。2002年と2017年は堂々の1位です。いずれも前年に日本人がノーベル賞を受賞しています。

「大人になったらなりたいもの」と「子どもの頃の夢と職業比較調査」の二つのデータは、子供の夢は報道やドラマの影響を受けやすく、子供の頃の夢を持ち続ける人は案外多いということを示しています。

トッププレイヤーを輩出するにはプレイヤーの数自体を増やすことが肝要なことは前節

図表1－10－① 「学者・博士」の順位の変遷（1989年～2003年）

（%）

	1989年		1990年		1991年		1992年		1993年	
1	野球選手	(15.1)	野球選手	(19.4)	野球選手	(17.4)	野球選手	(13.4)	サッカー選手	(10.5)
2	警察官・刑事	(7.0)	警察官・刑事	(7.4)	警察官・刑事	(7.3)	サッカー選手	(6.9)	学者・博士	(7.3)
3	おもちゃ屋さん	(5.0)	おもちゃ屋さん	(6.2)	サッカー選手	(5.7)	警察官・刑事	(6.5)	食べ物屋さん※1	(6.7)
4	サッカー選手	(4.8)	サッカー選手	(5.0)	おもちゃ屋さん	(5.3)	おもちゃ屋さん	(4.4)	宇宙飛行士	(6.1)
5	パイロット	(4.4)	パイロット	(4.6)	パイロット	(4.4)	パイロット	(4.0)	大工さん	(4.7)
6	学者・博士	(3.1)	大工さん	(3.0)	大工さん	(3.0)	大工さん	(3.5)	電車の運転士	(4.7)
7	学校の先生	(3.1)	お医者さん	(2.8)	お医者さん	(2.9)	お医者さん	(2.9)	お医者さん	(4.4)
8	お医者さん	(2.6)	学校の先生	(2.6)	学校の先生	(2.4)	お菓子屋さん※1	(1.8)	野球選手	(4.1)
9	サラリーマン	(2.3)	学者・博士	(2.3)	サラリーマン	(2.3)	消防士	(1.8)	跡継ぎ	(3.8)
10	電車の運転士	(2.3)	サラリーマン	(2.3)	マンガ家	(2.2)	学校の先生	(1.7)	警察官・刑事	(3.8)

	1994年		1995年※2		1996年		1997年		1998年	
1	サッカー選手	(23.7)	サッカー選手	(20.0)	サッカー選手	(12.7)	野球選手	(10.6)	大工さん	(9.9)
2	野球選手	(8.5)	野球選手	(12.5)	野球選手	(12.7)	サッカー選手	(9.0)	学者・博士	(7.9)
3	食べ物屋さん	(7.0)	宇宙飛行士	(5.0)	食べ物屋さん	(5.6)	警察官・刑事	(5.5)	食べ物屋さん	(7.1)
4	お医者さん	(5.1)	車を作る人	(5.0)	大工さん	(5.2)	食べ物屋さん	(5.5)	サッカー選手	(6.0)
5	パイロット	(3.9)	警察官・刑事	(5.0)	お医者さん	(4.2)	おもちゃ屋さん	(4.7)	野球選手	(6.0)
6	学者・博士	(3.7)	昆虫博士	(5.0)	学者・博士	(3.8)	お医者さん	(3.9)	お医者さん	(5.6)
7	おもちゃ屋さん	(3.1)			バスケット選手	(3.8)	コックさん	(3.5)	警察官・刑事	(4.4)
8	警察官・刑事	(3.1)			おもちゃ屋さん	(2.8)	消防士	(3.5)	宇宙飛行士	(3.6)
9	大工さん	(2.8)			警察官・刑事	(2.8)	学者・博士	(3.1)	ドライバー	(2.8)
10	バスケット選手	(2.5)			武道選手	(2.8)	学校の先生	(2.7)	ゲームをつくる人	(2.4)
							大工さん	(2.7)	消防士	(2.4)
									テレビ・アニメ系	(2.4)
									キャラクターパイロット	(2.4)

	1999年		2000年		2001年		2002年		2003年	
1	野球選手	(11.9)	野球選手	(15.5)	野球選手	(21.0)	学者・博士	(9.6)	サッカー選手	(15.8)
2	サッカー選手	(11.4)	サッカー選手	(8.2)	サッカー選手	(11.0)	サッカー選手	(9.1)	野球選手	(12.7)
3	食べ物屋さん	(10.2)	学者・博士	(6.1)	お医者さん	(5.0)	野球選手	(8.5)	食べ物屋さん	(4.7)
4	警察官・刑事	(6.8)	大工さん	(5.2)	警察官・刑事	(4.7)	食べ物屋さん	(7.7)	お医者さん	(3.8)
5	大工さん	(5.5)	消防士・救急隊	(4.0)	大工さん	(4.7)	大工さん	(7.2)	大工さん	(3.8)
6	テレビ・アニメ系キャラクター	(4.2)	食べ物屋さん	(4.0)	学校の先生	(4.0)	お医者さん	(4.3)	電車・バスの運転士	(3.5)
7	学者・博士	(3.8)	警察官・刑事	(3.0)	パイロット	(3.0)	警察官・刑事	(2.9)	学者・博士	(3.2)
8	消防士・救急隊	(3.8)	おもちゃ屋さん	(2.7)	宇宙飛行士	(2.7)	消防士・救急隊	(2.9)	学校の先生※4（習い事の先生）	(3.2)
9	おもちゃ屋さん	(3.0)	学校の先生	(2.7)	学者・博士	(2.7)	宇宙飛行士	(2.7)	消防士・救急隊	(3.2)
10	電車の運転士	(3.0)	パイロット	(2.7)	電車・バスの運転士※3	(2.7)	電車・バスの運転士	(2.7)	パイロット	(2.8)

※1　1992年まで「お菓子屋さん」「パン屋さん」と別に集計していたが、1993年より「食べ物屋さん」としてまとめて集計。

※2　1995年は、サンプル数が少ないため、3位までのみ。

※3　2001年より、電車の運転に従事する運転士に加えて、バスの運転士もあわせて集計し、「電車の運転士」から「電車・バスの運転士」へと統合。

※4　2003年より、「英語の先生」「習字の先生」など習い事の先生もあわせて集計（但し、スポーツや武道の先生、コーチは除く）。

図表 1 − 10 −② 「学者・博士」の順位の変遷(2004 年〜 2018 年)

(%)

	2004 年	2005 年	2006 年	2007 年	2008 年
1	野球選手 (15.5)	野球選手 (16.3)	野球選手 (12.0)	野球選手 (11.8)	野球選手 (17.0)
2	サッカー選手 (10.7)	サッカー選手 (15.1)	サッカー選手 (10.2)	学者・博士 (8.5)	サッカー選手 (11.1)
3	学者・博士 (5.4)	学者・博士 (4.3)	学者・博士 (5.1)	サッカー選手 (6.0)	学者・博士 (5.6)
4	大工さん (4.3)	食べ物屋さん (3.7)	警察官・刑事 (4.2) 大工さん (4.2) 食べ物屋さん (4.2)	お医者さん (5.5)	お医者さん (4.1)
5	食べ物屋さん (3.2)	お医者さん (3.4)		大工さん (5.2)	大工さん (3.2) 食べ物屋さん (3.2)
6	お医者さん (2.4)	警察官・刑事 (2.6) 電車・バスの運転士 (2.6)		パイロット (4.1)	
7	警察官・刑事 (2.1) テレビ・アニメ系キャラクター (2.1) 電車・バスの運転士 (2.1)		消防士・救急隊 (3.3)	警察官・刑事 (3.3)	消防士・救急隊 (2.9) 水泳選手 (2.9)
8		消防士・救急隊 (2.3)	お医者さん (3.0)	食べ物屋さん (3.0) 料理人※5 (3.0)	パイロット (2.6)
9		お店屋さん (2.0) 大工さん (2.0) パイロット (2.0)	学校の先生(習い事の先生) (2.7)		学校の先生(習い事の先生) (2.3) 電車・バスの運転士 (2.3) 料理人 (2.3)
10	おもちゃ屋さん (1.9) 消防士・救急隊 (1.9)		マンガ家 (2.4)	消防士・救急隊 (2.7)	

	2009 年	2010 年	2011 年	2012 年	2013 年
1	野球選手 (16.3)	サッカー選手 (16.7)	サッカー選手 (14.8)	サッカー選手 (11.7)	サッカー選手 (12.6)
2	サッカー選手 (12.2)	野球選手 (14.0)	野球選手 (9.8)	学者・博士 (6.1) 警察官・刑事 (6.1)	野球選手 (12.1)
3	食べ物屋さん (5.5)	警察官・刑事 (5.9)	学者・博士 (5.3)		学者・博士 (4.7) 消防士・救急隊 (4.7) 食べ物屋さん (4.7)
4	学者・博士 (5.0)	学者・博士 (4.3)	お医者さん (5.0)	野球選手 (5.8)	
5	お医者さん (3.8) 警察官・刑事 (3.8)	お医者さん (3.8)	食べ物屋さん (4.5)	テレビ・アニメ系キャラクター (4.0)	
6		消防士・救急隊 (3.5)	警察官・刑事 (3.9) 水泳選手 (3.9)	宇宙飛行士 (3.7) 食べ物屋さん (3.7) 電車・バス・車の運転士※6 (3.7)	お医者さん (4.1)
7	電車・バスの運転士 (2.9)	学校の先生(習い事の先生) (2.7) 大工さん (2.7) テレビ・アニメ系キャラクター (2.7)			電車・バス・車の運転士 (3.6)
8	学校の先生(習い事の先生) (2.6)		電車・バスの運転士 (3.3) 料理人 (3.3)		警察官・刑事 (2.7) 大工さん (2.7) テレビ・アニメ系キャラクター (2.7)
9	消防士・救急隊 (2.6)			お医者さん (3.4)	
10	水泳選手 (2.0) 大工さん (2.0) テレビ・アニメ系キャラクター (2.0) 料理人 (2.0)	歌手・タレント (2.4) 料理人 (2.4)	大工さん (2.7)	消防士・救急隊 (3.2) 大工さん (3.2)	

	2014 年	2015 年	2016 年	2017 年	2018 年
1	サッカー選手 (13.8)	サッカー選手 (13.8)	サッカー選手 (12.1)	学者・博士 (8.8)	サッカー選手 (13.6)
2	野球選手 (9.4)	野球選手 (8.5)	学者・博士 (5.5)	野球選手 (7.2)	野球選手 (9.2)
3	警察官・刑事 (5.3)	警察官・刑事 (6.9)	警察官・刑事 (5.3)	サッカー選手 (6.7)	学者・博士 (6.1)
4	学者・博士 (5.0)	電車・バス・車の運転士 (4.8)	野球選手 (5.0)	お医者さん (6.4) 警察官・刑事 (6.4)	警察官・刑事 (5.1)
5	電車・バス・車の運転士 (4.4)	大工さん (4.5)	お医者さん (4.7) 食べ物屋さん (4.7)		大工さん (3.1) 食べ物屋さん (3.1)
6	大工さん (4.1)	お医者さん (4.0)		大工さん (4.8)	
7	食べ物屋さん (3.5)	食べ物屋さん (3.7)	大工さん (4.5)	消防士・救急隊 (3.7)	お医者さん (2.7) 陸上選手 (2.7)
8	お医者さん (3.2)	学者・博士 (3.2)	水泳選手 (3.2)	食べ物屋さん (3.2)	
9	パイロット (2.9)	宇宙飛行士 (2.7) 消防士・救急隊 (2.7)	電車・バス・車の運転士 (2.9)	建築家 (2.7) 水泳選手 (2.7) 電車・バス・車の運転士 (2.7) 料理人 (2.7)	消防士・救急隊 (2.4)
10	宇宙飛行士 (2.3) 料理人 (2.3)		飼育係・ペット屋さん・調教師 (2.1) パイロット (2.1)		ゲームやおもちゃをつくる人 (2.0) 自動車屋さん (2.0) 電車・バス・車の運転士 (2.0) パイロット (2.0) 料理人 (2.0)

※5 2006 年までは「コックさん」で集計。「料理人」との回答が増加したため、項目名を「料理人」と変更。
※6 2012 年より、電車・バスの運転士に加えて、車(トラック等含む)の運転士もあわせて集計し、「電車・バスの運転士」から「電車・バス・車の運転士」へと統合。

で見たとおりです。となると、子供に学者になる夢を持ってもらい、将来のプレイヤーの裾野を広げるためには、学者が報道やドラマで話題沸騰する機会が増えることが非常に重要です。が、そんなことは滅多にありません。学者が連日のようにテレビ番組を賑わすのは、日本人がノーベル賞を受賞したときだけです。日本人がノーベル賞を受賞し続けることは、将来、日本人のノーベル賞受賞者を再生産していく上で、とても意味のあることなのです。

今世紀に入ってからの日本人研究者のノーベル賞受賞ラッシュは、バドミントンや卓球がそうだったように、将来のノーベル賞受賞学者輩出のために、研究者を目指す若者の数を増やす好循環を生み出しているはずです。裾野は広がったはずです。ところが、実態はそうなっていません。実際には、プレイヤーである若手研究者の数は減り続けています。ノーベル賞は男の子の憧れなのに、学者を目指す若者の数は減っている――。それが、日本の現実です。

なぜ、そのようなことになっているのか。次章で詳しく見ていきます。

第2章

研究者がいなくなる
——空洞化する大学院博士課程

博士の卵が減っている

２０１８年版の科学技術白書は「我が国の科学技術イノベーション人材を巡る状況、とりわけ、その重要な担い手である若手研究者を巡る状況は危機的である」と指摘し、日本の科学技術の将来に警鐘を鳴らしています。「高い能力を持つ学生等が、知の創出をはじめ科学技術イノベーション活動の中核を担う博士人材となることを躊躇するようになってきている」というのです。

科学技術白書とは、文部科学省が毎年発行する日本の科学技術の状況に関する報告書で、日本の科学技術の特徴やそれを取り巻く環境、それらの変化や課題について報告しています。日本の科学技術政策は白書をもとに立案されます。その白書が、「若手研究者を巡る状況は危機的」というのですから、穏やかなことではありません。

研究者となるには二つの道があります。一つは、大学、大学院を卒業・修了して企業の研究所などに就職する道で、応用・開発科学を研究する工学部の出身者は概ねこの道を目指します。もう一つは、大学院博士課程を修了して博士となり、大学や公的な研究機関で研究職に就く道です。公的研究機関とは政府が運営交付金を拠出している研究機関のことです。理化学研究所（理研）、産業技術総合研究所（産総研）などが有名です。基礎科学の研究に注力する企業はほとんどありませんから、基礎科学を研究し続けるには、この道を行くしかありません。

ノーベル賞が基礎科学を重視しているのは前述のとおりです。大学卒業後すぐに企業に就職して研究職に就き、２００２年にノーベル化学賞を受賞した田中耕一氏のような例外もありますが、ノーベル賞受賞者の大半は大学院博士課程を修了して博士号を得て、大学や公的な研究機関で研究しています。つまり、大学院博士課程の学生は、将来、ノーベル賞を受賞する可能性を秘めた「博士の卵」です。日本では近年、その数が減少の一途を辿っています。日本の基礎研究の危機です。

理工系博士課程入学者はピーク時の3分の2に減少

図表２－１から２－３に１９８１年以降の大学、大学院修士課程、同博士課程の入学者数の推移を示しました。大学入学者数には進学率も示してあります。

図表2－1　大学入学者数の推移

【入学者数】

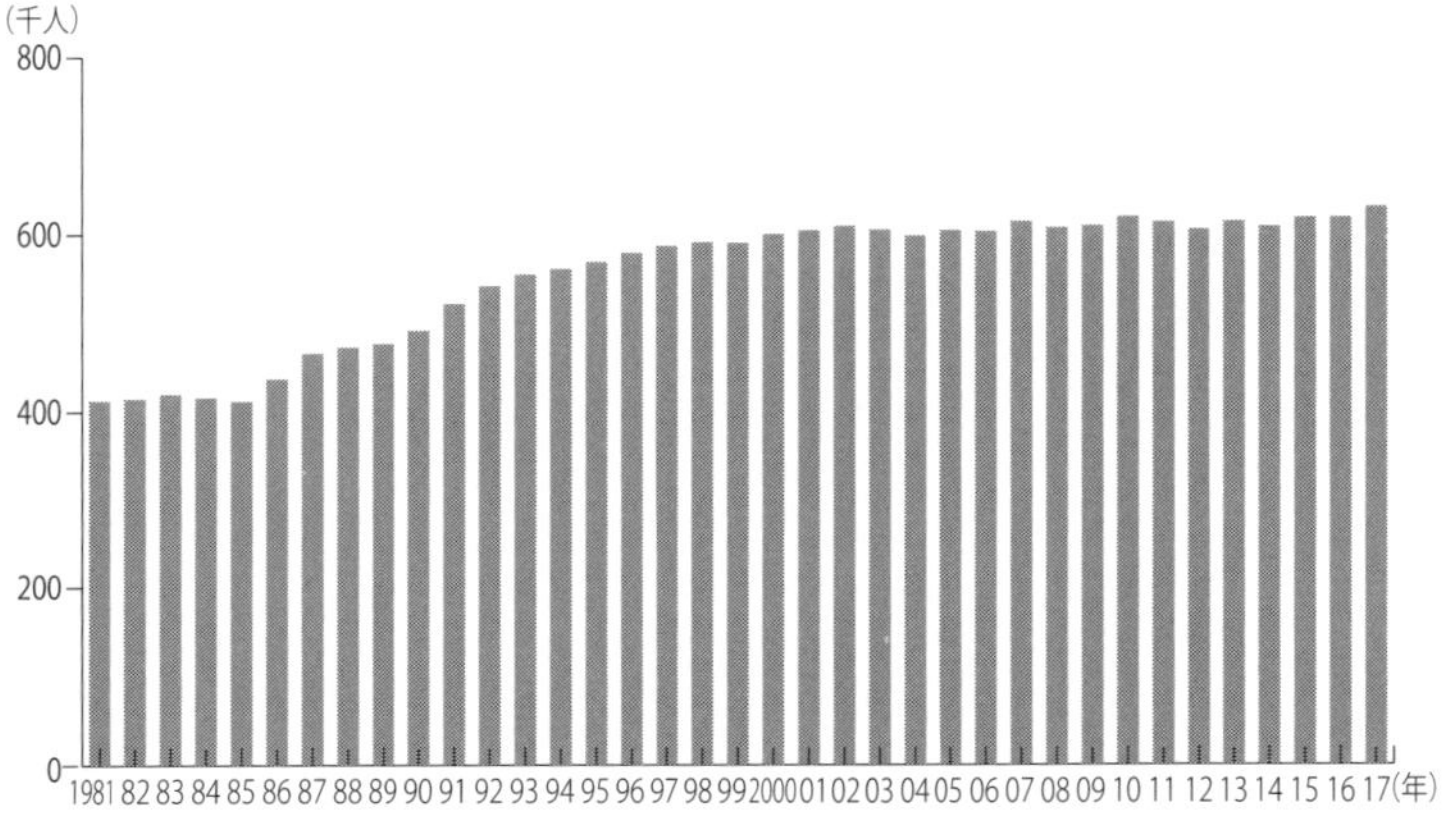

【進学率】

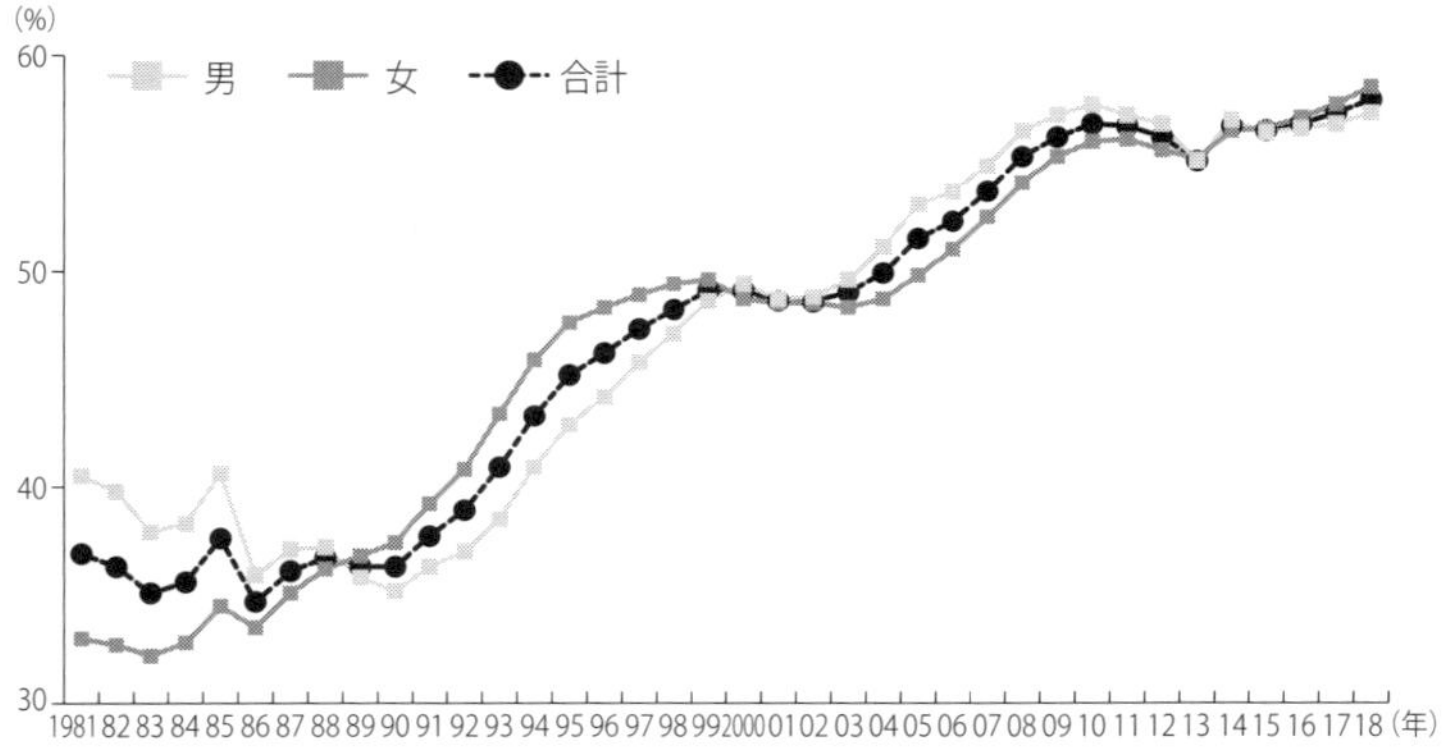

(注1) 文部科学省「学校基本調査」、科学技術・学術政策研究所「科学技術指標2018」をもとに著者が作成
(注2) 18歳人口は中位推計による。
(注3) 大学入学者数は、当該年度に大学に入学し、かつ翌年5月1日（調査実施時期）に在籍する者の人数である。
(資料1) 18歳人口：〈2016年まで〉総務省統計局、「人口推計」（各年10月現在）
〈2017年以降〉厚生労働省国立社会保障・人口問題研究所「日本の将来推計人口」（平成29年推計）
(資料2) 大学入学者数：文部科学省「学校基本調査報告書」

図表2－2　大学院修士課程入学者数の推移

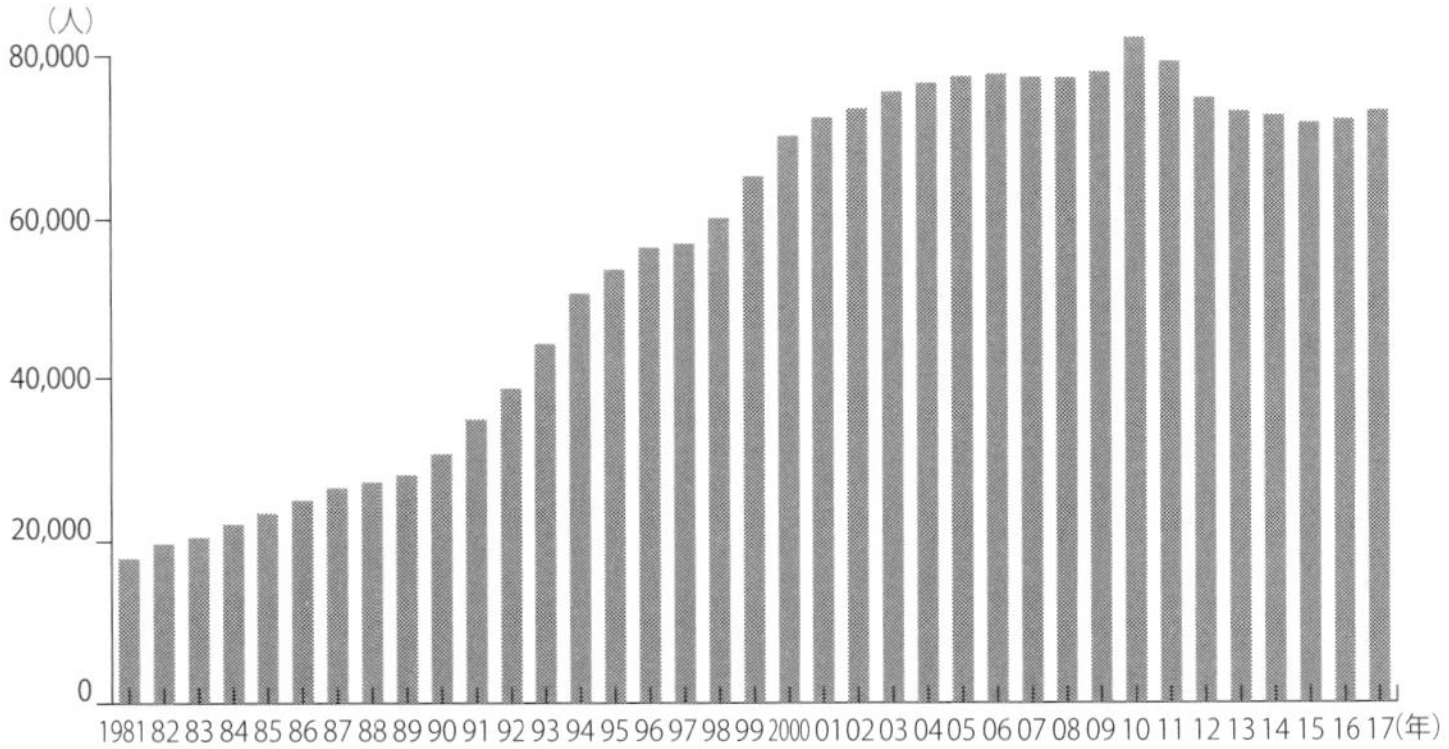

（注）科学技術・学術政策研究所「科学技術指標 2018」をもとに著者が作成

図表2－3　博士課程入学者数の推移

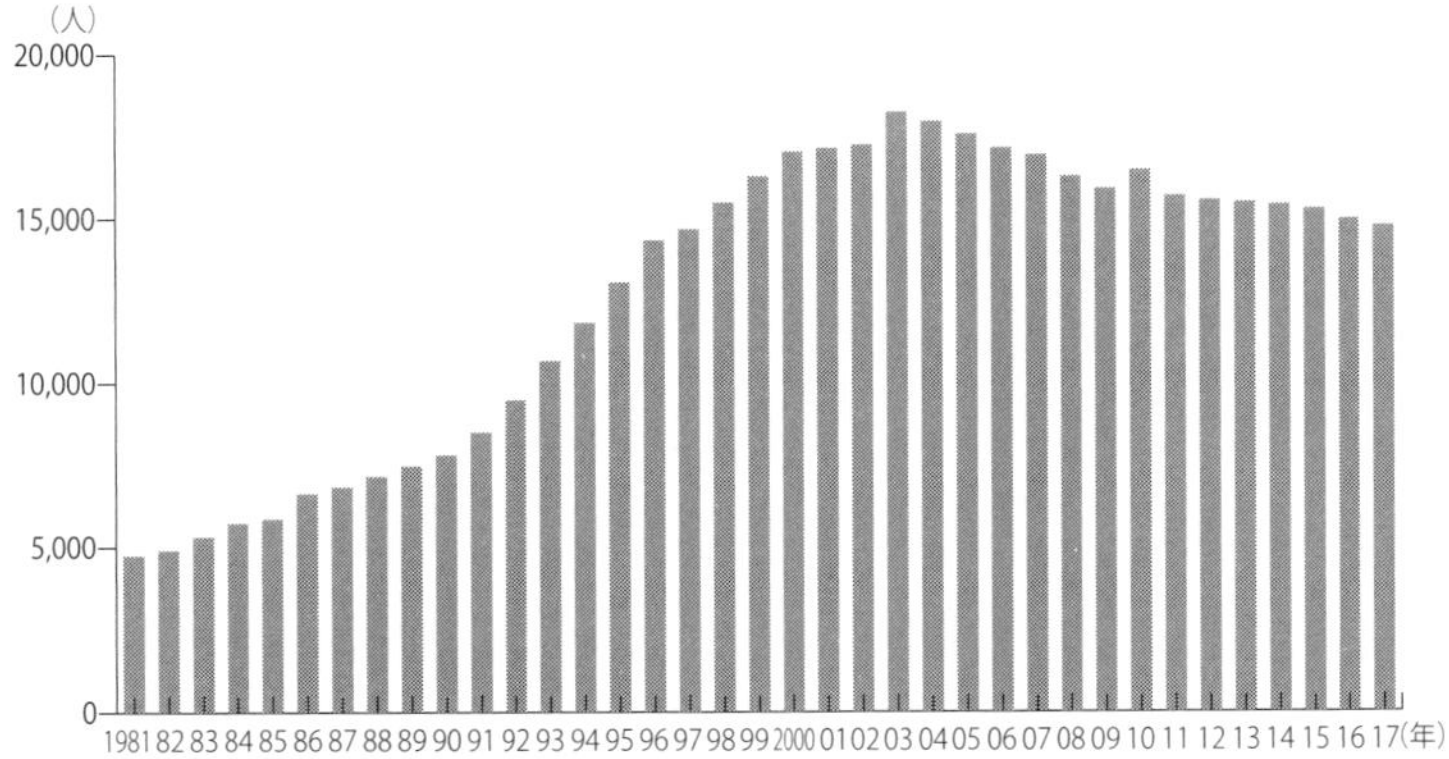

（注）科学技術・学術政策研究所「科学技術指標 2018」をもとに著者が作成

大学進学率（短期大学を含む）は1981年の36・9％から2018年には57・9％にまで上昇しました。2010年前後には大学進学希望者数が大学定員総数を下回る大学全入時代に入ったと考えられています。大学を選ばなければ進学希望者は誰でも大学に入学できる時代だということです。同世代の半数以上が大学に進学し、選り好みしなければ誰でも大学に入れるのですから当然ですが、一部の大学では、新入生が中学校の教科書も理解できていないという大変な状況になっています。

大学院（修士課程）への進学者は、1991年から始まった大学院重点化で定員が増加したことにより以降約10年間で倍増し、1990年の3万733人から10年後の2000年には7万336人となりました。以後、2005年頃まで増加を続け、2005年から2010年は微増または横ばいとなり、入学者数8万2310人とピークを迎えた2010年以降減少傾向にあります。

一方、大学院博士課程への進学者も1990年からの10年間で倍増しましたが、ピーク時の2003年以降、ほぼ減少を続けています。2003年には1万8232人だった博士の卵が、2017年には1万4766人にまで減ったのです。14年間で20％の減少です。

もう少し詳しくデータを見ていくと、状況はさらに「危機的」であることが分かります。まず、図表2－4です。図表2－3の博士課程の入学者数の推移は研究科を区別せず総数

図表２－４　理工系博士課程入学者数の推移

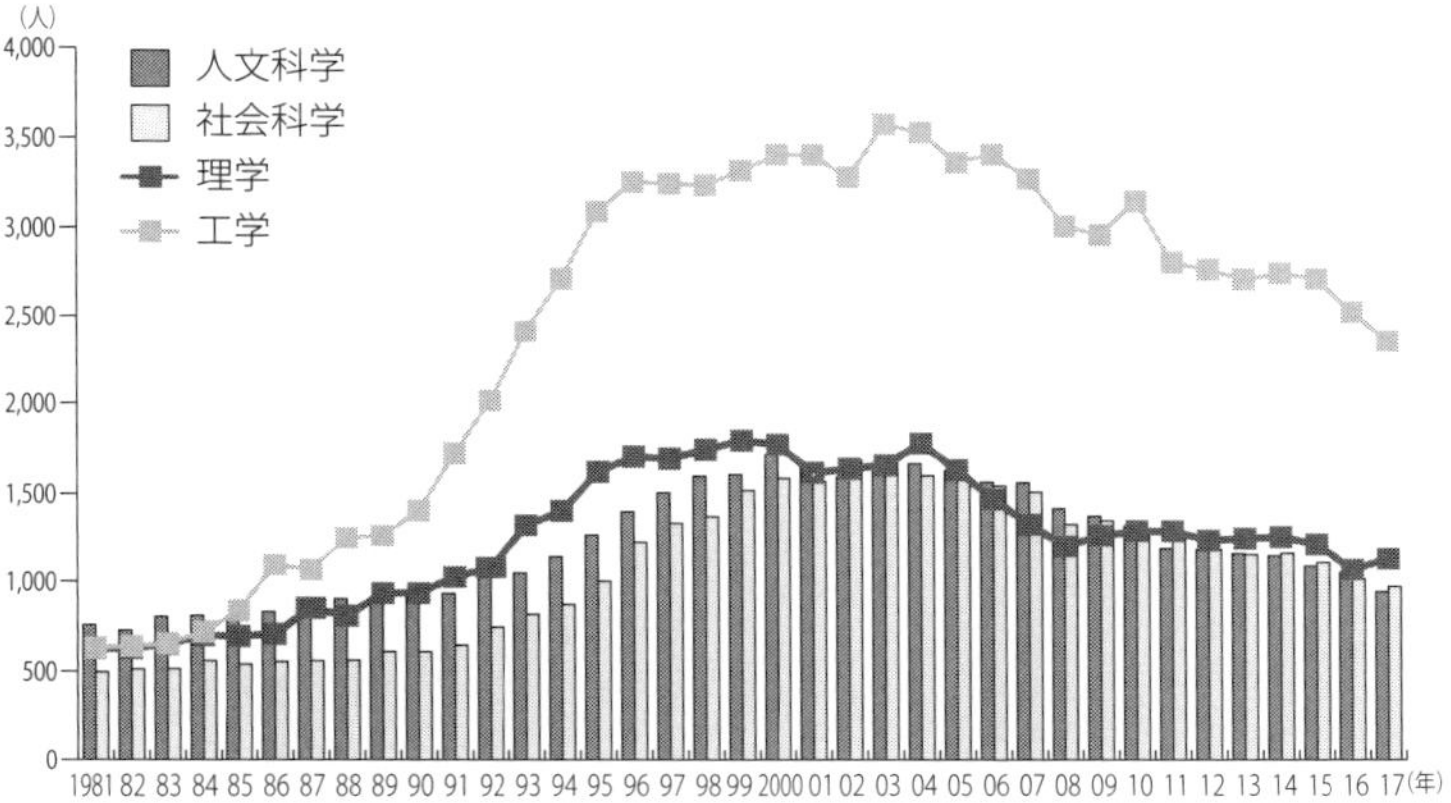

（注）科学技術・学術政策研究所「科学技術指標 2018」をもとに著者が作成

を示したものです。社会科学系と自然科学系の区別はありません。本書の問題意識は、将来自然科学系のノーベル賞受賞者がいなくなるということですから、自然科学系、とくに理工系に絞って博士課程の入学者数の推移を示したのが図表２－４です。２００３年の５２２１人から２０１７年には３４９１人に減少しました。図表２－３で見たとおり、全体では20％の減少でしたが、理工系に限ると33％、つまり３分の１減っています。

理工系博士の卵は半減

次に博士課程入学者の属性です。産業構造が急速に変化しつつある中、近年、大学の学士課程や大学院の修士課程を修了して就職した社会人が、キャリアアップのため大学院で「学び直し」するケースが

図表2－5　社会人学生とそれ以外を区別した博士課程入学者数の推移

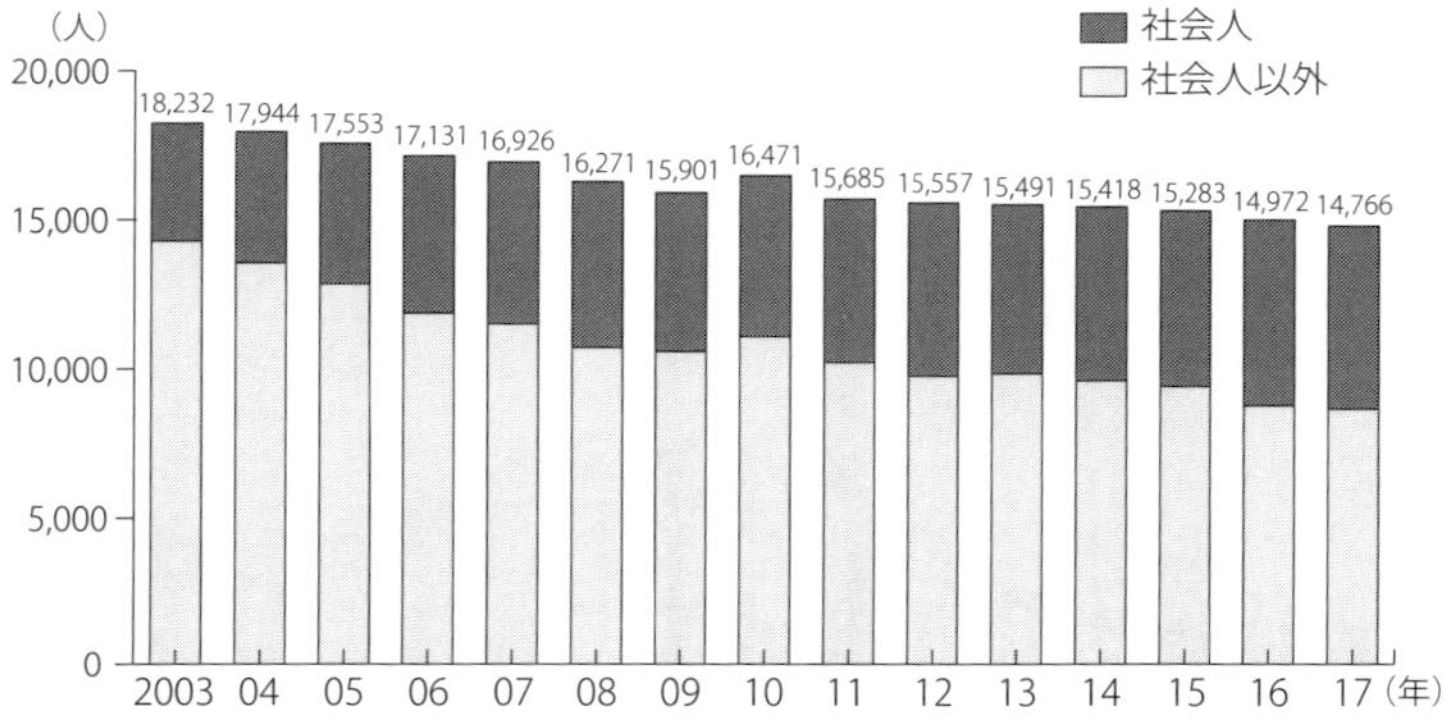

（注）科学技術・学術政策研究所「科学技術指標 2018」をもとに著者が作成

増えています。社会人大学院生の増加です。社会人が修士課程や博士課程で学び直すこと自体は大変結構なことですが、そうした社会人学生の大半は、学位は取得しても企業に残ることが多く、将来の基礎研究を担う「博士の卵」とはなりません。

図表2－5に、社会人入学者とそれ以外の入学者を区別して博士課程の入学者数の推移をグラフにしました。社会人入学者が増加傾向にあるのと対照的に、「博士の卵」となる学生は減り続けています。社会人以外の学生数は2003年の1万4280人から2017年には8655人に減りました。40％の減少です。「博士の卵」となる人材が6割に減ったということです。

このデータからは社会科学自然科学の別は定かではありませんが、入学者全体に理工系院生の割合が減っていることを考慮すると、より危機的であることはあっても、よりましである可能性はなさそうです。理工系の博士課

図表２－６　理工系博士課程社会人大学院生数の推移

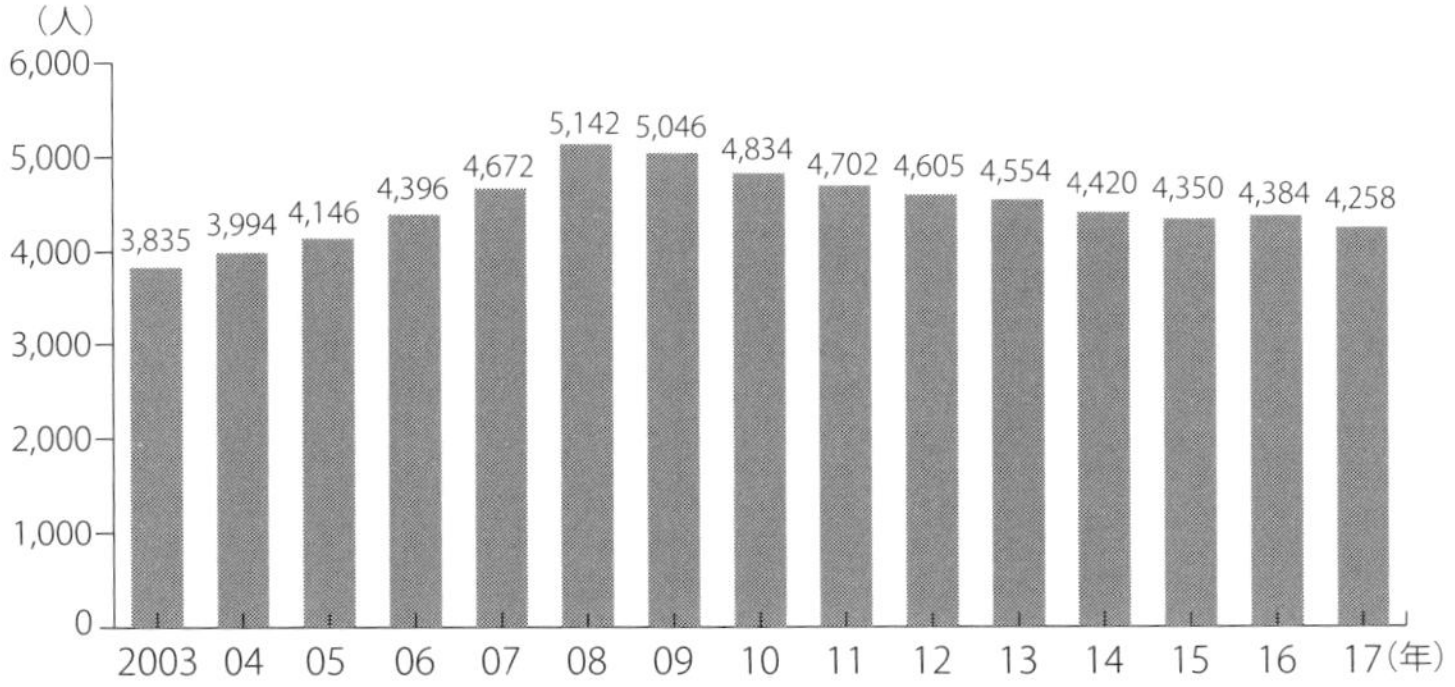

（注）科学技術・学術政策研究所「科学技術指標 2018」をもとに著者が作成

程でも社会人大学院生の数（入学者数ではなく総数です）は２００３年よりは増加しています（図表２－６）。それも考慮すると、理工系の「博士の卵」となる人は半数以下になっていると推測されます。

博士になっても職がない

——博士課程修了者の9割以上が安定した研究職に就けない現実

子供の頃の夢の職業に就く人は意外に多く、２０００年以降のノーベル賞受賞ラッシュで学者になりたいと夢見る子供は増えているのに、「博士の卵」となる大学院博士課程への進学者は減り続けている。その傾向は特に理工系で顕著である。それが日本の大学の現状です。いったい、なぜそんなことになっているのでしょう。

２０１８年版の科学技術白書は、「修士課程学生にとって、博士課程に進学する魅力が薄れているおそれがある」と、非常に控えめに指摘しています。が、問題は深刻です。博士課程に進学することに魅力がなくなっているのは、博士になるのは経済的負担が大きい上、博士になっても努力や投資に見合った高収入を得られる安定した就職先が保障されるわけではないからです。

とは言っても「博士さま」です。職がないなどということはないだろう。プライドや望みが高すぎるからではないのか。そう思われる人も多いかと思います。が、違います。博士課程修了者の就職・就業状況が厳しいことはデータが示しています。

博士課程修了者の6割は非正規雇用かポスト待ち

研究者を目指すには二つの道があり、基礎研究の研究者となるためには博士課程を修了し、大学や公的研究機関で研究を続ける以外に道はほとんどないことは前述のとおりです。そして、博士課程修了者が最初に就くポストは大学の助教や公的研究機関の研究員です。が、このポストが不足しています。多くの博士課程修了者は身分の安定したポストに就くことができず、この研究者への道の第一歩で躓いています。助教や研究員などの安定した職を得られなかった博士課程修了者は、任期付きの研究員の職を転々とすることになります。

図表2－7と2－8に理工系修士課程修了者と博士課程修了者の進路を示しました。文部科学省の科学技術・学術政策研究所（NISTEP）が調査したデータです。NISTEPは政府の科学技術政策立案のため、現状や状況の推移など科学技術や学術に関するさまざまな調査・研究を行っている機関です。科学技術白書が報告する国内のデータの多く

図表２－７　理工系修士課程修了者の進路

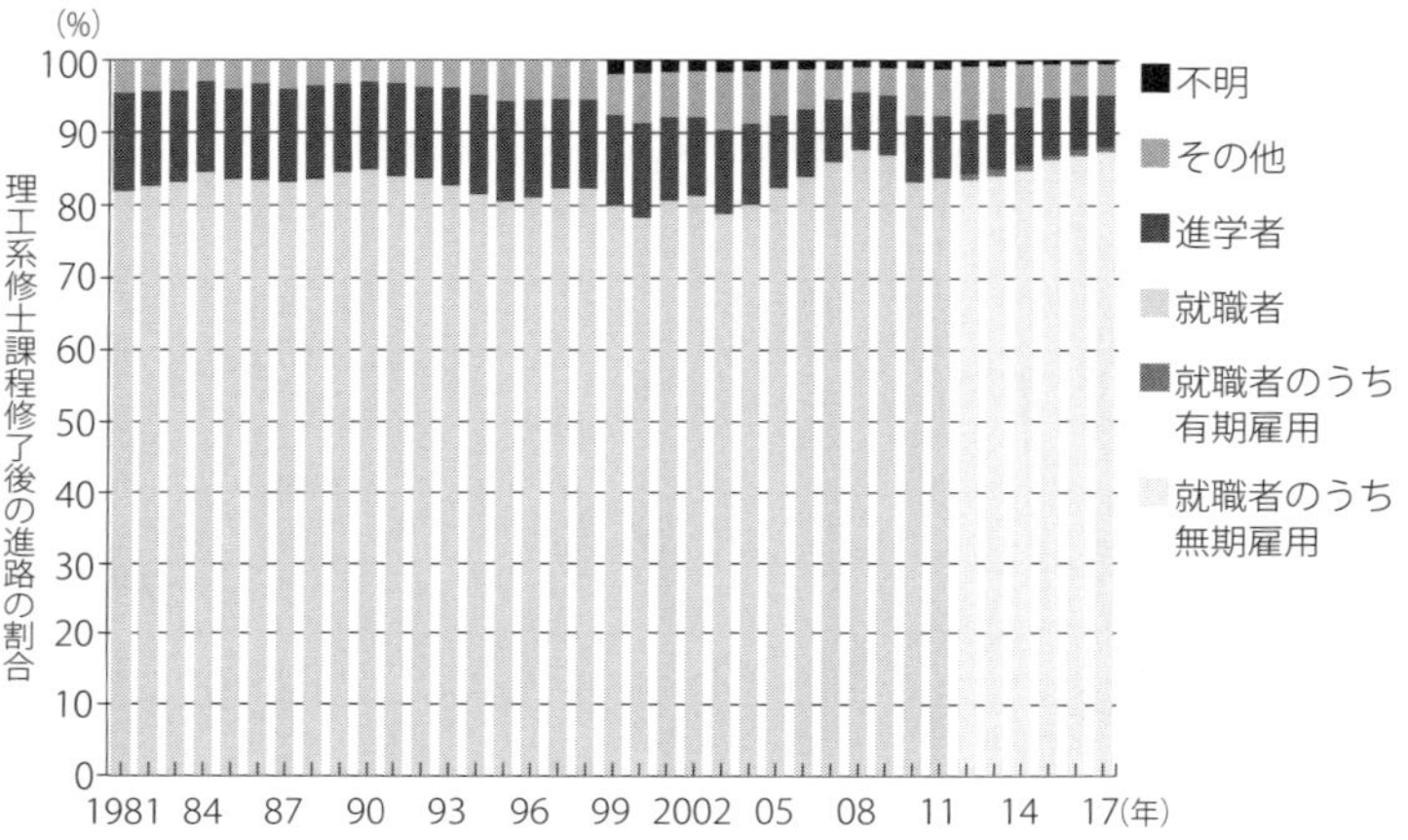

（資料）文部科学省「学校基本調査報告書」
（出典）科学技術・学術政策研究所「科学技術指標 2018」調査資料 -274（2018 年 8 月）

は、ＮＩＳＴＥＰの調査によるものです。

修士課程修了者の進路を見ると就職者が８割前後、進学者１割前後で推移しているのが分かります。重要なのは就職者のうち「無期雇用」と「有期雇用」との割合です。「無期雇用」は終身雇用を前提として企業や団体に就職することです。一方、「有期雇用」は期限付きで就職することで、一般には身分が不安定な契約社員や非正規雇用を言います。２０１１年までは統計に有期無期の区別はありませんが、区別して調査した２０１２年以降を見ても、有期雇用での就職者はほとんどいません。つまり、安定した職を得ているということです。

しかし、博士課程修了者の進路の景色は違います。２０１２年以降を見ると、就職者のうち３割前後が「有期雇用」での就職を余儀なくさ

図表 2－8　理工系博士課程修了者の進路

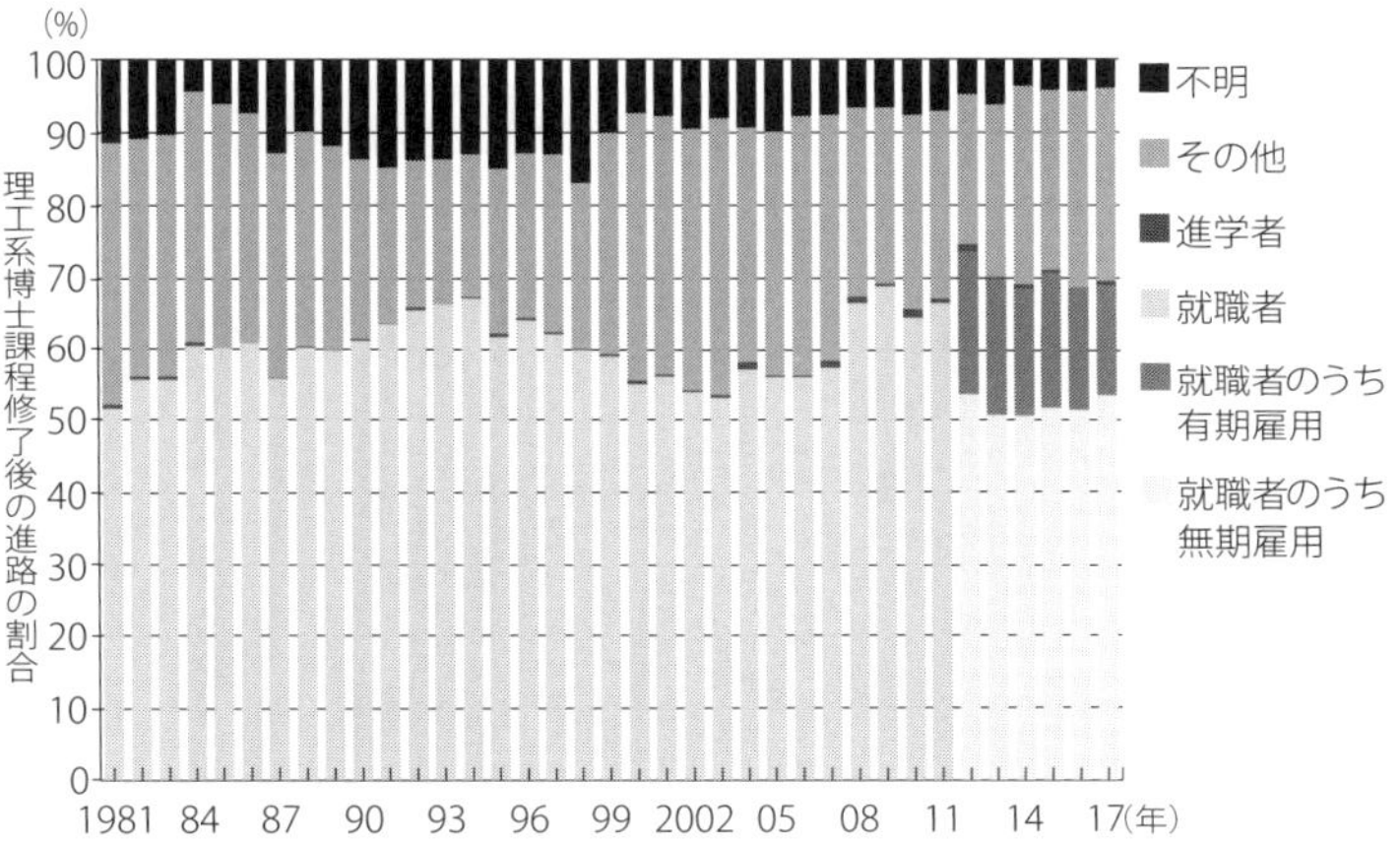

（資料）文部科学省「学校基本調査報告書」
（出典）科学技術・学術政策研究所「科学技術指標 2018」

れているのです。この場合の「有期雇用」は一般の契約社員や非正規雇用者とは少し違います。後に詳しく検討しますが、博士課程修了者の「有期雇用」者の大半は、文部科学省の科学研究費補助金など政府が有望と認めた研究に有期で資金を提供する「競争的資金」を獲得した研究プロジェクトなどに、その期間中だけ研究職として採用された人です。そうした身分の人は「ポスドク」と呼ばれています。ポスト・ドクター（博士）の略ですが、簡単に言うと、博士課程を修了し博士号の学位を取得したものの、大学の助教や公的研究機関の研究員などに就くことができず、任期制（期限付き）博士研究員として研究プロジェクトに参加している人のことです。中には、任期制の研究員にもなれず、無給に近い報酬で研究員として大学に籍を置いている人もいます。モラトリアムです。博士になっても安定した職に就けない人が3割もいるという現実です。

博士課程修了者の進路では「その他」に分類される人が全体の3割前後で推移していま す。元資料となっている文部科学省の学校基本調査は卒業翌年度の5月1日現在の就労先を調査しているため、これは、博士課程を修了した年の5月になっても就職・就業先が決まっていない修了者が3割いることを意味しています。企業や団体が4月入社であるのに対し、任期制の博士研究員は年間を通して公募されるため、研究職に就くため公募を待つポスドクが大勢いるということです。この3割を加えると、博士課程修了者のうち安定した職に就けない人が6割もいるということです。ただ事ではありません。無茶苦茶です。

博士になっても研究者になれない

状況はさらに深刻です。たとえ安定した職場に就職できたとしても、研究職でなければ嬉しくありません。ＮＩＳＴＥＰの２０１２年の報告では、８割を超える博士課程学生が博士課程進学時に修了後の進路に「研究・開発職」を意識しています（図表２－９）。つまり、研究者を目指していたということです。理学、工学系の学生では比率はさらに高まり９割を超える学生が研究者を夢見て進学しています。博士課程を修了した年の５月になっても就業先が決まらないポスドクが３割もいるのも、研究者を目指しているからに他なりません。研究者になることを夢見て大学・大学院と最短でも９年間も高等教育を受け、博士になった後で研究職に就けなければがっかりです。

図表２－９　博士課程進学時に修了後の進路として意識していた職種区分
（社会人学生、留学生を除く）

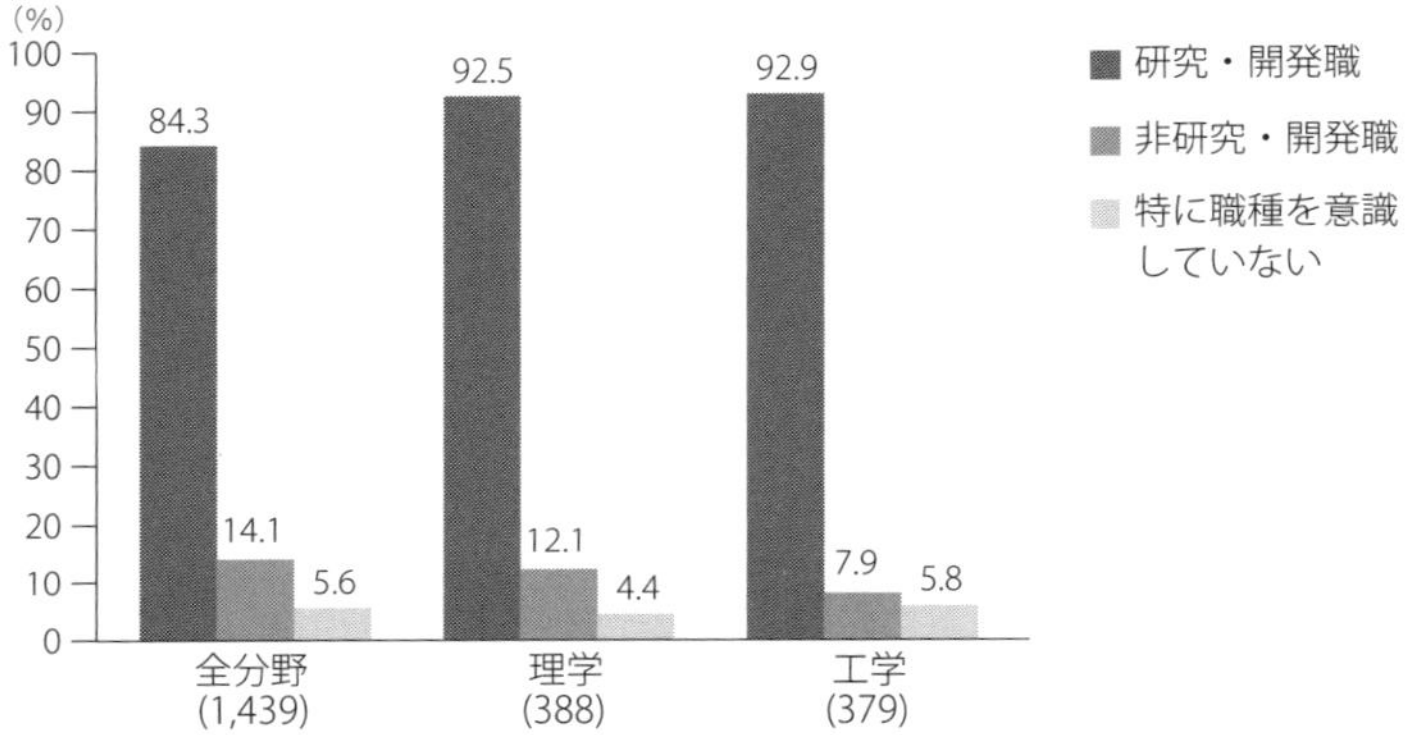

（注）科学技術・学術政策研究所「我が国の博士課程修了者の大学院における修学と経済状況に関する調査研究」（2012年３月）のデータをもとに著者が作成

研究職は４割未満

図表２－10は理工系博士課程修了者の職業別就職状況です。40年前に比べると増加傾向にあるものの、ここ10年を見ても、博士課程修了後すぐに就職した人のうち研究職に就いた人は40％に足りません。しかも、その半数以上は有期雇用で身分の安定しないポスドクだと考えられます。就職者全体の有期雇用の割合は３割前後ですが、就職者の６割以上は技術者や教員で、その多くは無期雇用と考えられるからです。例外も多いと思いますが、仮に研究職以外の就職者の全員が無期雇用だとすると、研究職の75％は有期雇用だという計算になります。

問題を整理します。博士課程修了者のうち、修了した年の５月に就職が決まっているのは全体の７割です。そのうち研究職についた人は４割ですから、

図表２－10　理工系博士課程修了者の職業別の就職状況

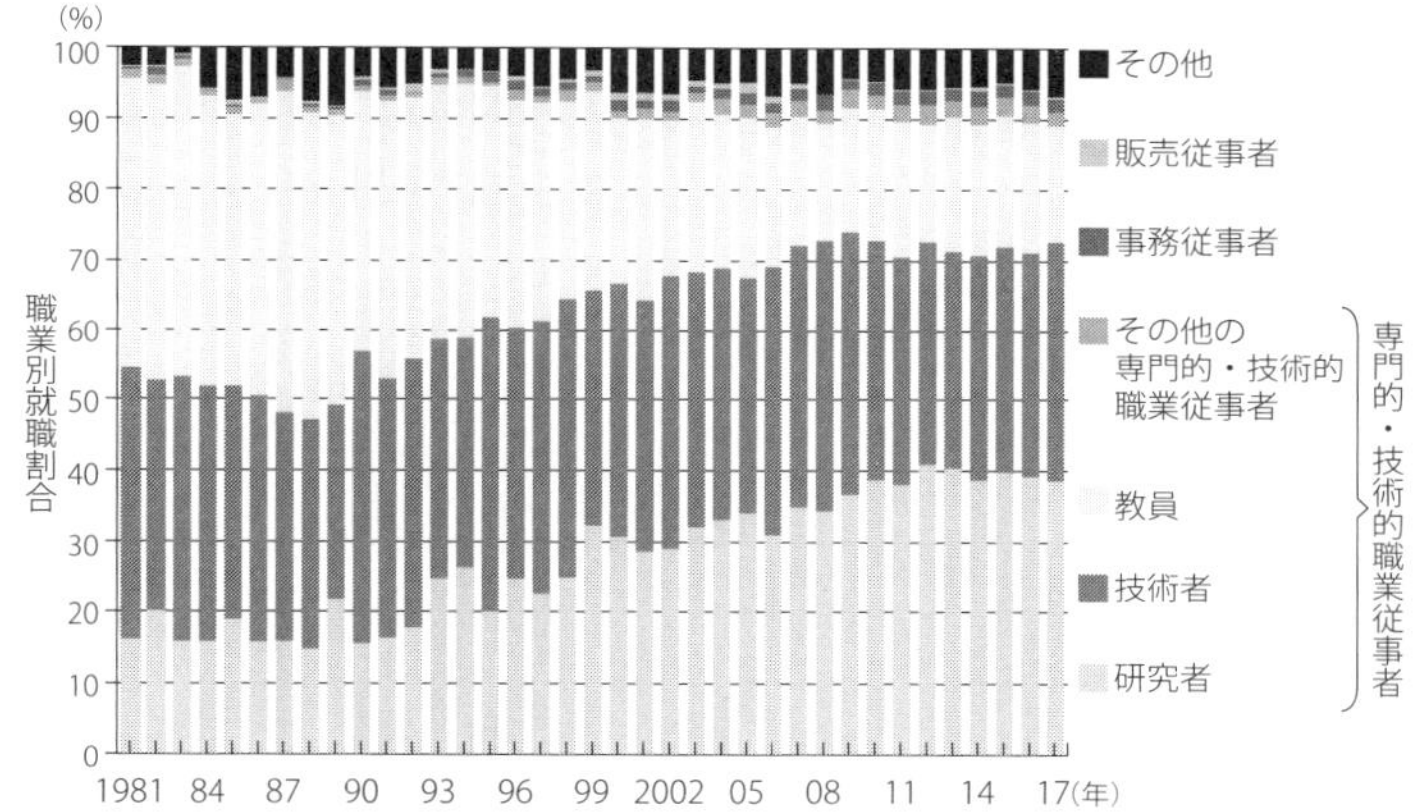

（出典）科学技術・学術政策研究所「科学技術指標 2018」調査資料 -274（2018 年 8 月）

全体の28％です。そのうち有期雇用が75％ですから、大学の助教や公的研究機関の研究員の安定した職を得た人は25％です。全体の28％の25％は全体の７％です（図表２－11）。

研究者を夢み、大学大学院で9年間の歳月を費やして博士課程を修了した研究者の卵のうち、安定した研究職に就ける人が1割にみたない。データはそれを示しています。もう一度、言います。ただ事ではありません。無茶苦茶です。文部行政は、科学技術行政は、大学は、一体何をしてきたのでしょうか。研究者の卵でなくても、なんじゃそりゃ、と叫びたくなります。気の毒過ぎて同情の言葉すら見つかりません。

ＮＩＳＴＥＰの「科学技術指標２０１８」は、理工系博士課程修了者の職業分類別就職割合について『専門的・技術的職業従事者』の割合は90％以上の

図表２－11　理工系博士課程修了者のうち、期限なし研究職の職を得た人の割合（2018年）

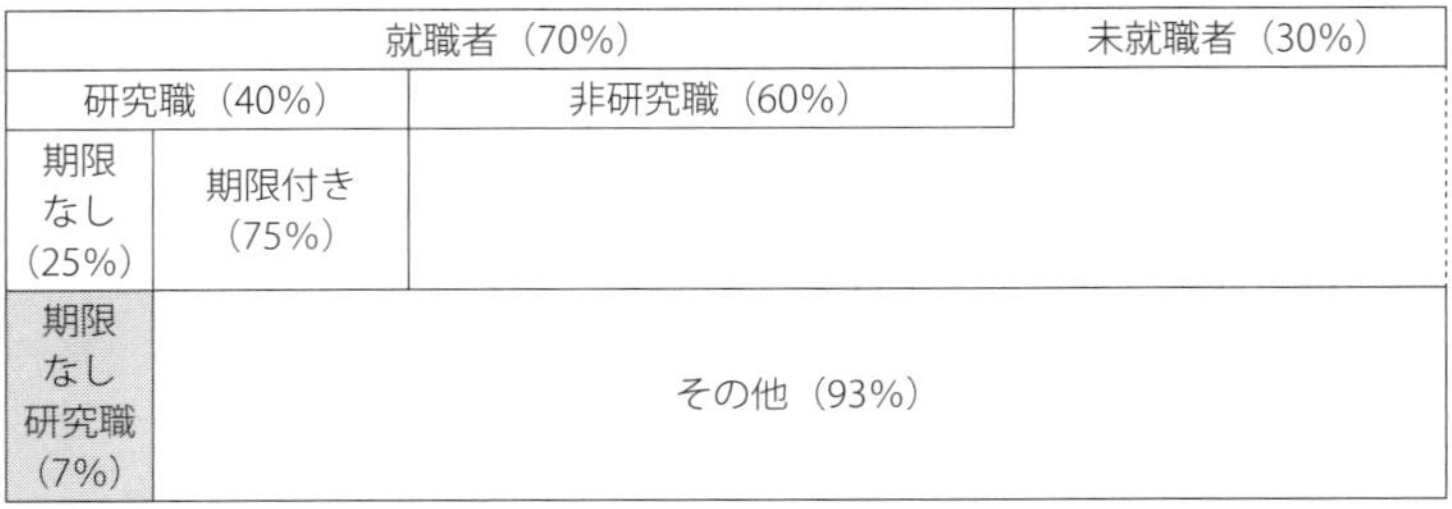

（出典）「科学技術指標 2018」のデータをもとに著者作成

高水準で推移している」と記述しています。専門的・技術的職業とは研究者、技術者、教員などのことです。事実を記述しているだけのようにも読めますが、どこか誇らし気です。しかし、そうでしょうか。理工系修士課程修了者の大半は技術者として企業に無期雇用で採用されています（図表２－12）。専門的・技術的職業従事者と言われても、技術者になるのだったら、時間と労力とおカネを使って博士課程で学ぶことはなかったと悔やんでいるのが、研究職に就けなかった博士たちの本音ではないでしょうか。

　オンラインメディアの『東洋経済オンライン』は２０１６年２月２日付で「博士にまでなったのに、なぜ報われないのか――当事者に聞く『ポスドク問題』の根深さ」と題した記事で、就職に苦戦するポスドクの実態の一端を紹介しています。東京大学で「客員共同研究員」の肩書を持つ32歳の男性は、別の大学を卒業し就職したメーカーを1年で退社し、東大大学院に進学して２０１４年に博士号を取得しました。その後、客員共同研究員として大学で研究を続けていましたが、周囲には40歳代になってもポス

図表 2－12　理工系修士課程修了者の職業別の就職状況

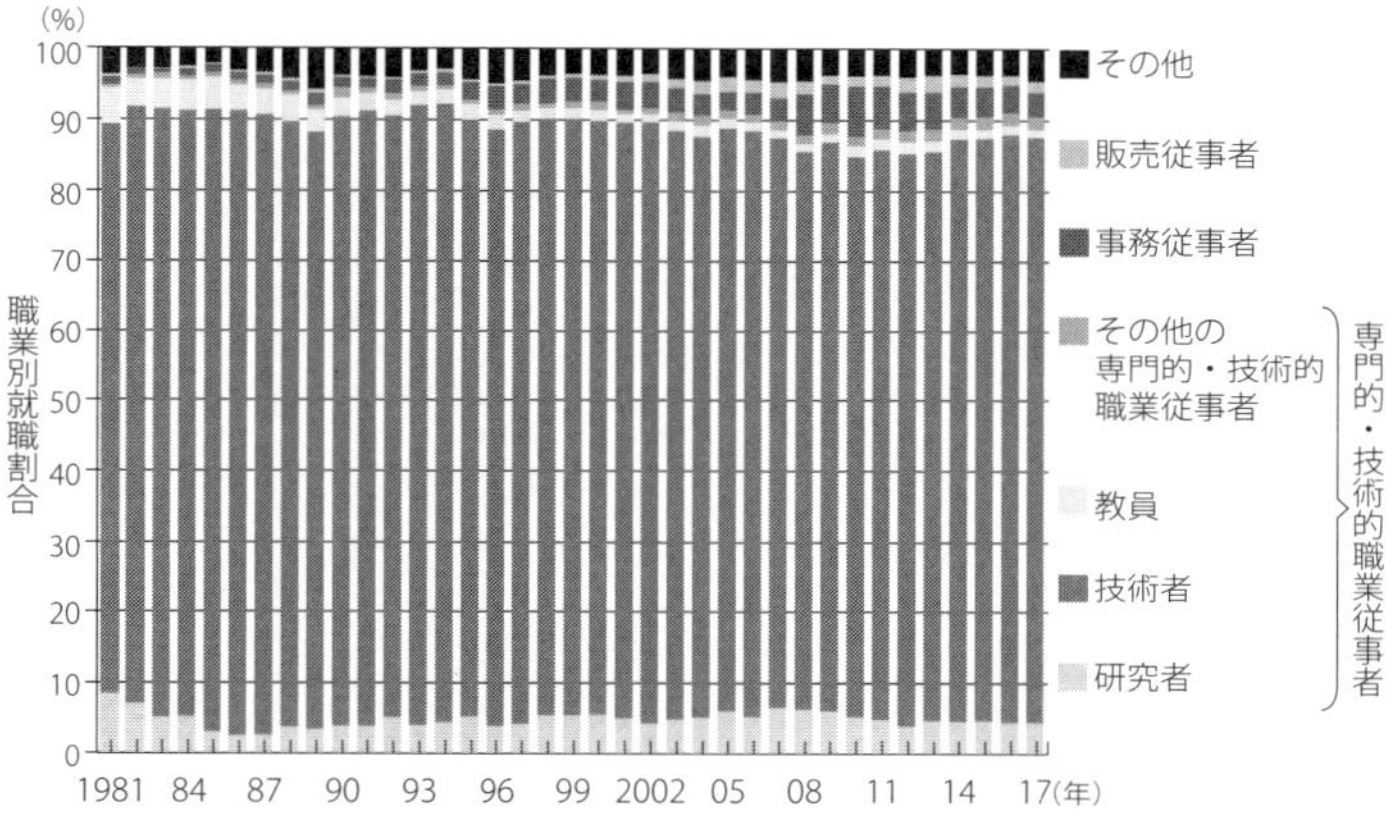

（出典）科学技術・学術政策研究所「科学技術指標 2018」調査資料 -274（2018 年 8 月）

ドクのままで生活が不安定な人が多いことに不安を感じたことに加え、「大学側には研究資金やポストを増やす余裕がなく、増やそうともしていない」と実感し、研究者の道を断念したと言います。

就職に不安を持つ博士課程在学中の学生も少なくないようです。上智大学大学院理工学研究科博士課程1年の男性は、「誰が見ても優秀な人であっても、大学で教員になるには3年程度かけて50校くらいを回り、ようやく一つ引っかかるのが実情。この世界で自分は本当にやっていけるのか」と語っています。

大学教員の高齢化

ここまで見てきたように、博士号取得後の進路の不安から大学院博士課程進学者の数が減り続け、博士課程が空洞化しつつあるという問題が生じています。背景には、大学の研究者（教員）の高齢化という構造的な問題があります。40歳以上の研究者が大半を占め、博士課程を修了した若手研究員を受け入れるポストの絶対数が圧倒的に不足しているのです（図表２－13）。

大学教員（研究者）の総数は１９８６年の約11万４０００人から２０１６年には約18万４０００人に増加しましたが、40歳未満の研究者の数はまったく増えていません。微減です。全教員に占める40歳未満の研究者の割合は１９８６年の39・３％から減り続け、２０１６年は23・５％です。

大学教員の総数が増え続けているのは、すでに見たとおり、大学進学率の上昇に伴い大学が次々に新設され、大学数が増えたからです。大学進学率は１９８６年の34・７％から２０１６年には56・８％に上昇し、入学者の実数でも43万７０００人から61万８０００人に増加しています。

２０１６年の大学教員の年齢階層構成を見ると、40歳未満（20歳代と30歳代）が23・５％、40歳代が30・２％、50歳代が27・４％、60歳以上が18・９％です。大半は博士課程を修了して助教に採用されるため採用年齢は最短でも27歳ですから、20歳代の教員はかなり少ないこと、国立大学の多くは定年を65歳としていることなどから考えると、毎年同じ数が採用されていると仮定すれば、40歳未満が若干少ないものの、それほど極端にバラン

図表 2－13　大学本務教員の年齢階層構成

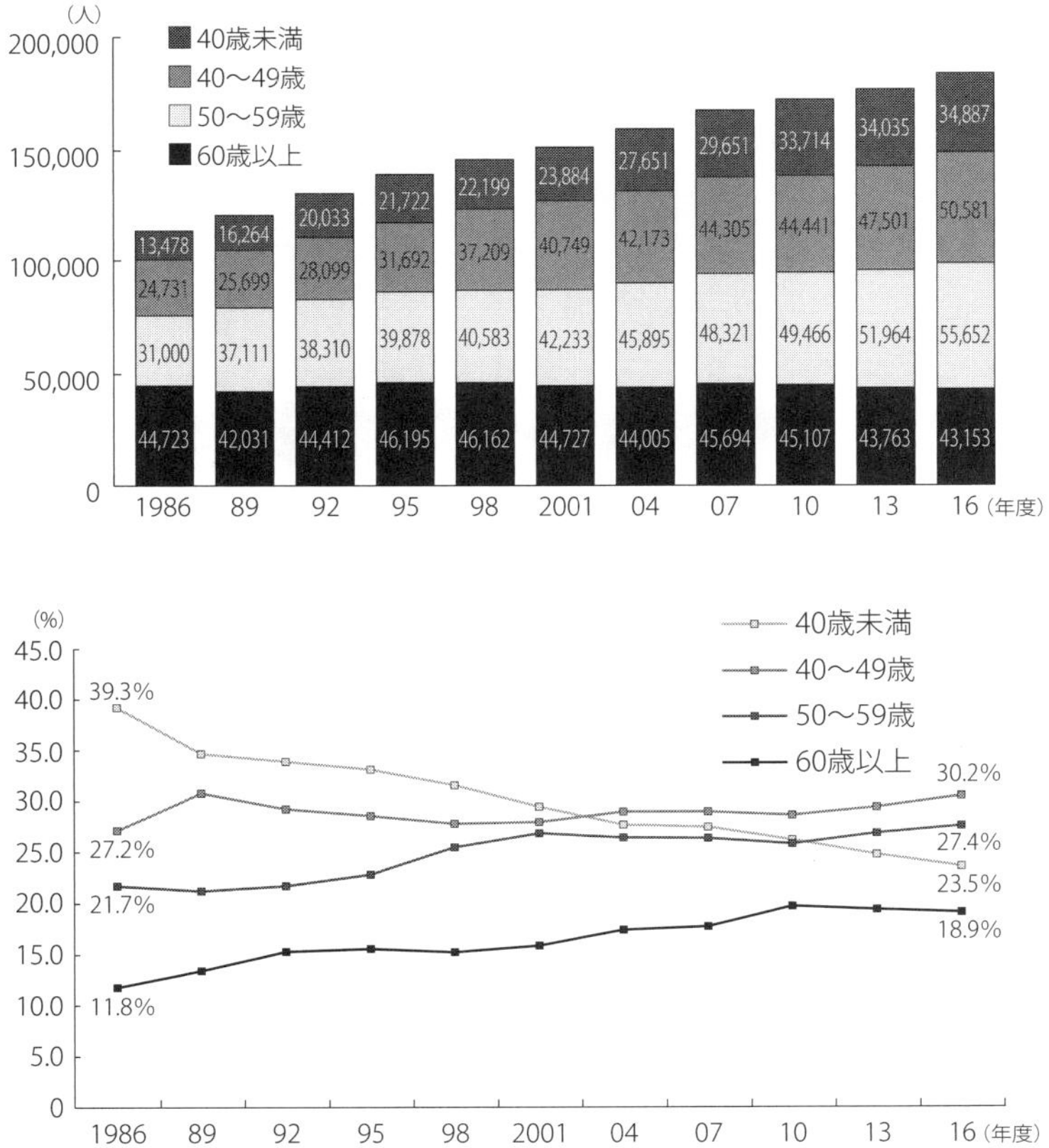

（資料）文部科学省「学校教員統計調査報告書」をもとに文部科学省が作成
（出典）2018 年版科学技術白書

図表2－14　RU11の任期付き教員の雇用状況

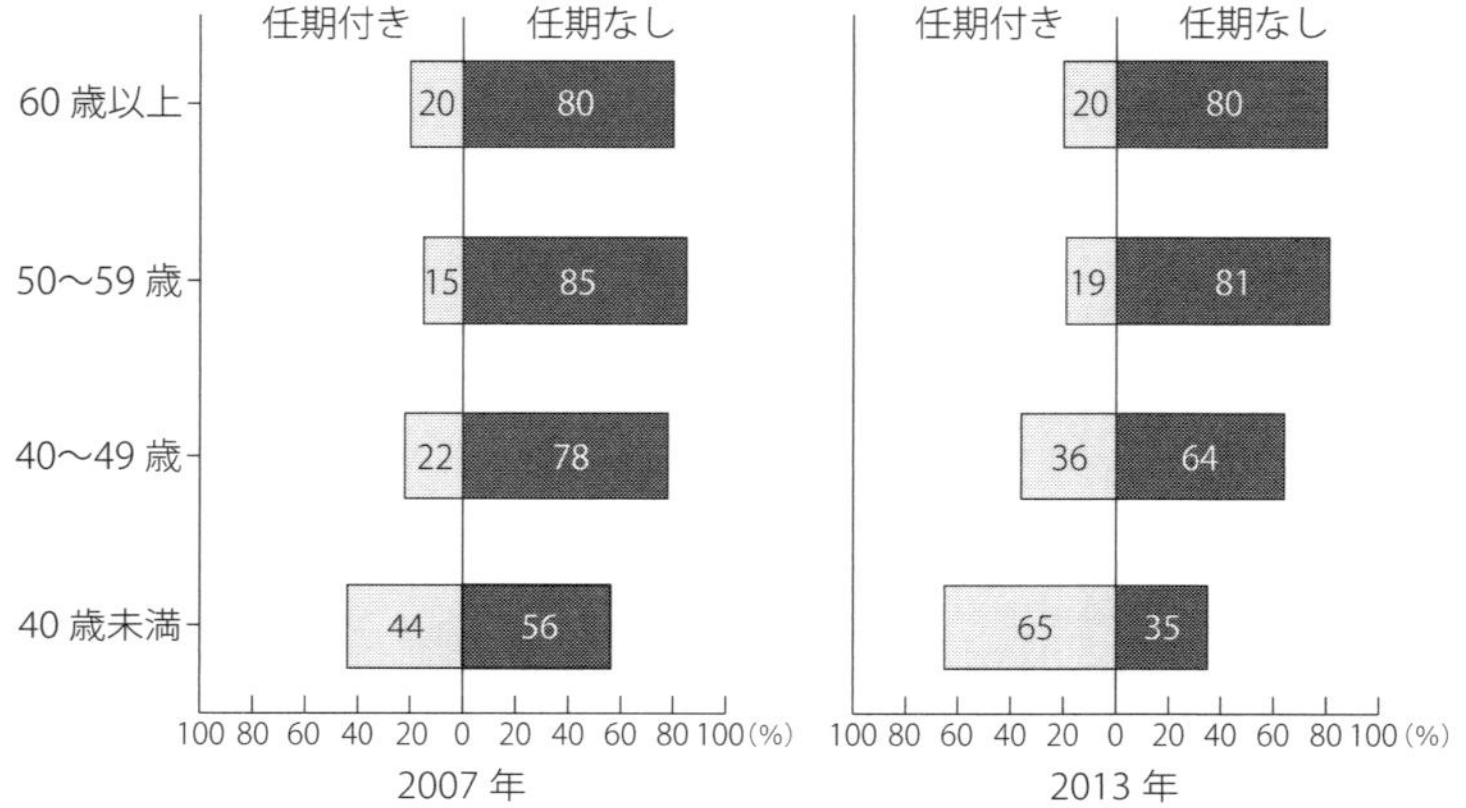

（注）科学技術・学術政策研究所「大学教員の雇用状況に関する調査―学術研究懇談会（RU11）の大学群における教員の任期と雇用財源について」（2015年9月）のデータをもとに著者が作成

スを欠いているとは思えません。

しかし、実際には若手のポストは絶対的に不足しています。それには、理由があります。図表2－13で紹介した「大学本務教員の年齢階層構成」は大学に雇用されているすべての研究者についてのデータです。そこでは「任期付き」と「任期なし」、つまり「有期雇用」と「無期雇用」を区別していません。有期雇用と無期雇用を区別してデータを見ると、40歳未満の研究者のポストが絶対的に不足し、若手研究者が精神的、経済的に著しく不安定な状況に置かれていることがよくわかります。

旧帝国大学のいわゆる七大学に筑波大学、東京工業大学、早稲田大学、慶應義塾大学を加えた11大学はRU11と通称される「学術研究懇談会」を構成しています。RUは研究大学の略です。すべ

図表２－15　RU11の任期なし教員の年齢構成

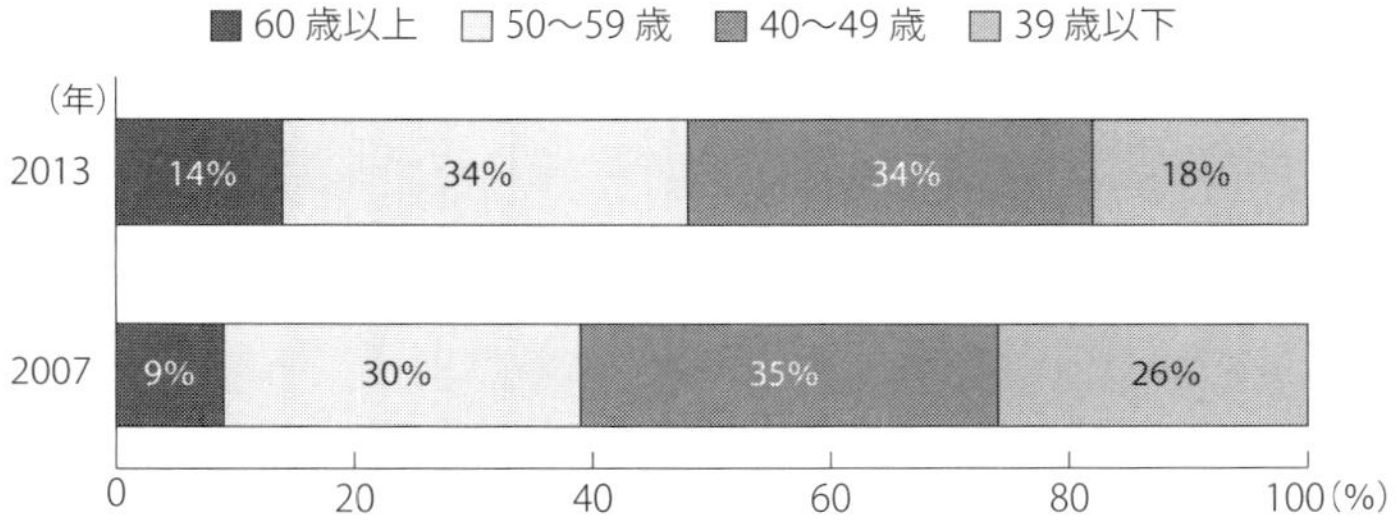

（注）科学技術・学術政策研究所「大学教員の雇用状況に関する調査―学術研究懇談会（RU11）の大学群における教員の任期と雇用財源について」（2015年９月）のデータをもとに著者が作成

ての大学のデータはありませんが、ＲＵ11の教員の年齢構成と任期の有無を示すデータがあります（図表２－14）。

２０１３年のデータを見ると、任期付き教員の割合は60歳以上で20％、50歳代で19％、40歳代で36％であるのに対し、40歳未満では65％です。任期は概ね３～５年ですから、任期付きのポストにいる研究者は、数年ごとに職探しに奔走しなければならないのが現実です。しかも、供給過剰で厳しい競争に晒されています。落ち着いて研究できる環境ではありません。２００７年のデータと比べてみると、状況はより厳しくなっていることは明白です。

図表２－15にＲＵ11加入大学の任期なし教員の年齢構成を示しました。40歳未満の割合は18％です。先に示した任期の有無を区別しない全大学の教員の年齢構成とは随分違います。この数字が博士課程を修了しても若手の研究者には身分の安定した仕事が少ないことを如実に示しています。

気が付けば膨らむ借金

経済的不安が進学を躊躇させている

修了後の進路の不安とともに、博士課程進学者が年々減少している大きな要因の一つは、経済的な負担が大きいことです。奨学金を返済できない大卒者の増加が社会問題となっていること一つを見ても、大学進学率が50%を超えた日本の社会で、子供を大学に進学させることは、子供を持つ家庭にとって大きな経済的負担となっていることが分かります。大学に進学させることでさえ大変なのですから、いわんや大学院をや、です。博士課程を修了するには、大学卒業後さらに5年間の学費と生活費などがかかります。

経済的な問題が、修士課程の学生が博士課程に進学するのを躊躇する大きな要因となっているのはデータからも明らかです。少し古いデータですが、NISTEPが2009年3月に公表した「日本の理工系修士学生の進路決定に関する意識調査」でデータを示して

図表 2－16　博士進学を検討するのに重要な項目

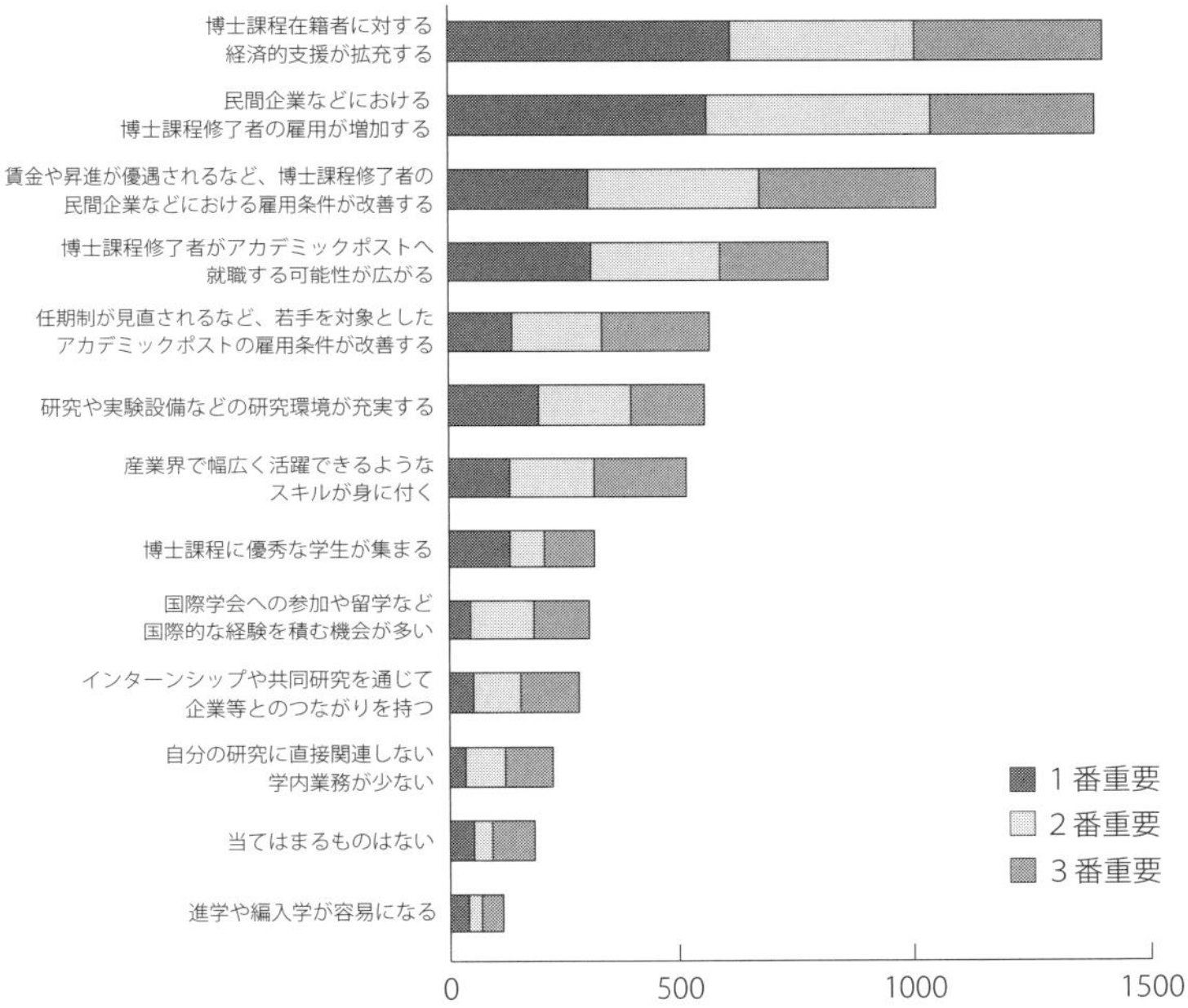

（出典）科学技術・学術政策研究所「日本の理工系修士学生の進路決定に関する意識調査」（2009 年 3 月）

います。

図表２－16は、調査で「日本国内の大学院博士課程への進学を検討する場合、どのような条件が整うことが重要ですか。あなたにとって最も重要なものから順に３つ選んでください」という質問に対する回答を集計したものです。修士課程の学生が博士課程に進学するための条件として最も重視しているのは、「博士課程在籍者に対する経済的支援が拡充する」ことです。４位の「博士課程修了者がアカデミックポストへ就職する可能性が広がる」と、５位の「任期制が見直されるなど、若手を対

象としたアカデミックポストの雇用条件が改善する」はほぼ同じ質問ですから、それを合計するとトップになりますが、両方を回答に選んだ人がいる可能性もあるので、在籍時の経済的支援と修了後の雇用の安定は検討条件の双璧と言えます。

話は少しそれますが、2位に「民間企業などにおける博士課程修了者の雇用が増加する」、3位に「賃金や昇進が優遇されるなど、博士課程修了者の民間企業などにおける雇用条件が改善する」がランクされているのは、民間企業に就職するために博士課程修了は必ずしも有利に働くわけではなく、就職後も大卒や修士卒の社員との待遇があまりかわらないことの反映か、少なくとも修士課程の学生はそう思っているということのあらわれです。また、8位の「博士課程に優秀な学生が集まる」は、修士課程の学生が、優秀な人は進学せずに就職すると思っていることの反映です。いずれも、進学者を減らし続けている博士課程の抱える由々しき問題と言わざるを得ません。

9年間で1779万円

話を戻します。では、大学院修士課程と博士課程の5年間でどのくらいのおカネがかかるのでしょうか。学生に対する貸与奨学金事業を行う独立行政法人日本学生支援機構（J

図表２－17　年間学生生活費

［単位：円］

区分		大学		短期大学		大学院		
		昼間部	夜間部	昼間部	夜間部	修士課程	博士課程	専門職学位課程
学費	授業料	922,400	466,900	787,900	510,800	616,100	459,900	848,700
	その他の学校納付金	124,100	36,200	169,400	44,100	29,700	15,100	52,400
	修学費	46,100	42,600	50,000	40,700	49,700	119,400	95,000
	課外活動費	36,000	29,800	7,600	7,100	19,300	24,400	15,200
	通学費	64,800	69,100	74,400	74,800	57,700	63,300	75,200
	計	1,193,400	644,600	1,089,300	677,500	772,500	682,100	1,086,500
生活費	食費	174,100	200,400	103,800	137,300	274,800	403,100	326,000
	住居・光熱費	190,400	217,900	98,000	113,200	334,000	452,400	314,400
	保健衛生費	36,300	41,200	34,400	35,900	40,600	66,400	57,100
	娯楽・し好費	139,500	144,000	117,300	120,700	145,600	232,300	177,700
	その他の日常費	150,500	256,800	144,500	210,600	196,000	414,400	369,900
	計	690,800	860,300	498,000	617,700	991,000	1,568,600	1,245,100
合計		(1.2) 1,884,200	(5.5) 1,504,900	(0.4) 1,587,300	(7.7) 1,295,200	(0.8) 1,763,500	(4.1) 2,250,700	(1.9) 2,331,600
参考	平成26年度	1,862,100	1,425,900	1,580,500	1,202,700	1,750,200	2,162,000	2,289,100
	平成24年度	1,880,100	1,377,500	1,651,800	1,157,800	1,735,700	2,120,300	2,194,300
	平成22年度	1,830,500	1,435,700	1,591,600	1,109,900	1,732,100	2,112,200	2,243,700
	平成20年度	1,859,300	1,412,200	1,580,000	1,076,200	1,742,100	2,053,100	2,222,500

（注）（　）は、平成26年度調査の金額を基準とした増減率である。
（出典）日本学生支援機構（JASSO）「学生生活調査報告書（2016年度版）」

ＡＳＳＯ）が２年に一度実施している「学生生活調査」の２０１６年度の報告書によると、大学院博士課程学生の１年間の学費・生活費などを合計した「年間学生生活費」は平均で２２５万円に上ります（図表２－17）。昼間部の大学生は１８８万円、大学院修士課程は１７６万円です。私立や国立、自宅通学や独居などを区別しない平均の額です。修士課程より大学が高額なのは授業料の平均額が高いためです。また、博士課程学生の生活費が修士課程学生より高額なのは、博士課程の方が独居や結婚し所帯を持っている学生が多いからだと推測できます。

平均値で計算すると、必要な資金は修士・博士課程の５年間で１０２８万円で

図表２−18　大学院で学費を免除された割合

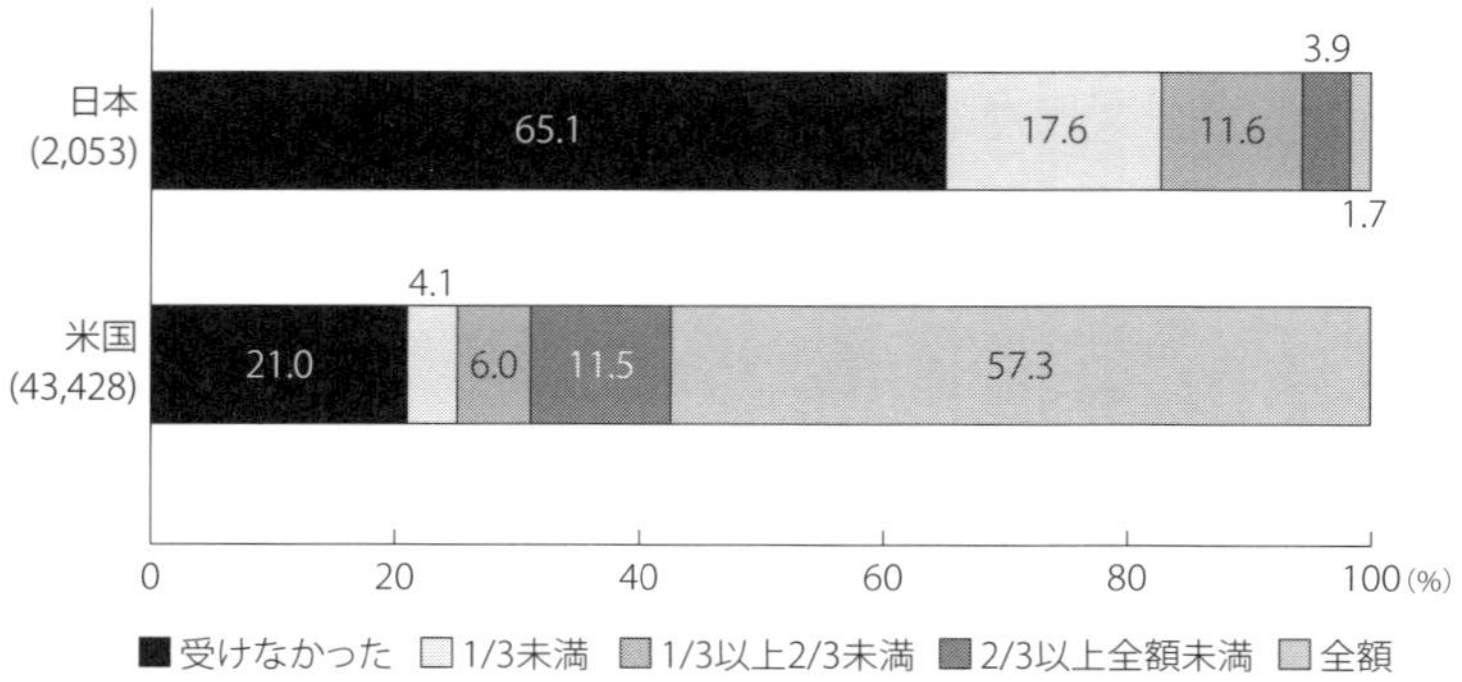

（出典）科学技術・学術政策研究所「我が国の博士課程修了者の大学院における修学と経済状況に関する調査研究」（2012年3月）

す。大学の４年間を加えると１７８１・５万円です。親の負担を考えるとぞっとします。標準的な収入の家庭では気軽に支出できる額ではありません。

貧困な学生支援制度

もちろん、そのために学費免除や奨学金の制度があります。が、日本の学生支援制度は非常に寂しい状況にあります。アメリカの充実ぶりと比較すると寂しさは何倍も増します。

まず、学費免除制度です。ＮＩＳＴＥＰにデータがあります。なんでも調べています。少し古くなりますが、２０１２年公表のデータです。大学院で学費を免除された割合（図表２−18）を示しました。下はアメリカです。日本の大学院生の65％は学費の免除をまったく受けていません。総額の３分の１未満の免除が17・6％、３分の１以上３分の2未満が11・6%、3分の2以上全額未満が3・9で、全額を免除された学生は僅か1・7%です。大学院生の8割がなんらかの学費免除を受け、全体の6割近くが全額を免除されているアメリカとの差は歴然としています。

次に奨学金です。日本には給付型、つまり返済不要の奨学金はほとんどありません。探せばいろいろ数はありますが、どれも給付対象の数は少なく、出身校や在籍校の指定があることが多く、多くの人が利用できる奨学金ではありません。

大半が利用しているのはJASSOの奨学金です。かつての日本育英会です。JASSOには給付型の奨学金もありますが、給付対象は扶養者が住民税非課税世帯か生活保護世帯であるか、本人が児童養護施設などの入所者である場合に限られます。

貸与型の奨学金には無利子の第1種と有利子の第2種があります。大学院の場合、第1種（無利子）奨学金の月額は修士課程で5万円か8万8000円を選択でき、博士課程は8万円か12万2000円です。月額12万2000円を借り受けても年額約146万円で、博士課程の平均の学生生活費には足りません。

そのために第2種（有利子）があり、こちらは大学院の場合月額5万円、8万円、10万円、13万円、15万円から選択できます。法科大学院で法学を履修している人だけはさらに7万円増額できます。弁護士にでもなれば返済能力十分ということでしょうか。ちょっと

図表２－19　大学院在籍のために最も多く、もしくは２番目に多くの金額を利用した資金種別

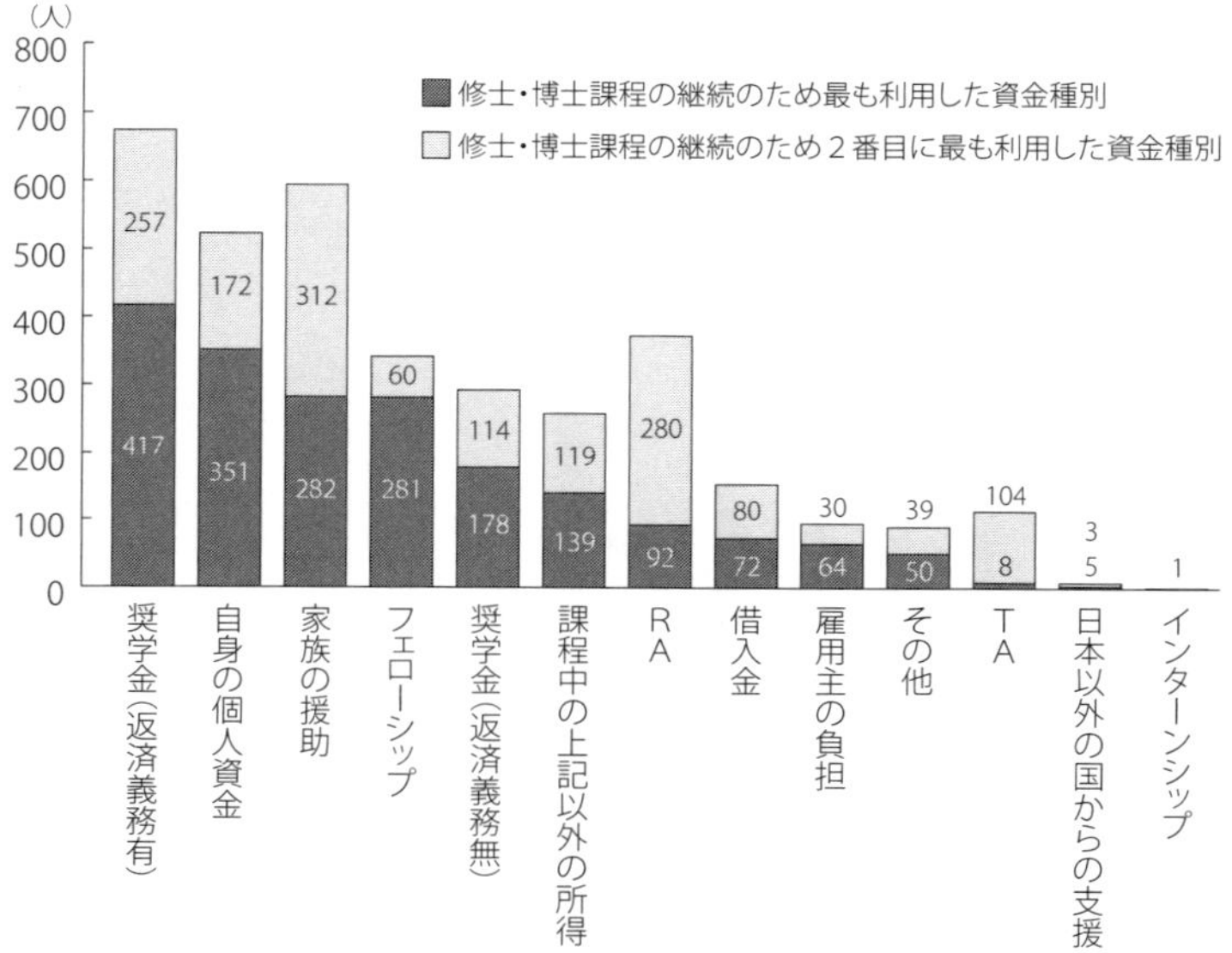

（出典）科学技術・学術政策研究所「我が国の博士課程修了者の大学院における修学と経済状況に関する調査研究」（2012年３月）

嫌な感じです。在学中は無利子ですが、第２種には利息が付きます。年３％が上限です。

博士課程３年間に第１種の奨学金を最も多く利用すると総額７３０万円、修士から５年間利用すると約９４０万円、大学の最高額は月額６万４０００円ですからさらにこれを４年分加えると９年間で約１２５０万円です。

奨学金も借金です。大学院修了後、すぐに返済が待っています。博士課程修了者の就職状況はすでに見たとおりです。返還期限猶予や減額返済（返済期間を延ばして返済月額を減らす）の制度もありますが、返済を

図表2－20　大学・大学院の在籍にかかる借入金

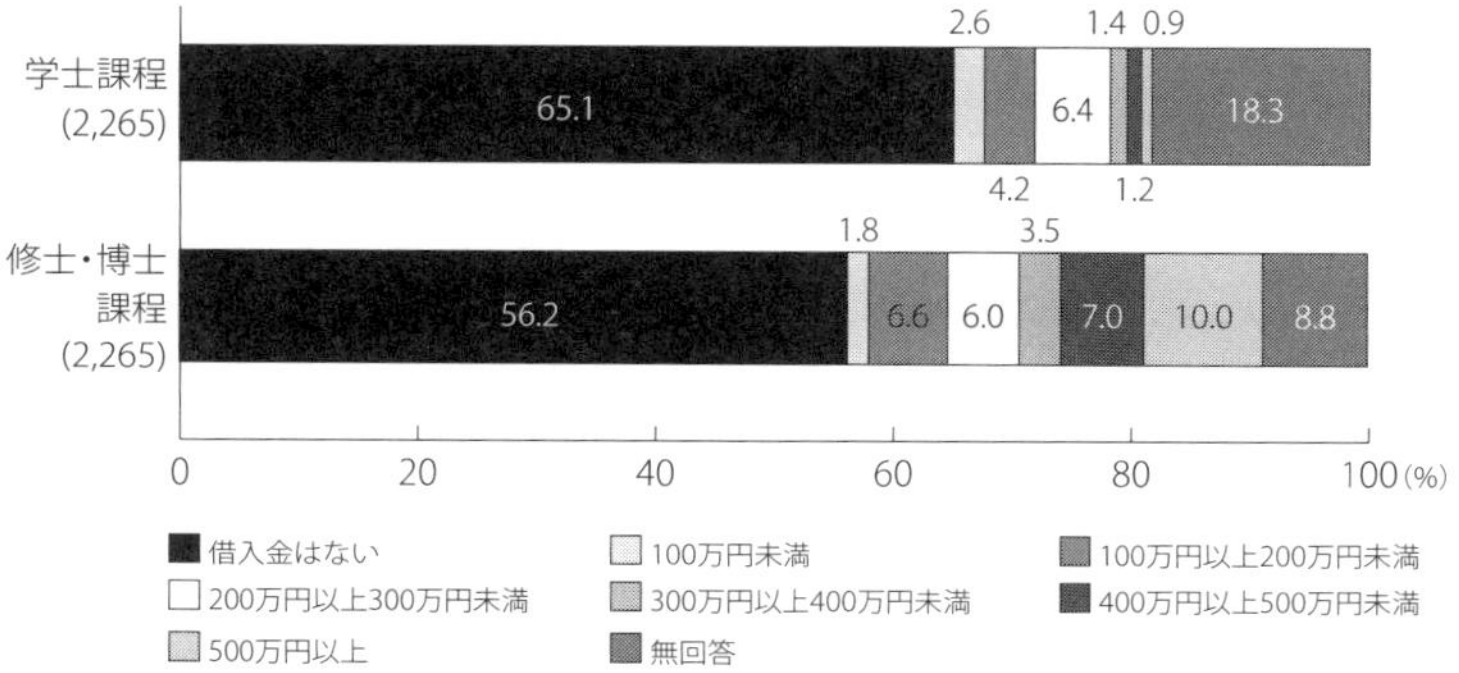

（出典）科学技術・学術政策研究所「我が国の博士課程修了者の大学院における修学と経済状況に関する調査研究」（2012年3月）

延滞すると遅延金が生じます。こちらは延滞額の10％です。高利です。

大学院修了者の半数が借金苦

大学院5年間で1000万円以上の学費や生活費をどのように工面しているのか。それを示すのが図表2－19です。674人が貸与型奨学金を主要な資金源にあげています。回答者総数は2265人です。大学院生の3割が学費を含めた生活費を将来の借金となる奨学金に頼っています。その他、借入金を資金源にしている人もいます。図表にあるフェローシップは研究助成金、RAはリサーチ・アシスタントの報酬、TAはティーチング・アシスタントの報酬です。

学生が卒業時にどのくらいの借金を抱えることになるのか。それを示すのが図表2－20です。修士・博士課程修了時に500万円以上の借入金を抱える人が1割もいます。借金がまったくないのは5割強です。博士課程進学者が減り続けている理由が分かります。研究者を目指すと「気が付けば借金まみれ」の現実があります。

人材が逃げていく

修士課程学生が進学を躊躇

研究者を目指す博士課程修了者の厳しい就職状況や、経済的に苦慮する博士課程学生の姿を、間近に接する修士課程学生はよく理解しています。それが、修士課程学生に博士課程に進学するのを躊躇させています。

こちらも少し古い調査ですがNISTEPは2009年に「日本の理工系修士学生の進路決定に関する意識調査」という報告書を公表しています。東京大学、京都大学をはじめ

図表2－21　修士課程修了直後の進路

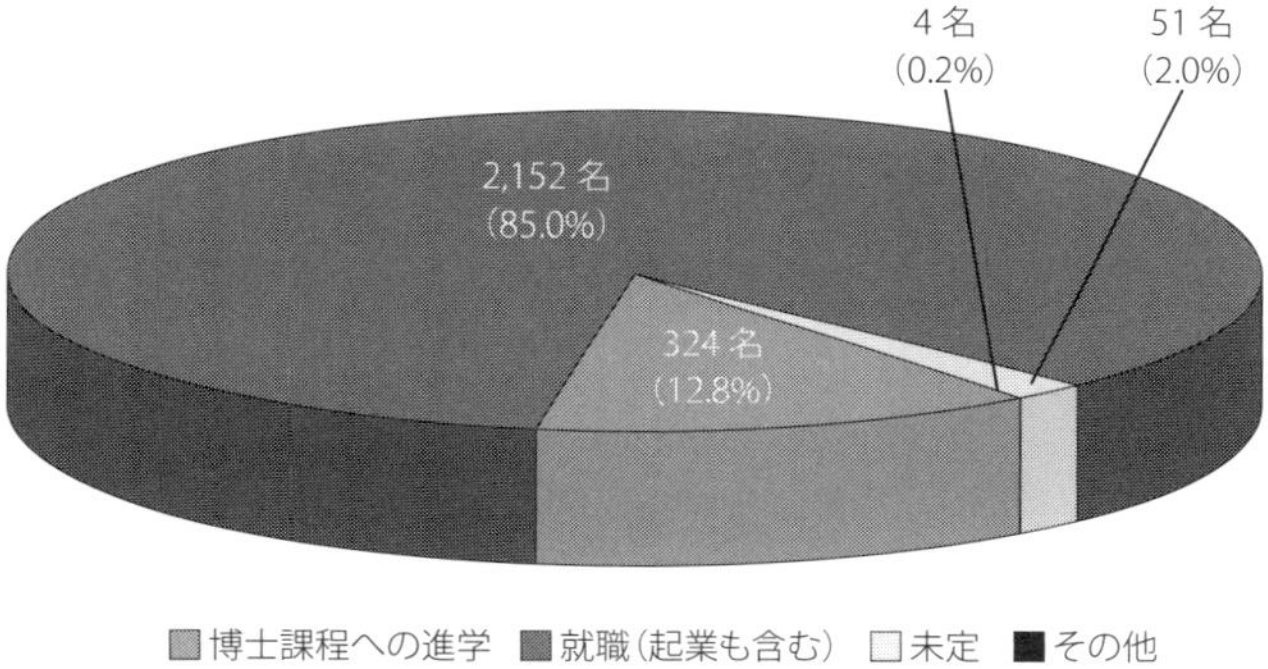

（出典）科学技術・学術政策研究所「日本の理工系修士学生の進路決定に関する意識調査」（2009年3月）

とする旧帝国大学に筑波大学、東京工業大学、広島大学と私学の早稲田大学、慶應義塾大学の大学院修士課程に在籍する大学院生約１万３０００人に調査への協力を依頼し、約２５００人から回答を得た調査です。進路だけではなく、家庭状況や大学院進学の動機や大学院での研究環境や満足度など、修士課程学生の意識を幅広く調査した研究ですが、修士課程修了直後の進路について博士課程への進学と回答したのは12・８％に過ぎませんでした（図表２－21）。実際の進学率がさらに低いのはすでに見たとおりです。

あてはまるものを選択する形式で質問した「博士課程への進学ではなく就職を選んだ理由」（図表２－22）の調査では、トップは「経済的に自立したい」ですが、「修了後の就職が心配」が3位、「生活の経済的見通しが立たない」が4位、「コストに対して生涯賃金などのパフォーマンスが悪い」が5位を占めました。修士課程大学院生の意識調査から見ても、「博士になっても職がない」ことと「博士

図表2－22　博士課程への進学ではなく就職を選んだ理由

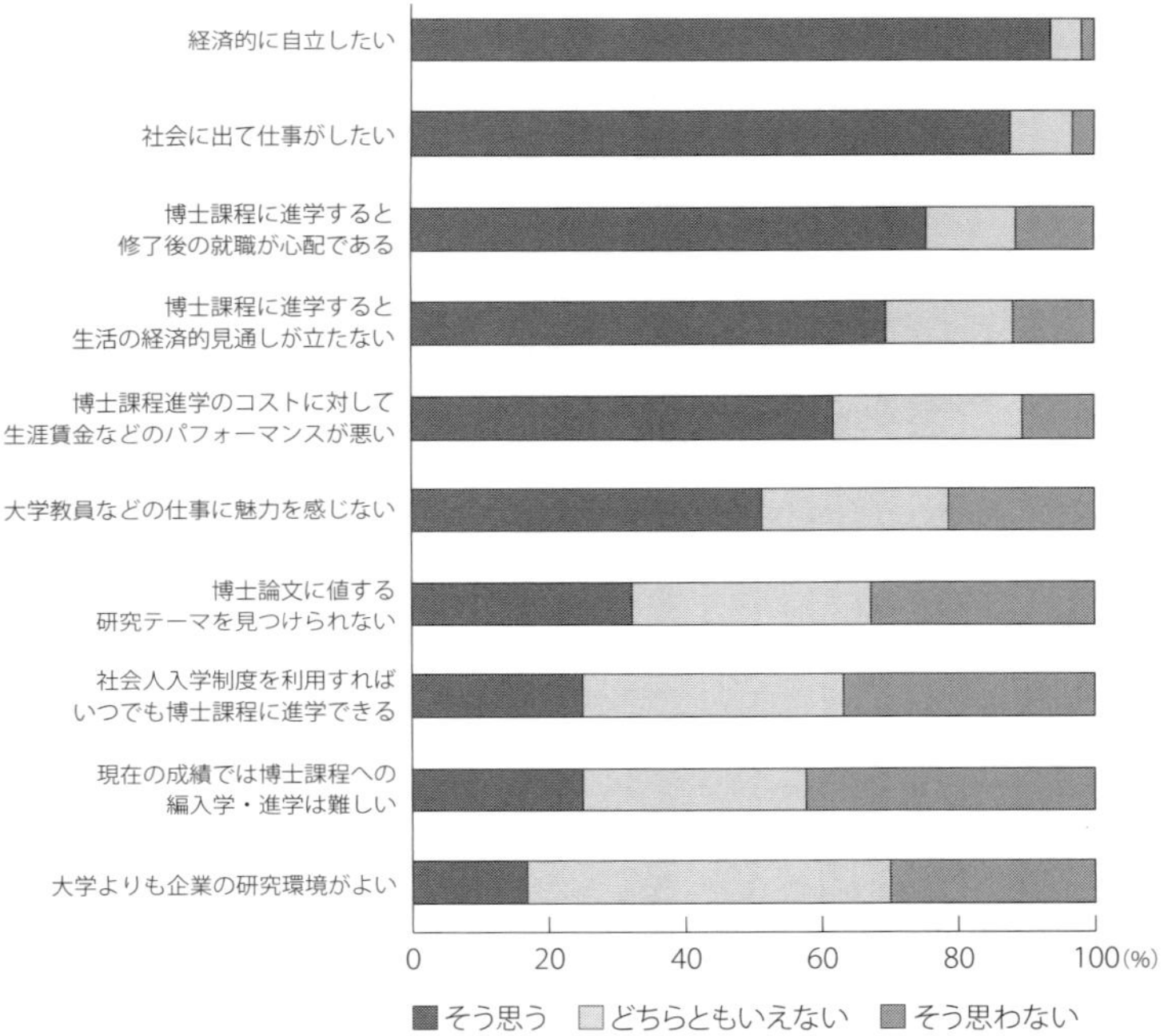

（出典）科学技術・学術政策研究所「日本の理工系修士学生の進路決定に関する意識調査」（2009年3月）

になるにはコストがかかる」ことが、博士課程進学者の減少の大きな要因となっているのは明らかです。「博士・学者」は少年の憧れなのに、修士課程学生の憧れではないのです。このままでは、ノーベル賞受賞者はおろか、日本の基礎研究を背負って立つ博士自体がいなくなってしまいます。

優秀な人材ほど企業へ

さらに、博士課程への進学者が減っているだけではなく、優秀な人材が失われているという状況もあります。事態はさらに深刻です。

ＮＩＳＴＥＰは２００６年から毎年「科学技術の状況に係る総合的意識調査（ＮＩＳＴＥＰ定点調査）」を実施しています。「産学官の一線級の研究者や有識者への継続的な意識調査を通じて、我が国の科学技術やイノベーションの状況変化を把握する」ための調査で、毎年同じ質問項目で、固定した約２０００人の研究者にアンケートをしています。「研究人材の状況」「研究環境及び研究資金の状況」「学術研究・基礎研究と研究費マネジメントの状況」など6つのカテゴリーで各10問前後の質問を用意し、６段階で評価し、評価の理由を記述してもらう形式の調査です。例えば、「研究人材の状況」の第1問は「若手研究者（博士課程学生は除く）に自立と活躍の機会を与えるための環境の整備は十分だと思いますか」となっています。

「研究人材の状況」に「現状として、望ましい能力を持つ人材が、博士課程後期を目指していると思いますか」という質問があります。第4問です。博士課程後期は本書で使っている博士課程と同義です。

この質問に、回答者全体の74％が6点評価で3点以下、つまり１００点満点で50点以下の評価をつけています（図表２－23）。日本の研究者の４分の３が能力を持つ人材が博士課程を敬遠していると感じているということです。

◎経済の情勢からして収入が確立されない博士課程への進学を若い人が躊躇しているのではないかと感じる――公的研究機関、主任研究員、男性

◎大学の先生は疲弊しており、学生は研究職に夢を感じなくなっている――公的研究機関、部長、男性

◎博士の学位取得によるメリットが感じられない――大学、准教授、男性

それぞれの指摘は、本章で見てきたさまざまなデータと符合しています。現場の研究者の声には、悲鳴というよりは、すでに諦めに近い響きがあります。

ノーベル賞受賞者は若くしてポストを得ていた

日本はノーベル賞受賞者を輩出し続けられるかという観点でも、若手研究者のポスト不足と、それに伴い若手研究者が不安定な身分を余儀なくされている状況は深刻です。ノー

ベル賞受賞者はみんな若くして定職を得て研究に打ち込んでいます。

半数以上が20歳代で大学助手に

図表2－24に2000年以降の自然科学部門ノーベル賞受賞者が任期のない安定した仕事に就いた年齢とそのポストを示しました。田中氏ら大学卒業後、企業に就職した受賞者もいますが、大半は20歳代後半に大学助手（現在の助教）などのポストに就いています。

「キラル触媒による不斉反応の研究」で2001年の化学賞を受賞した野依良治・元名古屋大学教授は京都大学大学院修士課程を修了後、24歳で京都大学の助手に採用されています。2008年物理学賞の小林誠氏、2014年物理学賞の天野浩氏、2015年生理学・医学賞の大村智氏の三人は27歳でそれぞれ母校の京都大学、名古屋大学、山梨大学で助手の職を得ました。2008年物理学賞の南部陽一郎氏が東京大学の、2000年化学賞の鈴木章氏が北海道大学の助手になったのは28歳です。2000年化学賞の白川英樹氏、2008年化学賞の下村脩氏、2015年物理学賞の梶田隆章氏の三氏は29歳でそれぞれ東京工業大学、長崎大学、東京大学の助手になっています。企業研究員になった受賞者を除くと、その他の受賞者もいずれも30歳代前半に大学で安定した身分を得ています。

――博士課程志望者が減っているなどの問題も指摘されていますが、若手研究者の育成についてどのようなお考えをお持ちでしょうか？

梶田教授　私の場合、純粋に大学院で物理学の研究をしたかったので、将来のポストや経済的不安のことは余り考えませんでした。日本の科学技術力強化のためには、大学院生への支援を含め、若手へのきちんとした支援がカギです。今の大学院生への支援は全く不十分です。いろいろな支援をするプログラムはあっても年限が決まっていて、タイミングで恩恵を受けられる人とそうでない人の運不運が大きいように思います。

――任期付きのポストが増えてきたことで、若手研究者の身分が不安定になり、研究に打ち込めないなどの悪影響が出ているとの指摘もあります。

梶田教授　この問題は本当に改善する必要があると思います。東大でも２０００年以降、博士課程への進学率は減少しています。若手が定職に就くのが難しくなっているのを学生もよく分かっています。これは日本の科学技術の未来を考える上でも深刻な問題です。ノーベル賞を取るような研究をするためにはやはり身分が安定している必要があります。任期付きで、その間にいかに論文の数を稼ぐかというような環境ではノーベル賞につながるような研究に打ち込むことは難しいです。自分の場合も、最初の２

年間の任期付きの後、任期なしのポストに就いてからじっくりと研究をすることができました。いろいろな小手先の改善では駄目で、若手研究者の安定的ポストの確保が最も重要です。また、若手に限らず、研究者がさまざまな業務で多忙・余裕がなくなり、研究に使える時間が減っていることは何をもってしても補えない問題です。

将来研究者となる博士課程への進学者は減り続けています。博士になっても研究職に就くのは4割程度で、40歳未満の大学研究者の7割近くが任期付きポストに甘んじ、研究に没頭できる環境がありません。それが日本の大学や研究現場の現状です。他方、これまでのノーベル賞受賞者はすべて30歳代前半までに安定したポストを得て研究に打ち込んでいます。

今世紀に入って、日本人のノーベル賞受賞ラッシュが続いています。大半はご高齢です。授賞対象の研究時期と受賞時期に30年ほどのタイムラグがあるからです。では、今の若手研究者から20年後、30年後にそれに続く受賞者は生まれ得るでしょうか。安定したポストという観点では若手研究者が置かれた環境は劣悪です。少なくとも、これまでのように雨後の筍のようにノーベル賞受賞者が続出するということはなさそうです。日本人受賞者が消えてなくなる日も、そう遠くはないかもしれません。

梶田教授も指摘しているように、若手研究者が安定したポストを得て研究に打ち込める環境がないことと、それを反映して進学者が減少し博士課程が空洞化している現状は、日本の科学技術の未来にとって非常に深刻な問題なのです。

第3章

衰弱している日本の研究力

——主要国で最低レベルに凋落

第2章では大学の博士課程が空洞化している状況を詳しく見ました。その原因の第一は博士になっても仕事がないからです。何度も指摘しましたが、日本の若手研究者が置かれた状況は無茶苦茶です。酷すぎます。こんなことで、まともな研究ができるのか。もちろん、できはしません。総体として日本の研究力は劣化しています。政府もそれを認めています。本章ではそれを詳しく見ていきます。

政府が認めた「基盤的な力」の低下

「基盤的な力の低下が指摘されている」——科学技術白書

「若手研究者を巡る状況は危機的である」と指摘していることを前章で紹介した2018年版の科学技術白書は、同年6月に閣議決定されています。発行は文部科学省ですが、科学技術白書は文部科学大臣の責任で発行するのではなく、閣議決定という内閣のお墨付きを得て発行されています。

その2018年版科学技術白書は、付属資料や索引を除き一頁43字40行で293頁に及ぶ大著です。図表が半分近くはあるので、半分と大目に見ても、文字数にして10万字を超え、精読するには大変な時間を要します。その中で、「我が国においては科学技術イノベーションやそれを生み出す基盤的な力の低下が指摘されていることが示された」という表現で、日本の科学技術の基盤力が急激に弱まってきていることを認めました。大変なことです。

英『ネイチャー』誌による警鐘

もっとも、日本の研究力が低下しているとの指摘は、目新しいものではありません。日本人研究者からは以前からそうした指摘が繰り返されていました。そして、研究関係者や社会に衝撃を与えたのはイギリスの科学誌『ネイチャー』の2017年3月号です。日本の科学論文数の国際シェアの低下を分析し、近年、日本の科学研究力が失速していることを指摘したのです。日本人の声には耳をかさず、外国に指摘されるとびっくりする。これも、日本ではよくあることです。

『ネイチャー』は世界で最も権威ある学術雑誌の一つで、同誌に論文が掲載されると科学者は一流と認められます。「STAP細胞」で世界の研究者に衝撃を与え、その後、撤回された小保方晴子氏の論文の舞台も『ネイチャー』でした。

２０１８年版の科学技術白書は、『ネイチャー』の指摘を追認する形で論理構成されています。簡略に説明するとこういうことです。

①科学技術のイノベーションは人類の幸せと社会の発展に貢献する
②イノベーションの創出には基盤的な力が重要だ
③日本の基盤力は低下している
④いろんな改革をして頑張らなくてはいけない

カタカナ言葉としてのイノベーションは、いろいろな意味で使われ、定義が明確ではありませんが、これまでになかった新しい技術で現状を革新し、新たなビジネスモデルを創出するといった意味で使われていると思われます。発明ではありません。ベルの作った電話が発明だとすると、移動電話や携帯電話、スマートフォンなどがイノベーション。そんなイメージの言葉です。科学技術白書を読むと、日本の科学技術政策がイノベーションを非常に重視していることが分かります。

科学技術白書が「日本の基盤力の低下」の根拠としているのが①研究者数、②論文数、③研究開発費、④大学ランキング――の4つの指標です。中国やアメリカが研究者数を増加させているのに日本は横ばい、論文数は世界全体では増加しているのに日本は減少、研究開発費も横ばいで、急増する中国、アメリカに水を開けられ、大学ランキングは下がる一方というのが、国内外のさまざまな調査結果に基づいた科学技術白書の分析です。

下がり続ける大学ランキング

それぞれを詳しく見ていきましょう。まずは大学ランキングです。日本の大学は順位を落とし続けています。

世界ではさまざまな機関が独自の基準で評価し、世界の大学ランキングを公表しています。最も有名なのは英国教育専門誌『Times Higher Education（ＴＨＥ）』の「世界大学ランキング」です。その他にもイギリスのクアクアレリ・シモンズ（ＱＳ）社の「世界大学ランキング」、上海交通大学の「世界大学学術ランキング」、アラブ首長国連邦（ＵＡＥ）の世界大学ランキングセンターの「世界大学ランキング」などがあります。ＴＨＥ誌とＱＳ社は元々共同で世界大学ランキングを発表していましたが、評価基準で対立があり２０１０年からそれぞれ独自のランキングを発表しています。名前が似ていてややこしいので、それぞれ「ＴＨＥランキング」「ＱＳランキング」「上海ランキング」「ＵＡＥランキング」と略称することにします。

上位は米英が独占

図表３－１は右記４機関の最新の大学ランキングです。上位10位までです。残念なことに日本の大学はどのランキングでもトップ10に入っていません。が、安心してください。日本だけではありません。ハーバード、スタンフォード、ケンブリッジなど米英の大学にほぼ独占され、４つのランキングで米英以外の大学でトップ10に入っているのは、ＱＳランキングで7位にランクされたスイスのチューリッヒ工科大学だけです。

図表３－２には上位１００位までにランクされた日本の大学を示しました。ＴＨＥラン

図表3－1　世界の大学ランキング

① Times Higher Education 誌「世界大学ランキング 2019」

1	オックスフォード大学（イギリス）
2	ケンブリッジ大学（イギリス）
3	スタンフォード大学（アメリカ）
4	マサチューセッツ工科大学（アメリカ）
5	カリフォルニア工科大学(アメリカ)
6	ハーバード大学（アメリカ）
7	プリンストン大学（アメリカ）
8	エール大学（アメリカ）
9	インペリアル・カレッジ・ロンドン(イギリス)
10	シカゴ大学（アメリカ）

②クアクアレリ・シモンズ社「世界大学ランキング 2019」

1	マサチューセッツ工科大学（アメリカ）
2	スタンフォード大学（アメリカ）
3	ハーバード大学（アメリカ）
4	カルフォルニア工科大学(アメリカ)
5	オックスフォード大学（イギリス）
6	ケンブリッジ大学（イギリス）
7	チューリッヒ工科大学（スイス）
8	インペリアル・カレッジ・ロンドン(イギリス)
9	シカゴ大学（アメリカ）
10	ユニバーシティ・カレッジ・ロンドン（イギリス）

③上海交通大学「世界大学学術ランキング 2018」

1	ハーバード大学（アメリカ）
2	スタンフォード大学（アメリカ）
3	ケンブリッジ大学（イギリス）
4	マサチューセッツ工科大学（アメリカ）
5	カルフォルニア大学バークレイ校(アメリカ)
6	プリンストン大学（アメリカ）
7	オックスフォード大学（イギリス）
8	コロンビア大学（アメリカ）
9	カルフォルニア工科大学(アメリカ)
10	シカゴ大学（アメリカ）

④世界大学ランキングセンター（UAE）「世界大学ランキング 2018‐2019」

1	ハーバード大学（アメリカ）
2	スタンフォード大学（アメリカ）
3	マサチューセッツ工科大学（アメリカ）
4	ケンブリッジ大学（イギリス）
5	オックスフォード大学（イギリス）
6	カルフォルニア大学バークレイ校(アメリカ)
7	プリンストン大学（アメリカ）
8	コロンビア大学（アメリカ）
9	カルフォルニア工科大学(アメリカ)
10	シカゴ大学（アメリカ）

図表 3－2　日本の大学の世界ランキング

	100 位以内の日本の大学数	ランキングされた大学と順位
THE ランキング	2	東京大学 42 位、京都大学 65 位
QS ランキング	5	東京大学 23 位、京都大学 35 位、東京工業大学 58 位、大阪大学 67 位、東北大学 77 位
上海ランキング	3	東京大学 22 位、京都大学 35 位、名古屋大学 83 位
UAE ランキング	3	東京大学 12 位、京都大学 26 位、大阪大学 53 位

キングでは東京大学（42位）と京都大学（65位）の2校が、QSランキングでは東大（23位）、京大（35位）、東京工業大学（58位）、大阪大学（67位）、東北大学（77位）の5校がランクされています。上海ランキングとUAEランキングではそれぞれ3校が100位までにランクされています。

各ランキングの上位10位の顔ぶれを見ても、上位100位にランクされた日本の大学を見ても、多少の個性はあっても大きな違いは見られません。どのランキングも概ね似たり寄ったりという印象です。

2016年に急落

注視したいのは上位にランクされた日本の大学の数ではなく、その推移です。図表3－3にTHEランキングにおける日本の大学のランキングの推移を示しました。THE誌の公式サイトで公表している2011年以降のデータです。上位100校に限ると東大と京大だけになってしまうので300位までを示しました。

図表３－３　日本の大学のTHEランキングの推移

	2011	2012	2013	2014	2015	2016	2017	2018	2019
東京大学	26	30	27	23	23	43	39	46	42
京都大学	57	52	54	57	59	88	91	74	65
東京工業大学	112	108	128	125	141	201-250	251-300	251-300	251-300
大阪大学	130	119	147	144	157	251-300	251-300	201-250	251-300
東北大学	132	120	137	150	165	201-250	201-250	201-250	251-300

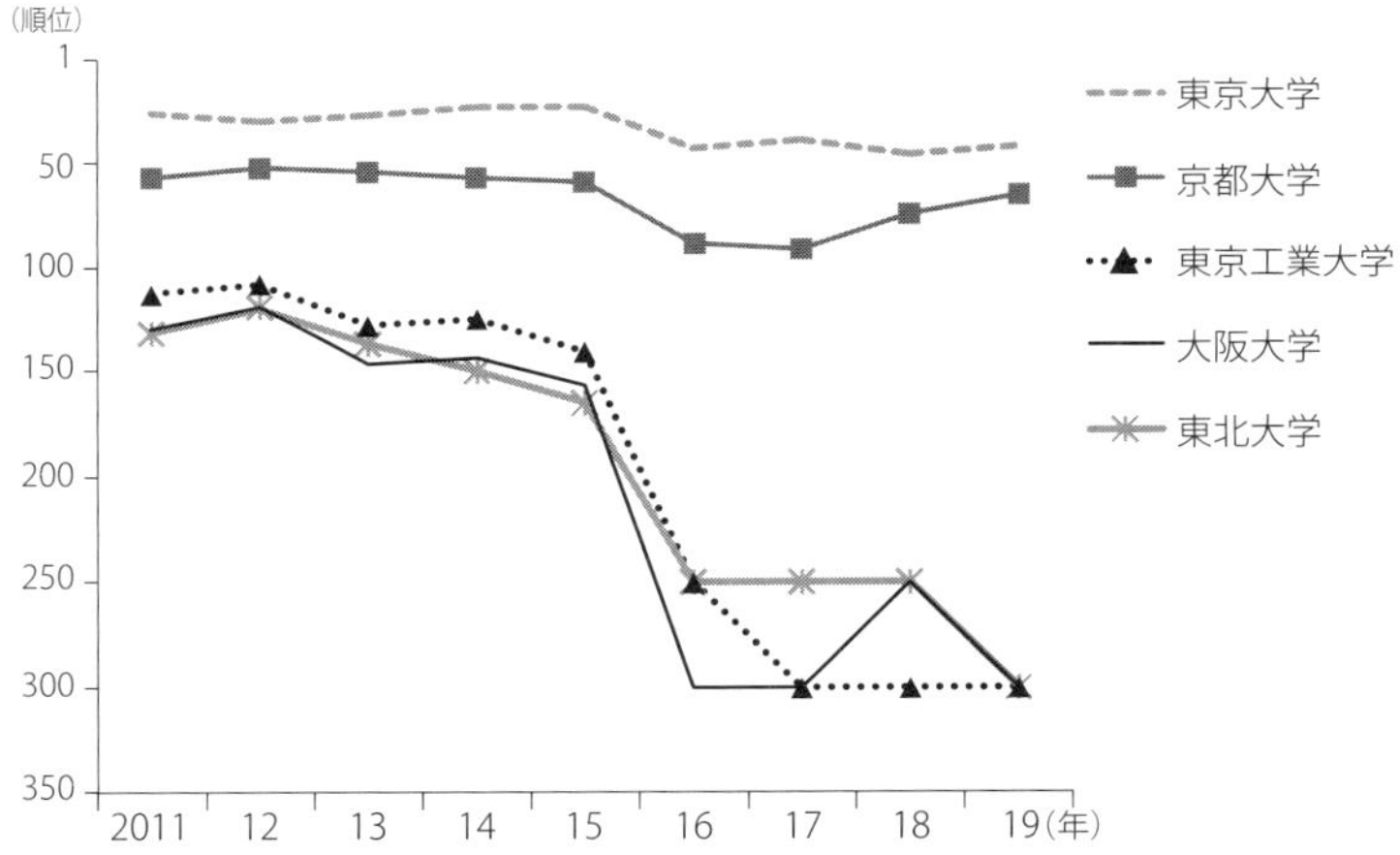

日本の大学がランクを落とし続けているのはグラフを見ると一目瞭然です。東大は２０１１年版の26位から浮き沈みはあるものの下降傾向で、２０１６年版では43位に順位を落とし、守り続けてきたアジアトップの座を、26位に浮上したシンガポール国立大学に奪われました。この年のアジア２位は全体42位の北京大学で、東大は３位でした。さらに東大は２０１８年には過去最低の46位に沈みました。

京大は、ＴＨＥ誌とＱＳ社が共同でランク付けしていた２００９年には25位で、22位の東大と僅差でしたが２０１１年には57位まで順位を下げ、その後も下降傾向に歯止めがかからず２０１７年には過去最低となりました。その後、少し順位を戻し最新の２０１９年版では65位です。

東大、京大より深刻なのが２０１１年時点では上位２００位までにランクされていた東工大、阪大、東北大の３校です。同年以降徐々に順序を下げ２０１６年には３校ともランク外となり、２０１９年には３校とも２５１位から３００位のグループにまで後退しました。

ＴＨＥ誌とＱＳ社が共同で発表していた２００９年には阪大は43位、東工大は55位、間に92位の名古屋大学が入って、東北大は97位でした。私は教育専門誌の取材で２００８年に東北大の井上明久総長（当時）にお話を伺ったことがありますが、「10年以内に世界の上位30位以内に入る」という具体的目標を掲げていた総長は「実現可能」と自信満々だったのを思い出します。が、現実は厳しかったようです。

急落の理由

実は、ＴＨＥランキングで日本の大学が順位を落としているのには理由があります。グラフをもう一度見てください。２０１６年版でそろって順位を急落させています。THEランキングは各大学を「教育」「研究」「論文被引用」「産業界からの収入」「国際性」の５分野に分類される13の基準で採点し総合点で評価しています。各分野のスコアは教育、研究、論文被引用が30％ずつ、国際性７・５％、産業界からの収入が２・５％の比率で総合スコアに反映されます。

日本の各校がスコアを下げたのは「論文被引用」の分野です。といっても、この年に突然、日本の大学の論文が減ったわけではなく、データの処理方法が変更されたのがその理由です。専門的になりすぎるので詳細は省きますが、被引用スコアにはこれまで地域調整があり、アジア圏にある日本の大学は欧米の大学よりも調整によりスコアを優遇されていました。その調整が緩和されたため各大学の被引用スコアが下がったのが実情です。

なんだ、そんなことかと胸をなでおろしている場合ではありません。データ処理法の変更理由は不明ですが、当たり前に考えて、元々上位を独占している米英の大学を優遇し、その他の地域の大学のランキングを下げることを意図したものとは考えにくく、世界の大学の実力をより正確に反映したランキングにするための変更だと推測されます。つまり、採点基準にアジア圏優遇がなくなった途端に、上位２００校には東大と京大しか残らなかったというのが現実だということです。

２０１６年版が公表された２０１５年10月には、ＴＨＥランキングの上位１００校に２校しかランクインしなかったことに衝撃を受け、時の文部科学大臣が会見を開き、日本勢苦戦の理由は評価の指標となるデータの処理法が変わったためと説明しました。文部科学省の慌てふためく姿が目に浮かびます。

大学学術ランキングでも下落

しかし、なんだ、評価基準が変わったのが理由なら仕方ないと、安心はできません。日本の大学の評価が下落しているのは、採点基準が変わったからだけではないからです。採点基準が変わっていない他の大学ランキングでも日本の大学は、ＴＨＥランキングほどではないにせよ、徐々に順位を下げています。

例えば、上海ランキングです。「世界大学学術ランキング」と銘打つこのランキングの評価基準は、その名の通り研究力のみです。具体的には、ノーベル賞やフィールズ賞を受賞した卒業生や教員（研究者）の数、学術情報サービスのクラリベイト・アナリティクス社の調査による被引用論文の多い研究者の数、『ネイチャー』誌と『サイエンス』誌に発表された論文数などが指標です。

図表３－４　日本の大学の上海ランキングの推移

	2003	2004	2005	2006	2007	2008	2009	2010	2011	2012	2013	2014	2015	2016	2017	2018
東京大学	19	14	20	19	20	19	20	20	21	20	21	21	21	20	24	22
京都大学	30	21	22	22	22	23	24	24	27	26	26	26	26	32	35	35
大阪大学	53	54	62	61	67	68	71	75	82	83	85	78	85	96	101-150	101-150
東北大学	64	69	73	76	76	79	84	84	97	101-150	101-150	101-150	101-150	101-150	101-150	101-150
東京工業大学	102-151	101-152	93	89	99	101-151	101-151	101-150	102-150	101-150	101-150	151-200	151-200	201-300	151-200	151-200

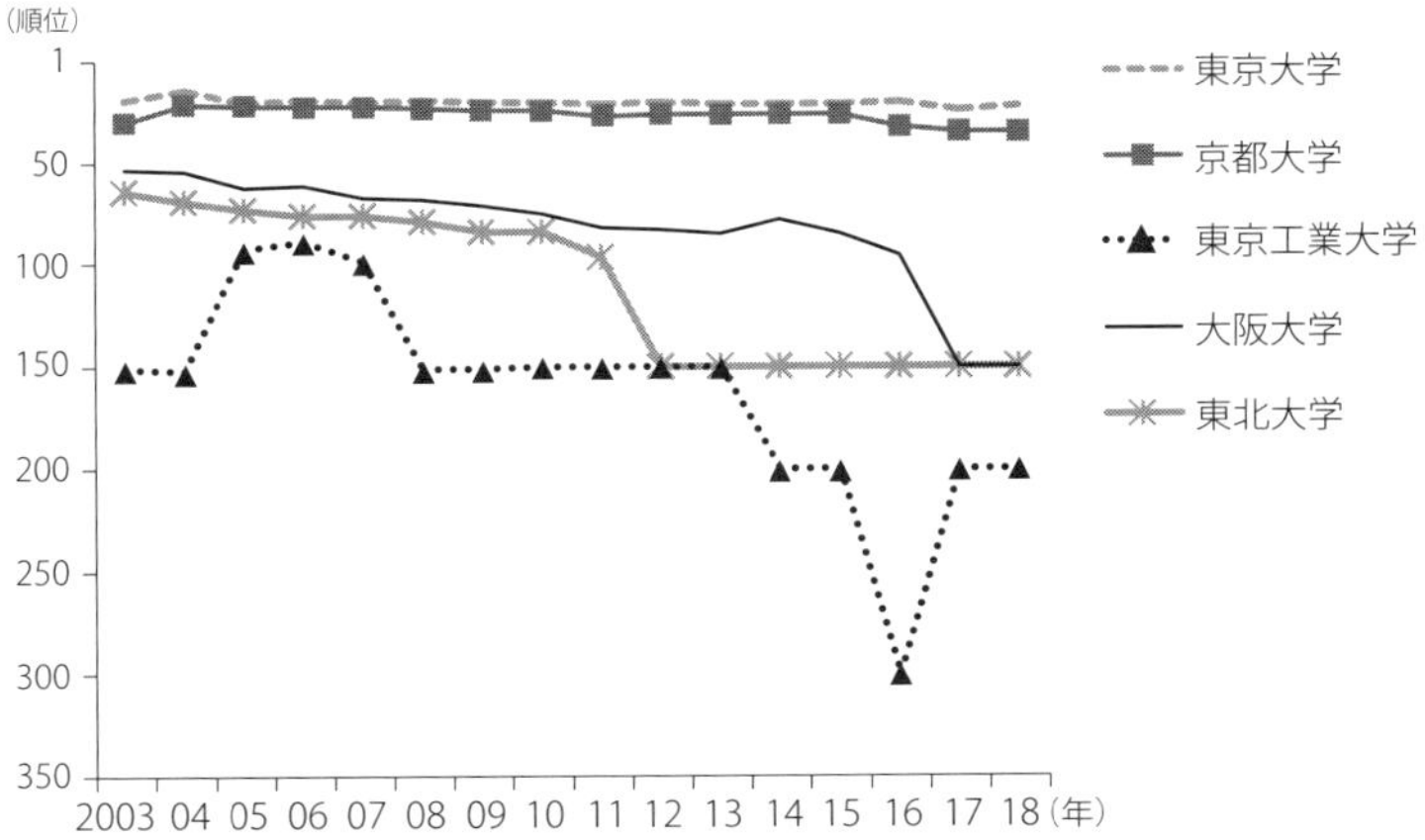

図表３－４に日本の大学の上海ランキングの推移を示しました。２００３年からのデータで、東京大学は２００４年の14位を最高に徐々に順位を下げ、アジア首位は保っているものの２０１７年には24位にまで下がりました。京都大学にも同じような傾向があります。２００４年の21位をピークに徐々に下がり２０１６年以降は30位台が続いています。

大阪大学、東北大学、東京工業大学はさらに順位を大きく落としています。２００３

年の53位が最高だった阪大は２０１７年に、同じく２００３年の64位が最高だった東北大は２０１２年に上位１００校のランク外に去りました。また、２００５年にランク入りし２００６年の89位が最高だった東工大はわずか3年でランク外に去り、２０１４年以降は１５１位から２００位か２０１位から３００位のグループに甘んじています。

政府は２０１３年に「日本再興戦略」を閣議決定し、10年間で世界大学ランキング上位１００校に10校以上をランクインさせることを重要業績評価指標としました。が、笛吹けど踊らず。10校以上のランクインどころか、東大、京大を除く大学はランキング外に姿を消してしまいました。

上海ランキングの評価基準を思い出してください。ノーベル賞、フィールズ賞、被引用論文の多い研究者の数と、著名科学誌に発表された論文の数などでした。ノーベル賞やフィールズ賞の受賞者は急激に増えることはありませんから、ランクアップやランクダウンに大きな影響を与えるのは、論文だということになります。日本の大学の研究者が発表する論文や、他の研究者の論文に引用される論文が減っているのです。

減り続ける論文数

日本の科学技術の基盤的な力が低下していると指摘する2018年版の科学技術白書は、その根拠の一つに論文数の減少をあげています。ではどのくらい減っているのか。諸外国と比較しながら、具体的に見ていきます。

日本の論文だけが減っている

まず、全世界の自然科学系論文数の推移（図表3－5）と主要国の自然科学系論文数の推移（図表3－6－①）を見てください。ここでいう主要国とは研究開発費総額上位のアメリカ、中国、日本、ドイツ、韓国、フランス、イギリスの7カ国のことです。世界で論文数が急増する中で、日本の論文数だけが減っています。

全世界の論文数は1981年の約40万件から毎年増加し、2015年には約140万件

図表３－５　全世界の自然科学系論文数の推移

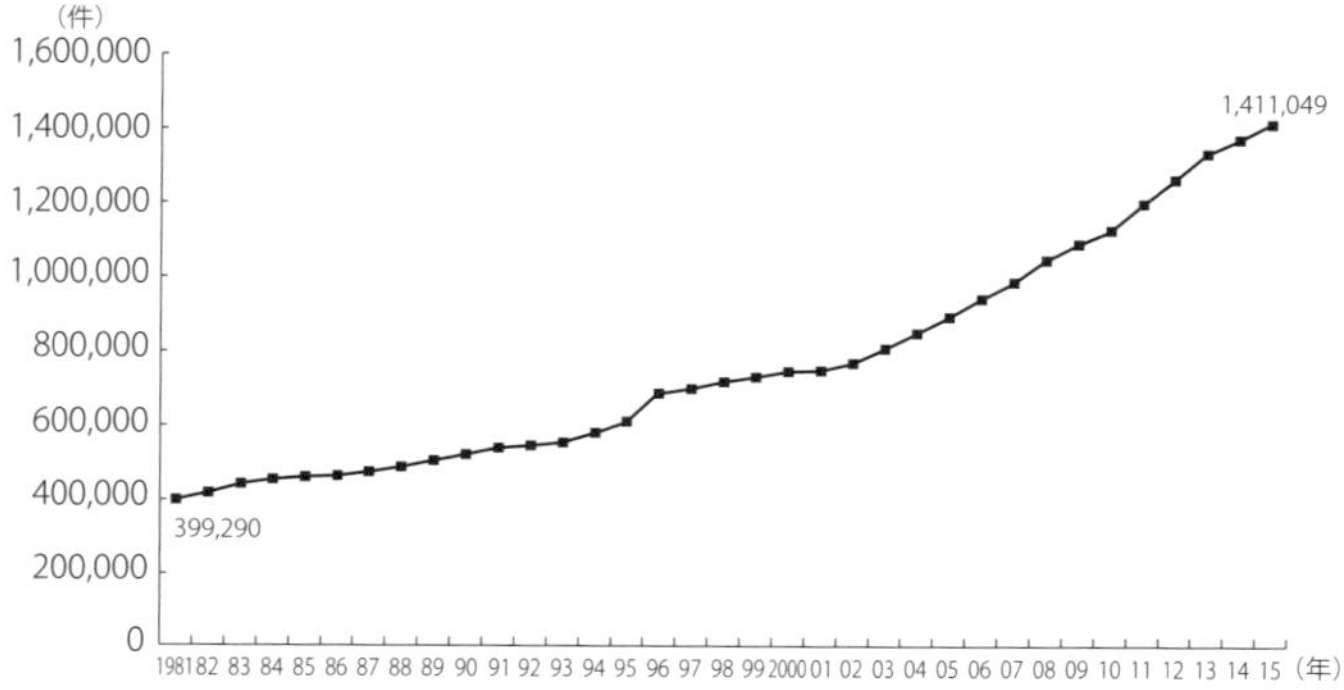

（出典）科学技術・学術政策研究所「科学研究のベンチマーキング 2017」

図表３－６－①　主要国の自然科学系論文数の推移

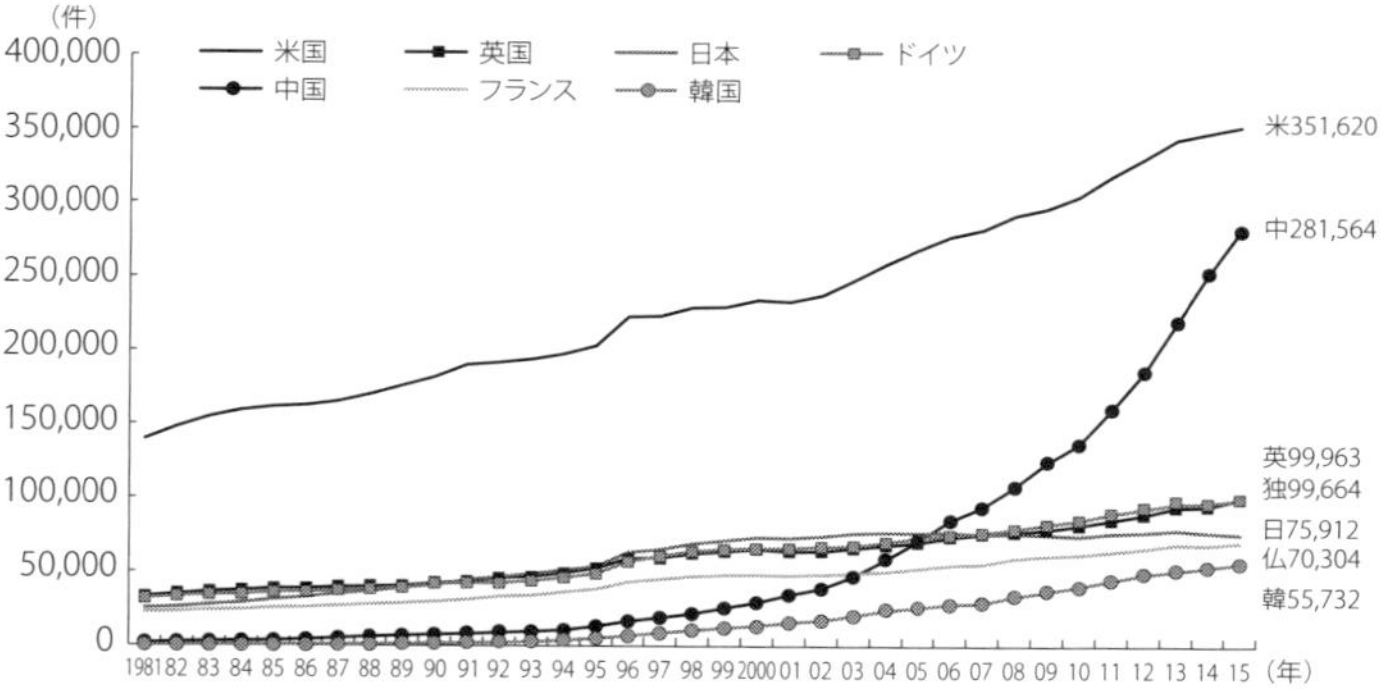

（出典）科学技術・学術政策研究所「科学研究のベンチマーキング 2017」

図表３－６－②　日本の自然科学系論文数の推移

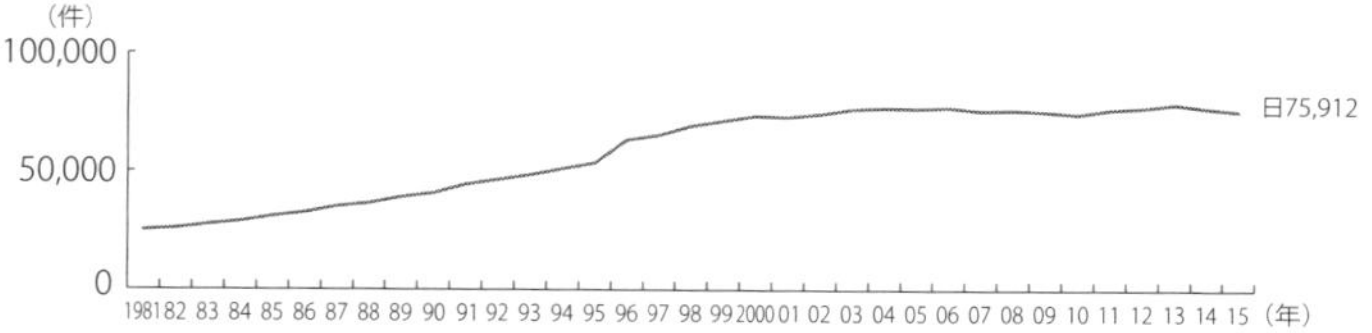

（出典）科学技術・学術政策研究所「科学研究のベンチマーキング 2017」

です。3・5倍です。一方、主要国の論文数の推移を見ると、アメリカが他を圧倒し、今世紀に入って中国が猛烈な勢いで後を追っていることが見て取れます。アメリカが世界大学ランキングの上位を独占するわけです。イギリス、ドイツ、フランスなども堅調に数を増やしています。中国の陰で目立ちませんが、韓国も迫って来ています。

そのような趨勢の中で、日本は1990年代後半に横ばいの時代を迎え、2000年代に入ると論文数世界2位の座から陥落、2013年以降は論文数が減少し始めました。

論文数といっても、人口14億人に迫る中国と1億2000万人の日本を単純比較するのはフェアではないと感じる方もいるかもしれません。そこで、人口当たりの論文件数も比較してみました。

図表3－7は主要国の人口・労働人口の推移です。人口当たりの論文数で比較すると、世界で一番少子高齢化が進んでいる日本が俄然不利になってしまうので、労働人口で比較しました。主要国の労働人口1000人当たりの論文件数を比較したのが図表3－8です。世界の人口の約20％を占める人口超大国の中国はさすがに順位を下げましたが、日本は7カ国中6位です。論文生産性でいくと、トップはイギリス、僅差のフランスとドイツが追い、アメリカ、韓国が続くという構図です。日本はイギリスの3分の1、韓国にも2倍近い差を付けられています。

図表3－7　主要国の人口・労働力人口の推移

年	日本		米国		英国		ドイツ	
	人口	労働力人口	人口	労働力人口	人口	労働力人口	人口	労働力人口
1981	117,902	57,070	230,008	110,812	56,358	26,740	61,682	28,305
1985	121,049	59,630	238,506	117,695	56,554	27,486	61,024	28,434
1990	123,611	63,840	250,181	128,007	57,238	28,909	63,254	30,771
1995	125,436	66,660	266,588	133,924	58,025	28,024	81,308	39,376
2000	126,831	67,660	282,398	144,016	58,886	28,740	81,457	39,533
2005	127,755	66,510	295,993	150,711	60,413	30,133	81,337	40,928
2010	128,043	66,320	309,801	155,323	62,759	31,560	80,284	41,684
2015	126,981	65,980	321,173	158,520	65,110	32,921	81,678	42,097

年	フランス		中国		韓国	
	人口	労働力人口	人口	労働力人口	人口	労働力人口
1981	55,462	24,575	1,000,720	－	38,723	14,683
1985	56,649	25,020	1,058,510	－	40,806	15,592
1990	58,227	25,416	1,143,330	653,230	42,869	18,539
1995	59,501	25,771	1,211,210	688,550	45,093	20,845
2000	60,872	27,062	1,267,430	739,920	47,008	22,134
2005	63,133	28,102	1,307,560	761,200	48,185	23,743
2010	64,974	28,754	1,340,910	783,880	49,554	24,748
2015	66,590	29,496	1,374,620	800,910	51,015	26,913

（出典）2018年版科学技術白書

図表3－8　労働人口1000人当たりの論文数の比較

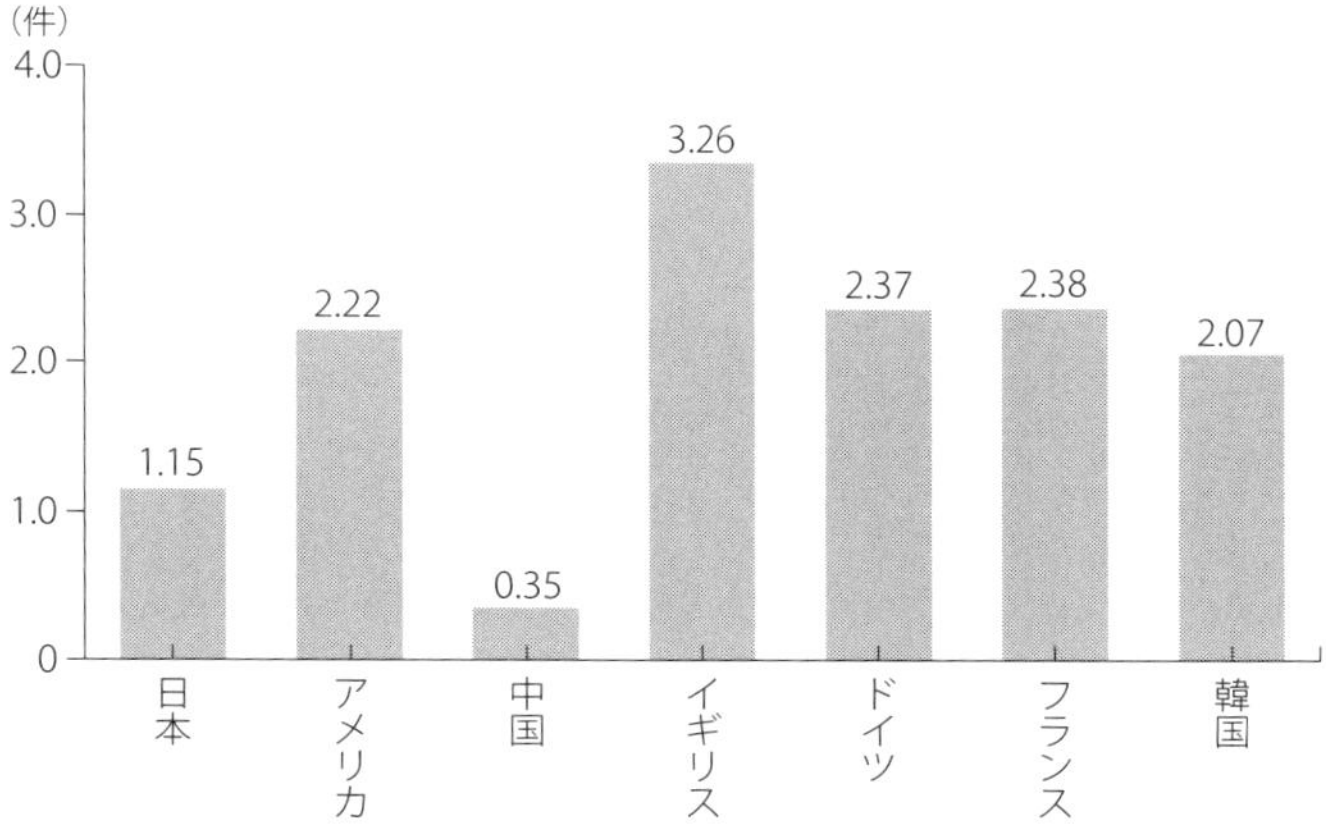

（注）労働人口、論文数の統計をもとに著者が作成

人口当たりの論文生産性は世界37位

もっと衝撃的なデータもあります。2019年1月に『科学立国の危機――失速する日本の研究力』（東洋経済新報社）を上梓された豊田長康・鈴鹿医療科学大学学長が、詳しく分析されています。豊田先生は三重大学の元学長で、長年にわたり、日本の大学、特に国立大学の研究力の衰退を調査・分析しておられます。実は、私は『科学立国の危機』の原稿整理のお手伝いをしました。

これまで数の多い主要国の論文件数の推移を見てきましたが、論文を発表しているのは、もちろん、主要国の研究者だけではありません。各国の研究者が書いています。そこで、範囲を広げてみたのが図表3－9です。豊田先生の労作です。こちらは、自然科学系だけではなく全分野の論文が対象で、棒グ

図表3－9　各国の人口当たり論文件数（2014年）

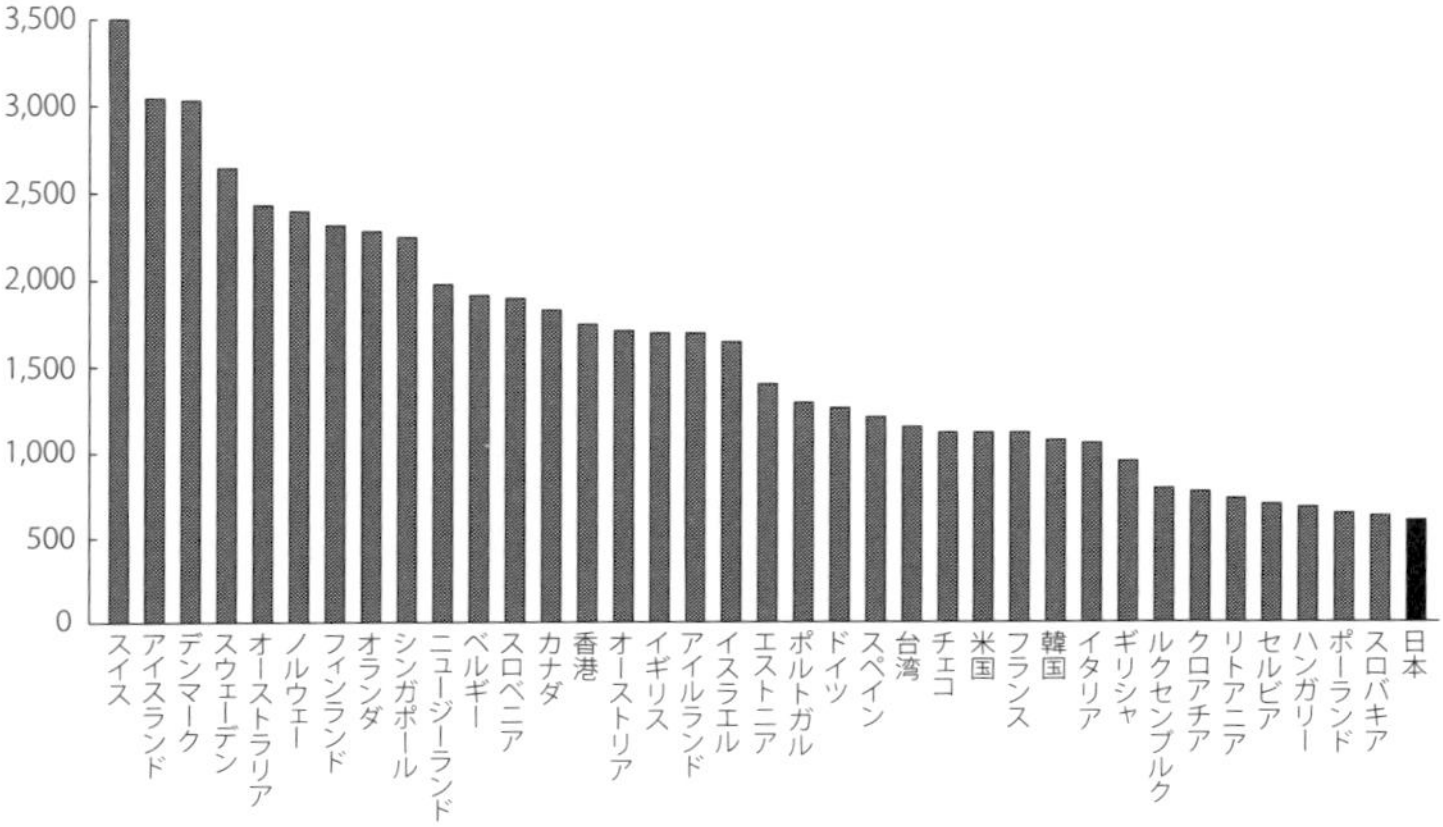

（出典）豊田長康ブログ「ある医療系大学長のつぶやき」（2015年05月01日）

ラフで37カ国の人口100万人当たりの2014年の論文件数を示しています。

人口を指標とした論文生産性の世界トップはスイスです。後を追うアイスランド、デンマーク、スウェーデンなど上位は欧州諸国で占められています。

日本は、なんと、最下位です。37位です。アジアでもシンガポール、香港、台湾、韓国の後塵を拝しています。科学技術大国とはとても胸を張れない状況です。

論文の質も低下している

日本の研究者が発表する論文の数が減り、人口当たりの生産性が諸外国と比べて低い状況を見てきましたが、論文は書けばよいというものではありません。論文は研究者の実績となるため、よいポストを得るためにとにかく論文の数を稼ごうとする研究者は少なくありません。が、粗製乱造では意味はありません。反対に言うと、全体の数は少なくなっても、優れた論文の数が増えていたり維持されていたりするのであればそれほど大きな問題ではないとも言えます。そこで、日本の研究者が発表した「優れた論文」の数の推移を検証してみます。

「優れた論文」とは随分、主観的な表現に聞こえるかもしれませんが、ちゃんと客観的な指標があります。自然科学の世界では、他の研究者の論文に引用される回数が多ければ多いほど優れた論文とみなされます。他の研究者の研究の役に立ったり影響を与えたりした証だからです。

引用される頻度が高い論文が減っている

ＮＩＳＴＥＰは被引用数の多寡を「（被引用）Ｔｏｐ10％補正論文数」という指標で評価しています。お忘れの方もいるかもしれませんが、科学技術・学術研究所のことです。全体のうち、他の研究者の論文に引用された回数が多い順番で上位10％の論文のことです。「Ｔｏｐ10％論文数」でよさそうですが、補正を加えるにはちゃんとした理由があります。が、その理由と補正の計算方法はとても複雑で、説明すると長くなるので省略します。実態を正しく反映するためと考えてください。

さて、ここからです。図表３－10に上位10カ国の論文数とＴｏｐ10％補正論文数の推移を示しました。ここでは分数カウント法を用い、３年間の平均値で比較しています。

論文の数え方には整数カウント法と分数カウント法があります。図表３－５、３－６など、ここまでのデータは整数カウント法でした。自然科学系の論文の多くは複数の研究者の共著です。著者が複数で国籍が違う場合、整数カウント法では、１件の論文が複数の国の論文としてカウントされてしまいます。例えば、日本と中国とアメリカの研究者の共著の場合、論文は１件なのに、それぞれの国の論文としてカウントされ、１件の論文が３件に化けるわけです。それでは共著の論文が多い国の論文数が実態より多くなってしまいま

図表3－10　上位10カ国の論文数とTop10%補正論文数の推移

全体	PY2003年－2005年（平均）		
	論文数		
国	分数カウント		
	論文数	シェア	順位
米国	221,367	26.1	1
日本	67,888	8.0	2
ドイツ	52,315	6.2	3
中国	51,930	6.1	4
英国	50,862	6.0	5
フランス	37,392	4.4	6
イタリア	30,358	3.6	7
カナダ	27,847	3.3	8
スペイン	21,527	2.5	9
インド	20,319	2.4	10

全体	PY2013年－2015年（平均）		
	論文数		
国	分数カウント		
	論文数	シェア	順位
米国	272,233	19.9	1
中国	219,608	16.0	2
ドイツ	64,747	4.7	3
日本	64,013	4.7	4
英国	59,097	4.3	5
インド	49,976	3.7	6
フランス	45,315	3.3	7
韓国	44,822	3.3	8
イタリア	43,804	3.2	9
カナダ	39,473	2.9	10

全体	PY2003年－2005年（平均）		
	Top10%補正論文数		
国	分数カウント		
	論文数	シェア	順位
米国	33,242	39.4	1
英国	6,288	7.5	2
ドイツ	5,458	6.5	3
日本	4,601	5.5	4
フランス	3,696	4.4	5
中国	3,599	4.3	6
カナダ	3,155	3.7	7
イタリア	2,588	3.1	8
オランダ	2,056	2.4	9
オーストラリア	1,903	2.3	10

全体	PY2013年－2015年（平均）		
	Top10%補正論文数		
国	分数カウント		
	論文数	シェア	順位
米国	39,011	28.5	1
中国	21,016	15.4	2
英国	8,426	6.2	3
ドイツ	7,857	5.7	4
フランス	4,941	3.6	5
イタリア	4,739	3.5	6
カナダ	4,442	3.2	7
オーストラリア	4,249	3.1	8
日本	4,242	3.1	9
スペイン	3,634	2.7	10

（注）科学技術・学術政策研究所「科学研究のベンチマーキング2017」をもとに文部科学省作成
（出典）2018年版科学技術白書

す。それを修正し実態をより正しく反映しようとするのが分数カウント法です。

分数カウント法では、共著の場合、著者の数で割った件数がカウントされます。日本、中国、アメリカの研究者3人の共著なら、それぞれの国の論文は3分の1件ずつとなります。もっとも、共著といっても、共著者すべてが同じ程度の役割を果たしているわけではありませんから、分数カウント法が正確に実態を反映しているとも言えません。あくまで、整数カウント法よりはましだろうということです。

論文数が減っているのはすでに見たとおりですが、Ｔｏｐ10％補正論文数はさらに減っています。２００３年から２００５年の平均値で４位から、10年後の２０１３年から２０１５年の平均では９位に下がりました。研究開発費総額上位の「主要７カ国」で７位以内に入っていないのは韓国と日本だけです。同じ期間で比較すると論文数は２位から４位ですから、Ｔｏｐ10％補正論文数の方が大きくランクダウンしています。

シェアも問題です。２００３年から２００５年の平均値よりは改善されているものの、２０１３年から２０１５年の平均値では、論文数のシェアは４・７％なのに、Ｔｏｐ10％補正論文数のシェアは３・１％です。優れた論文の割合が小さいということです。

それを端的に示すのが図表３－11です。主要国の論文数に占める被引用Ｔｏｐ10％補正論文数の割合の推移です。各国の論文が相対的に同程度に優れていれば、どの国の割合も10％となります。換言すると平均値は10％になるということです。10％より上なら優れた論文が多く、下なら少ないということです。

日本は長期にわたって10％以下で低迷しています。残念なことです。最新データの２０１４年のトップはイギリスの17・０％で、アメリカ、ドイツも15％を上回っています。

図表３－11　主要国の論文数に占める被引用 Top10％補正論文数の割合

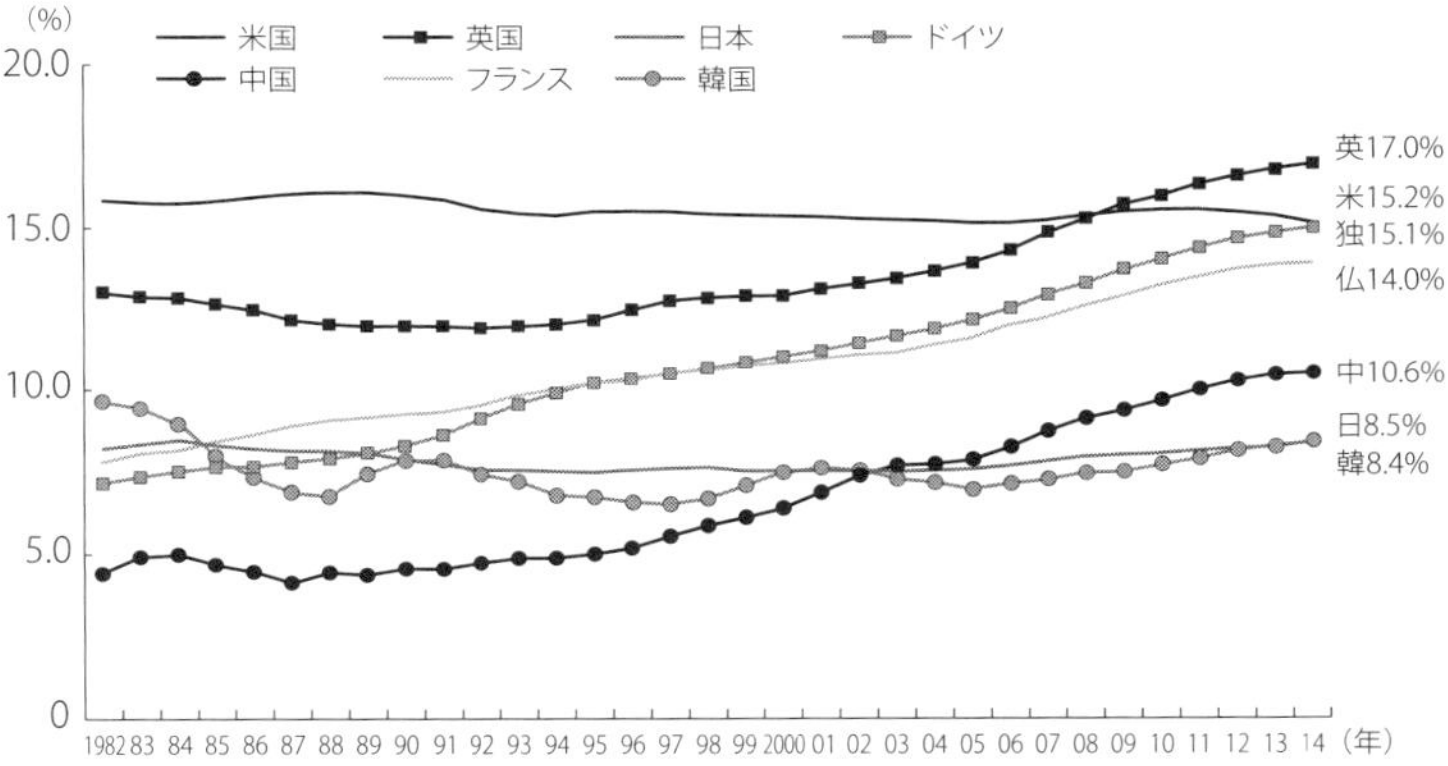

（出典）科学技術・学術政策研究所「科学研究のベンチマーキング 2017」

実はＴｏｐ10％補正論文数の他に、Ｔｏｐ１％補正論文数という指標もあります。もちろん、Ｔｏｐ10％の中でも最も優れた論文の部類に属する論文のことです。またも残念なことながら、日本はここでも毎年順位を下げており、２０１３年から２０１５年の平均値では分数カウント法で９位、整数カウント法では12位です（図表３－12）。因みに順位がよい方の分数カウント法だと、１９９３年から１９９５年の平均は４位、２００３年から２００５年も４位でしたから、９位は大きな陥落です。

整数カウント法の２０１３年から２０１５年の平均値では、論文数が４位、Ｔｏｐ10％が10位、Ｔｏｐ１％が12位です。論文数よりもＴｏｐ10％補正論文数の、Ｔｏｐ10％よりＴｏｐ１％補正論文数のランキングが下です。つまり、優れた論文ほどシェアが低くなるということです。胸を張れないだけでなく、がっかりして項垂《うなだ》れなければなりません。

図表 3－12　上位 25 カ国の Top1%補正論文数（2013 年－2015 年平均）

全体	PY2013 年－2015 年（平均）					
	Top1%補正論文数					
国名	整数カウント			分数カウント		
	論文数	シェア	順位	論文数	シェア	順位
米国	6,699	49.0	1	4,700	34.3	1
中国	2,765	20.2	2	1,954	14.3	2
英国	2,282	16.7	3	961	7.0	3
ドイツ	1,861	13.6	4	763	5.6	4
フランス	1,283	9.4	5	476	3.5	5
カナダ	1,149	8.4	6	419	3.1	7
オーストラリア	1,076	7.9	7	433	3.2	6
イタリア	1,047	7.7	8	384	2.8	8
オランダ	890	6.5	9	284	2.1	11
スペイン	856	6.3	10	299	2.2	10
スイス	791	5.8	11	242	1.8	13
日本	709	5.2	12	335	2.4	9
スウェーデン	543	4.0	13	151	1.1	16
韓国	490	3.6	14	253	1.8	12
ベルギー	489	3.6	15	139	1.0	17
デンマーク	437	3.2	16	124	0.9	18
インド	353	2.6	17	166	1.2	15
シンガポール	348	2.5	18	180	1.3	14
オーストリア	325	2.4	19	75	0.5	22
ブラジル	278	2.0	20	72	0.5	24
サウジアラビア	261	1.9	21	75	0.5	23
フィンランド	257	1.9	22	67	0.5	25
ノルウェー	252	1.8	23	54	0.4	29
イスラエル	239	1.7	24	75	0.5	21
ポーランド	234	1.7	25	54	0.4	30

（出典）科学技術・学術政策研究所「科学研究のベンチマーキング 2017」

『ネイチャー』誌掲載論文数シェアもダウン

優れた論文である指標となるデータがもう一つあります。『ネイチャー』誌など権威ある科学雑誌に掲載される論文数の多寡です。「上海ランキング」はそれを学術大学ランキングの指標にしているほどです。

自然科学全般を網羅する『ネイチャー』や『サイエンス』の他、研究分野ごとに権威ある雑誌は数多くありますが、分野別の論文数については後に検討しますから、ここでは『ネイチャー』誌と『サイエンス』誌に掲載された論文の日本人研究者のシェアの推移を見てみます。

１９８２年から２０１４年までの論文数のシェアの推移を示したのが図表３－13です。こちらは整数カウント法を用い、前後各１年との３年間の平均でその年の数値を算出する３年移動平均で示しています。例えば、２０１０年の数値は２００９年から２０１１年の平均値です。ややこしいことをする理由は、雑誌への論文発表数は年ごとのばらつきが大きいため、少し長いスパンで平均した方が全体の傾向がよく分かるからです。年ごとにすると折れ線グラフがもっとギザギザになってしまいます。

『ネイチャー』誌の論文シェアは２０１０年をピークに減少傾向にあり、２０１４年は７・１％です。ピーク時の世界４位から６位に後退しました。フランスと中国に追い抜かれました。世界全体の論文数のシェアは２０１３年から２０１５年の平均値で４・７％（図表３－10）ですから、『ネイチャー』誌のシェア７・１％自体は悪い数字ではなさそうです。数のわりに優れた論文が多いということです。が、減っていることと、上位グループとの絶対値の差が広がっているのが問題です。

『サイエンス』誌でも同じような傾向が見られます。最新のシェアは８・５％。順位は

図表3－13　主要国の『ネイチャー』誌と『サイエンス』誌の掲載論文シェアの推移

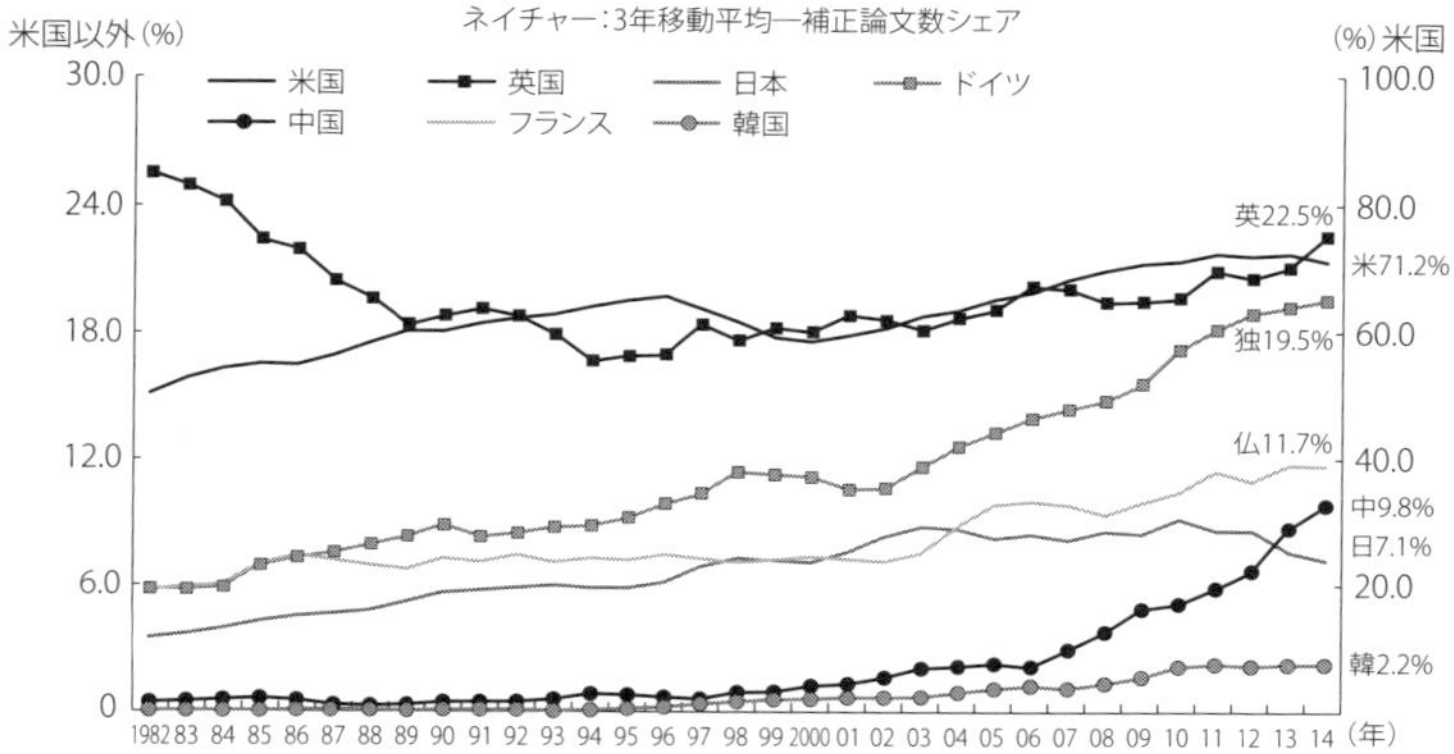

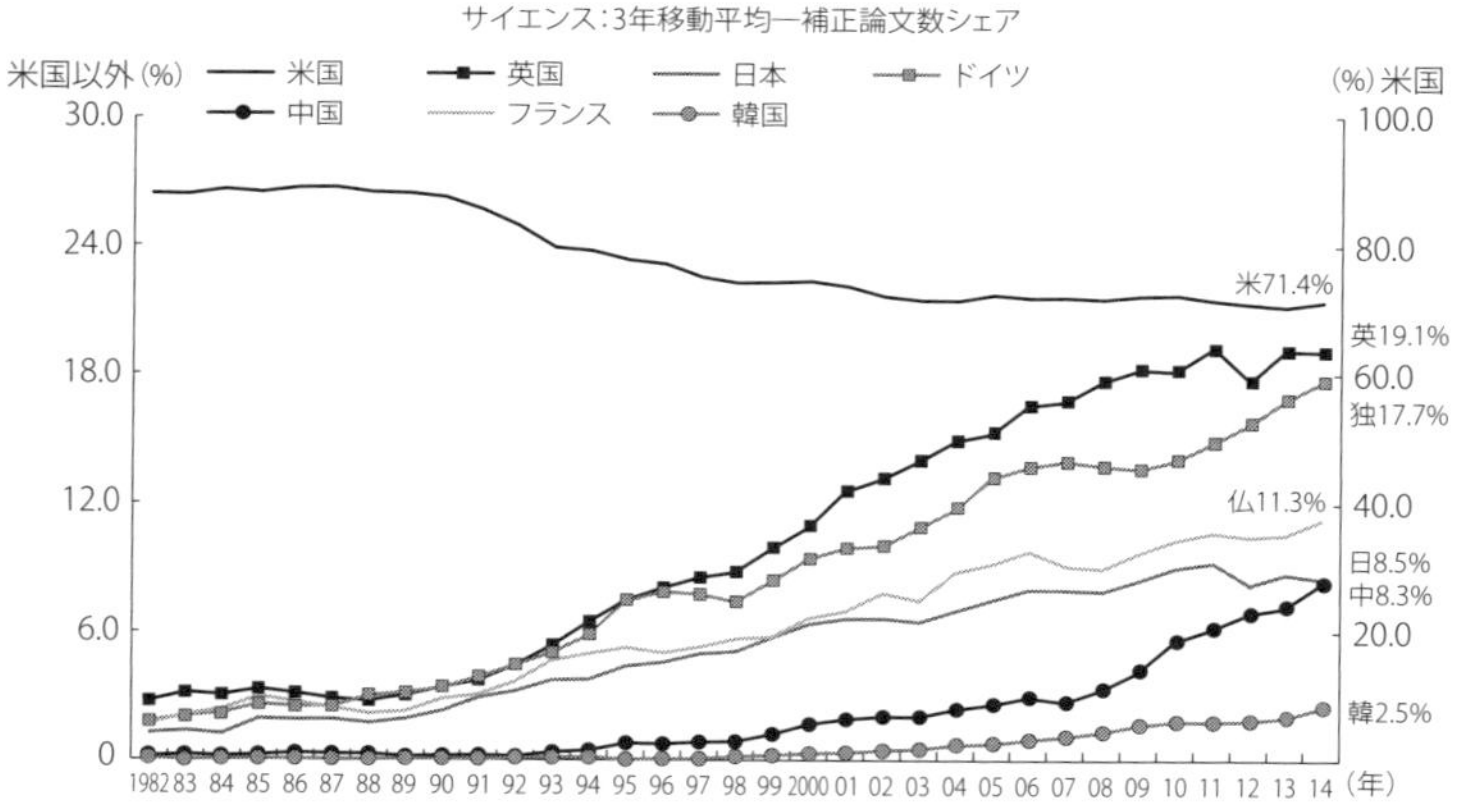

（注）科学技術・学術政策研究所「科学研究のベンチマーキング2017」のデータをもとに著者が作成

5位ですが、中国が肉薄し、伸び率から推測すると2015年以降は抜かれている可能性が高いと思われます。

次に『ネイチャー』誌と『サイエンス』誌に掲載された論文の被引用Top10%補正論文数シェアです（図表3－14）。権威ある科学誌に掲載された論文のうち優れた論文10%ですから、物凄く優れた論文群のシェアです。こちらは『ネイチャー』誌と『サイエンス』誌で多少傾向の違いが見られます。『ネイチャー』誌では2003年をピークに減少傾向が続いています。最新の数値は主要国6位の7・2%。平均の10%以下です。『サイエンス』誌では2011年までグラフの上昇傾向が続いていましたが、その後は下降しています。最新値は5位の8・1%で平均以下。中国に抜かれそうなのは論文数シェアと同じです。

論文を巡るデータでは、どれをとっても日本の研究力が衰退している現状を示しています。元気が出てくるようなデータはありません。

図表3－14　主要国の『ネイチャー』誌と『サイエンス』誌の掲載論文のTop10%補正論文数シェアの推移

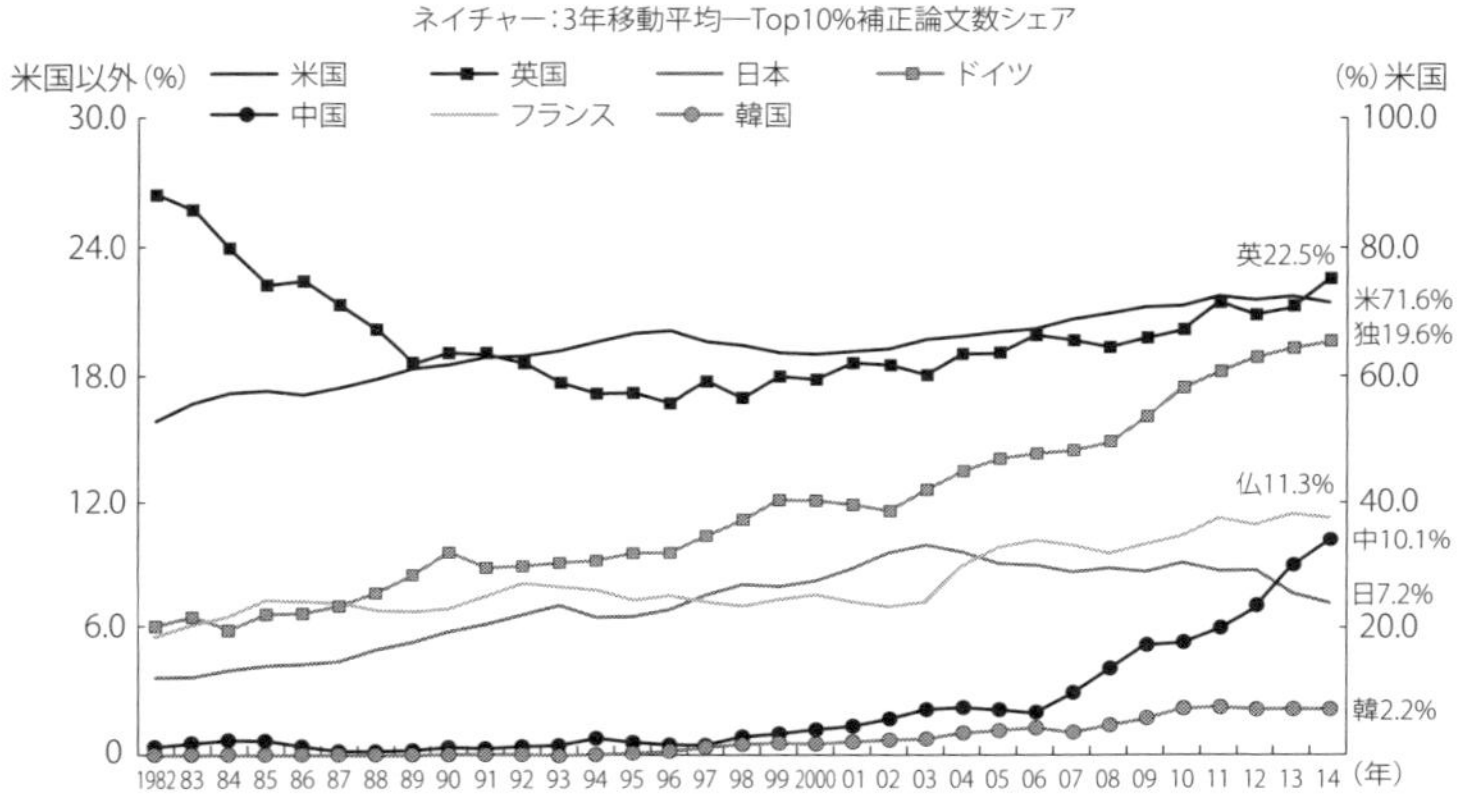

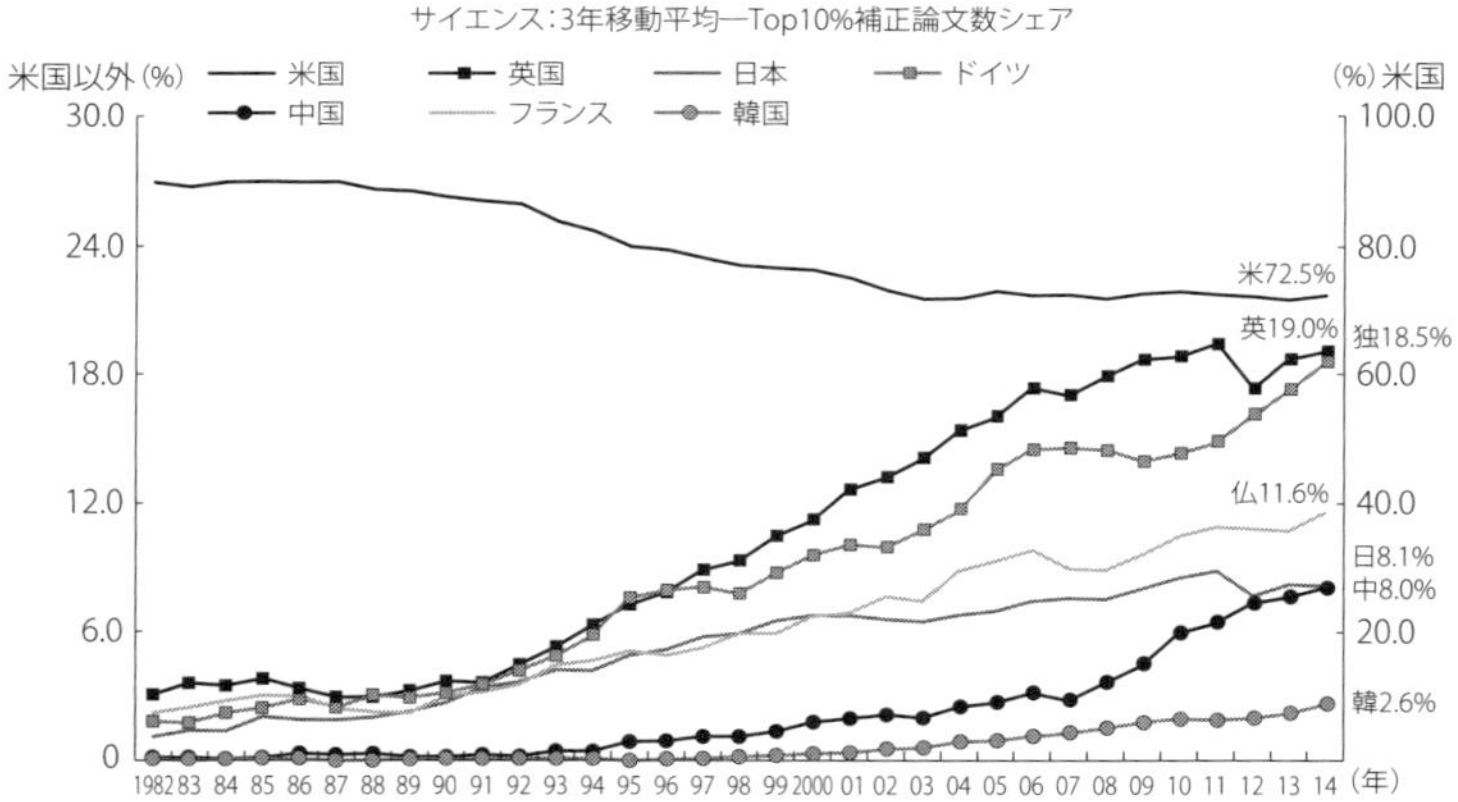

（注）科学技術・学術政策研究所「科学研究のベンチマーキング2017」のデータをもとに著者が作成

国際化の潮流に取り残されている日本

日本の研究者は、世界の潮流である「論文の国際化」からも取り残されています。論文の国際化とは、多国籍の研究グループや、国籍の異なる研究者同士の共同研究により執筆される共著論文が増加していることを言っています。

別に国際化しなくても、論文の数や質が減ったり低下したりしなきゃいいじゃない。その通りです。そうであれば問題はありません。が、残念ながら問題があります。主要各国の国内論文と国際共著論文のそれぞれのＴｏｐ10％補正論文数の比率を調べると、すべての国で国際共著論文が上回るという結果となっているからです。つまり、国内論文より国際共著論文の方に優れた研究が多いのです。取り残されていてはいけません。

図表３－15　主要国の国際共著論文数の推移

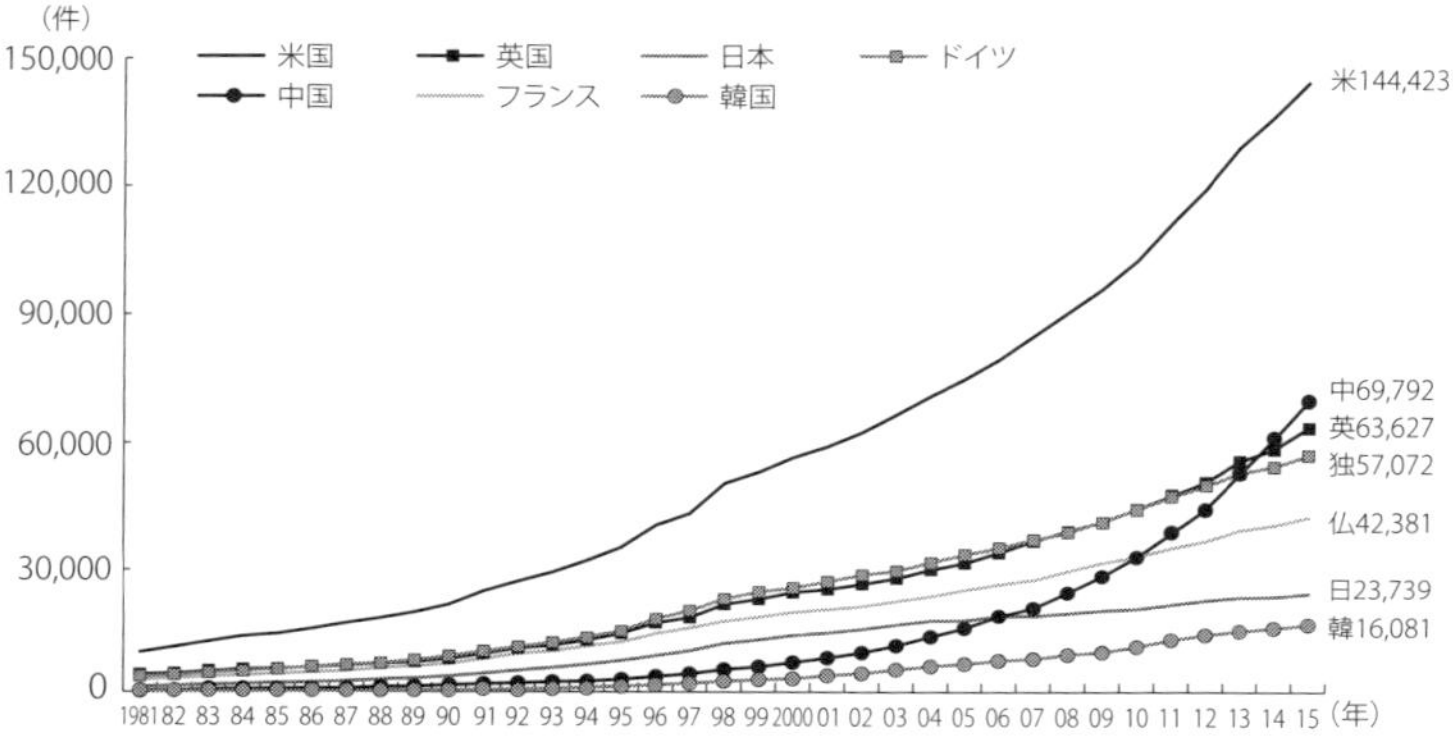

（出典）科学技術・学術政策研究所「科学研究のベンチマーキング 2017」

優れた論文は国際共著論文に多い

データを具体的に見ていきます。まず、全体傾向です。図表３－15は主要国の国際共著論文数の推移、図表３－16は国際共著論文率の推移です。こちらは整数カウント法です。どちらを見ても、日本が主要各国に取り残されていることが分かります。

イギリス、フランス、ドイツでは２００８年頃から共著率は50％を超えています。それに対し日本は、10％以下だった１９８０年代からすると堅調に国際共著率を上昇させているものの、最も新しい数字の２０１５年でも３割を僅かに超えたところに留まっています。

もっとも、韓国は28・９％、中国は世界平均以下の24・８％ですから、国際共著率が低いのは日本だけではなく、アジア圏の傾向と言えます。研究者にも言葉の壁があることは容易に察せられます。しかし、中国は、率

図表３－16　国際共著論文率の推移

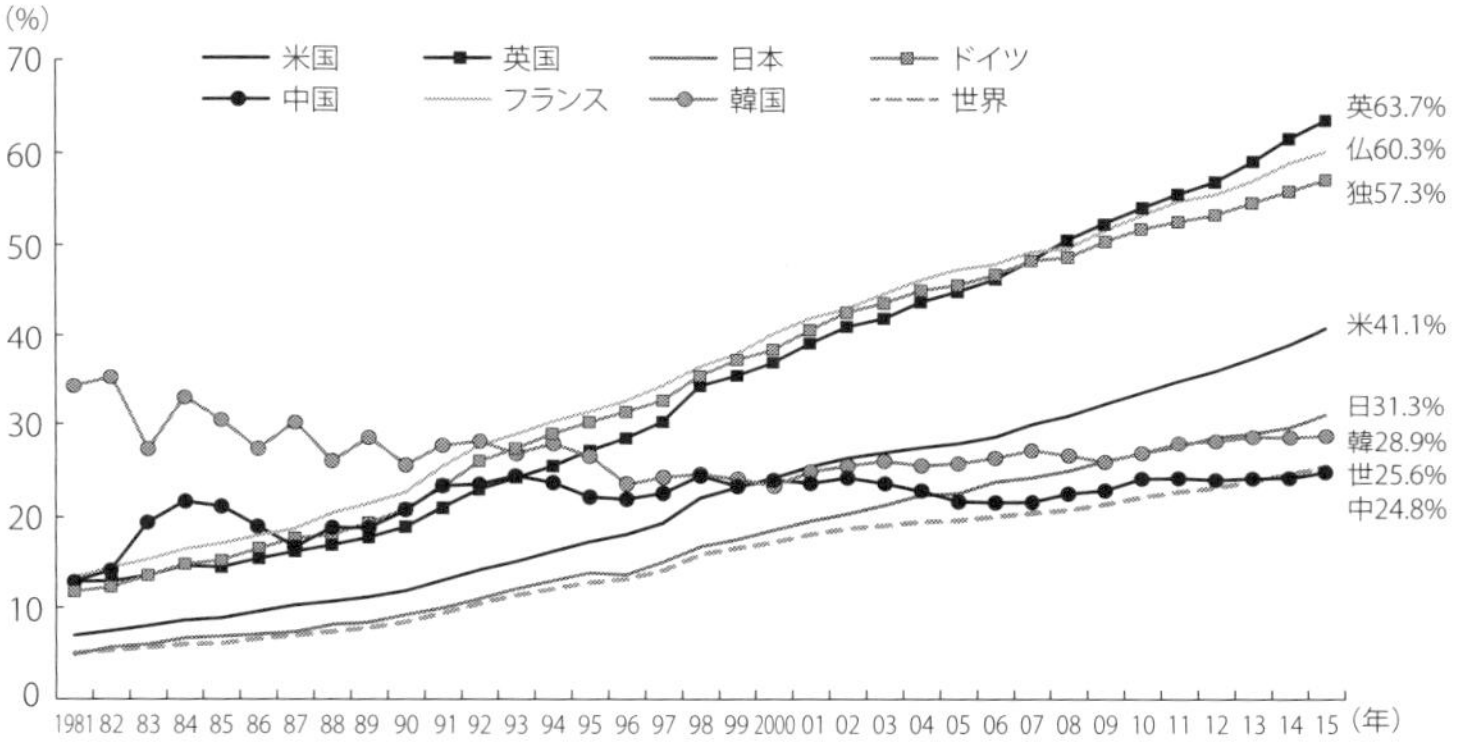

（出典）科学技術・学術政策研究所「科学研究のベンチマーキング2017」

はともかく、数自体は急速に増やしています。

次に、主要国のＴｏｐ10％補正論文数の国内論文数と国際共著論文数の内訳（図表３－17）です。国内論文のＴｏｐ10％補正論文数を増やしている中国、韓国を別とすれば、欧米各国はＴｏｐ10％に入る国際共著論文数を急激に増加させているのが分かります。日本も増やしてはいますが、絶対値は大きくありません。

主要国の国内論文と国際共著論文に占めるＴｏｐ10％補正論文数の割合（図表３－18）を見てください。論文の国際化がいかに重要であるかが分かります。

各国ともＴｏｐ10％補正論文数の割合は国内論文より国際共著論文が上回っています。例外はありません。各国の論文が総体として同じように優れていれば、Ｔｏｐ10％補正論文の割合が10％になることはすでに説明したとおりです。つまり全世界の平均値は10％です。主要国のうち欧米各国のＴｏｐ10％補正論文数の割合は近年平

図表 3 − 17　主要国の Top10%補正論文の国内論文数と国際共著論文数の内訳

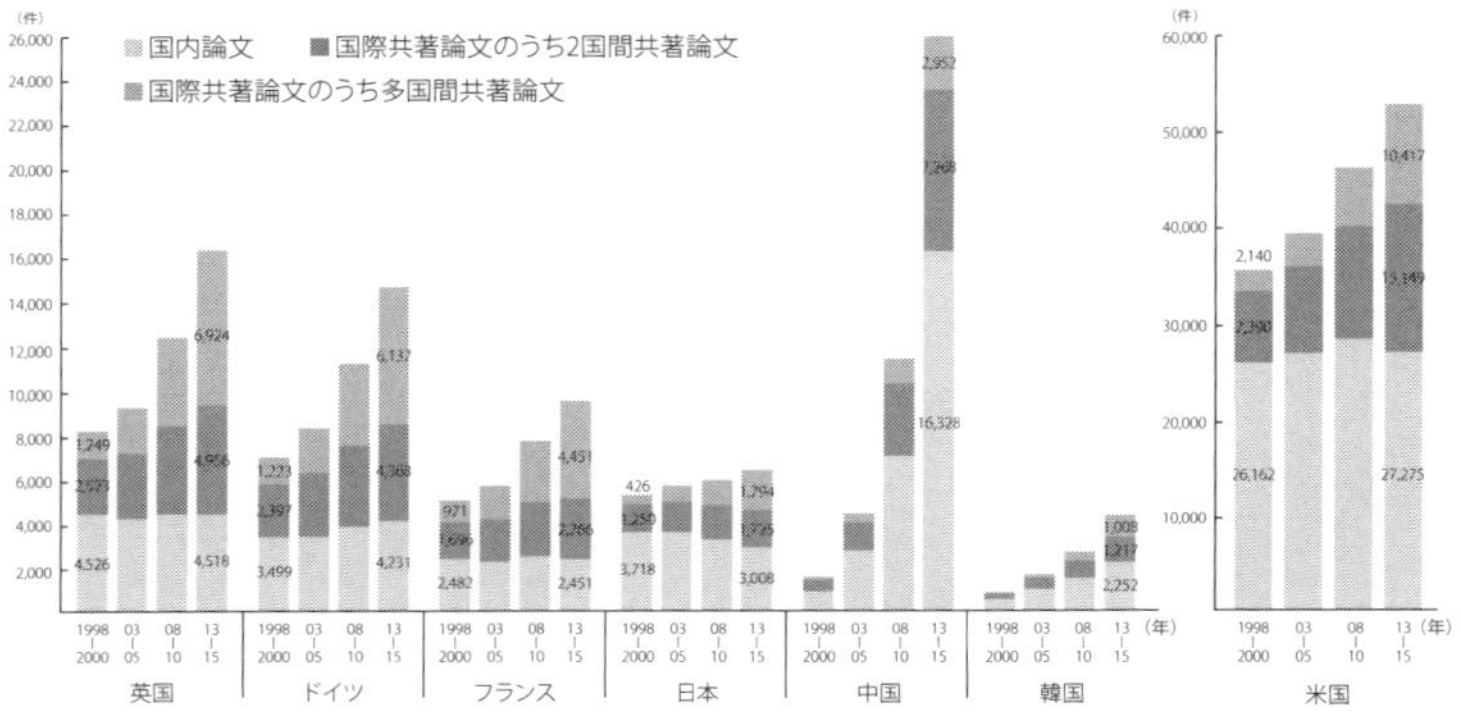

（出典）科学技術・学術政策研究所「科学研究のベンチマーキング 2017」

均値を大きく上回っています。最新値で、イギリス17%、アメリカ15・2%、ドイツ15・1%、フランス14%の順です。ですが、欧米各国の国内論文に占めるTop10%補正論文の割合はイギリス、アメリカを除くと10%を下回っています。整数カウント法ではありますが、国際共著論文がTop10%補正論文数の割合を押し上げているのです。それはイギリス、アメリカも、日本、中国、韓国も同じです。被引用数の大きい優れた論文を発表する、つまり、優れた研究をするには、研究者の国際化が非常に重要なのです。

減少する海外への留学生

　日本のように国内に日本語を母国語としない外国人居住者が少ない国では、論文の国際化のためには学生や研究者の海外での留学経験や研究経験を増やす以外

図表3－18　主要国の国内論文と国際共著論文に占めるTop10%補正論文の割合

		全体	国内論文	国際共著論文		
					国際共著論文のうち2国間共著論文	国際共著論文のうち多国間共著論文
英国	1998-2000年	13.0%	11.0%	16.5%	14.9%	21.2%
	2003-2005年	13.7%	11.3%	16.9%	14.5%	22.2%
	2008-2010年	15.8%	12.1%	19.1%	15.3%	25.5%
	2013-2015年	17.0%	12.2%	20.0%	14.8%	26.7%
ドイツ	1998-2000年	10.9%	8.5%	14.9%	13.5%	18.8%
	2003-2005年	12.0%	9.1%	15.5%	13.4%	20.2%
	2008-2010年	13.8%	9.7%	17.7%	14.1%	24.1%
	2013-2015年	15.1%	9.8%	19.2%	14.1%	25.9%
フランス	1998-2000年	10.8%	8.5%	14.6%	12.8%	19.3%
	2003-2005年	11.5%	8.6%	14.9%	12.3%	20.3%
	2008-2010年	13.0%	8.9%	16.8%	12.7%	23.7%
	2013-2015年	14.0%	8.6%	17.7%	12.0%	25.3%
米国	1998-2000年	15.4%	14.7%	17.8%	17.0%	21.4%
	2003-2005年	15.3%	14.5%	17.3%	16.0%	22.0%
	2008-2010年	15.6%	14.2%	18.3%	16.0%	25.1%
	2013-2015年	15.2%	13.0%	18.7%	15.8%	25.7%
日本	1998-2000年	7.6%	6.3%	13.2%	12.1%	18.2%
	2003-2005年	7.6%	6.2%	12.4%	10.6%	19.2%
	2008-2010年	8.1%	6.1%	13.7%	10.8%	22.1%
	2013-2015年	8.5%	5.6%	15.2%	11.0%	23.7%
中国	1998-2000年	6.2%	4.6%	11.2%	10.4%	15.9%
	2003-2005年	7.8%	6.2%	13.1%	11.8%	19.9%
	2008-2010年	9.4%	7.6%	15.3%	13.9%	22.3%
	2013-2015年	10.6%	8.6%	16.7%	14.8%	24.4%
韓国	1998-2000年	7.1%	5.8%	11.4%	10.0%	18.4%
	2003-2005年	7.2%	5.9%	11.1%	9.9%	16.5%
	2008-2010年	7.5%	5.6%	12.9%	10.7%	21.2%
	2013-2015年	8.4%	6.0%	14.6%	11.0%	24.1%

（出典）科学技術・学術政策研究所「科学研究のベンチマーキング2017」

道がないことは論を俟ちません。わざわざ、データを示すまでもありませんが、第一線の研究者の大半が、「海外での研究や国際的な共同研究の経験が研究成果や論文の質の向上につながったかどうか」という問いに「つながった」と回答しています。NISTEPの調査で、回答者の約

80％がそう回答しています。

しかし、海外への留学生の数も、海外に派遣する研究者の数も減っています。図表3－19と3－20がそのデータです。留学生は2004年を分水嶺に減少傾向が始まり、研究者の海外派遣は2000年から減少期に入り、2010年以降やや回復したもののピーク時の6割前後で推移しています。ピーク時といっても絶対数が諸外国に比して多いわけではありません。非常に少ないのが実情です。

2000年代の後半、私は教育関連出版社の仕事で、毎年、全国の有名大学の学長や教育担当の副学長、著名な研究者にインタビューしていました。文部科学省から大学の「国際化」圧力が強まり、どの大学も留学生の受け入れや派遣に躍起になっていた時代です。例外なくと言っていいほど、取材させていただいた学長や副学長の大半が、最近の学生は留学したがらない、その理由が分からない、と嘆いておられました。データと見事に符合しています。

当時の学生は現在30歳代に入っているはずです。今後、20年余り社会を背負って立つ世代です。研究者の世界でもそうです。心配です。

図表 3－19　海外への留学生の推移

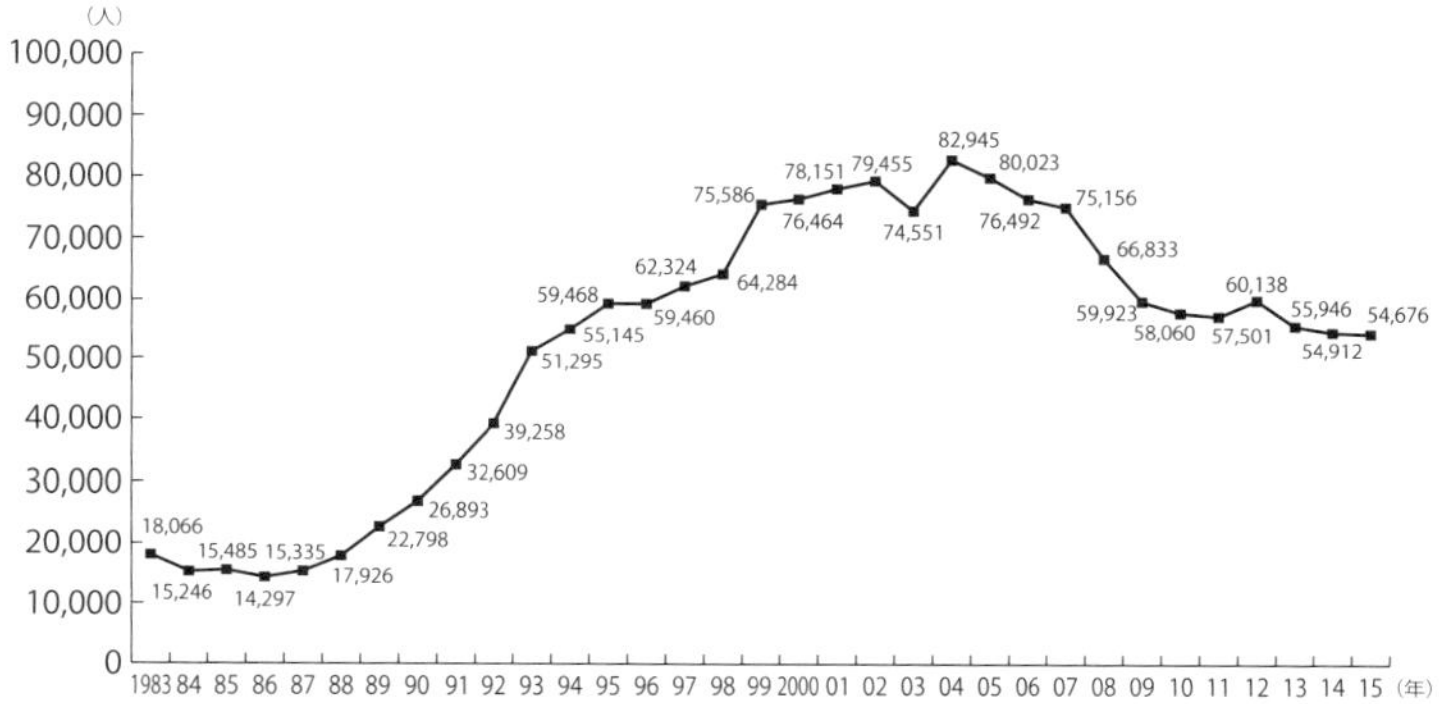

（出典）2018 年版科学技術白書

図表 3－20　中・長期間の海外からの研究者の受入れ者数と海外への研究者の派遣者数

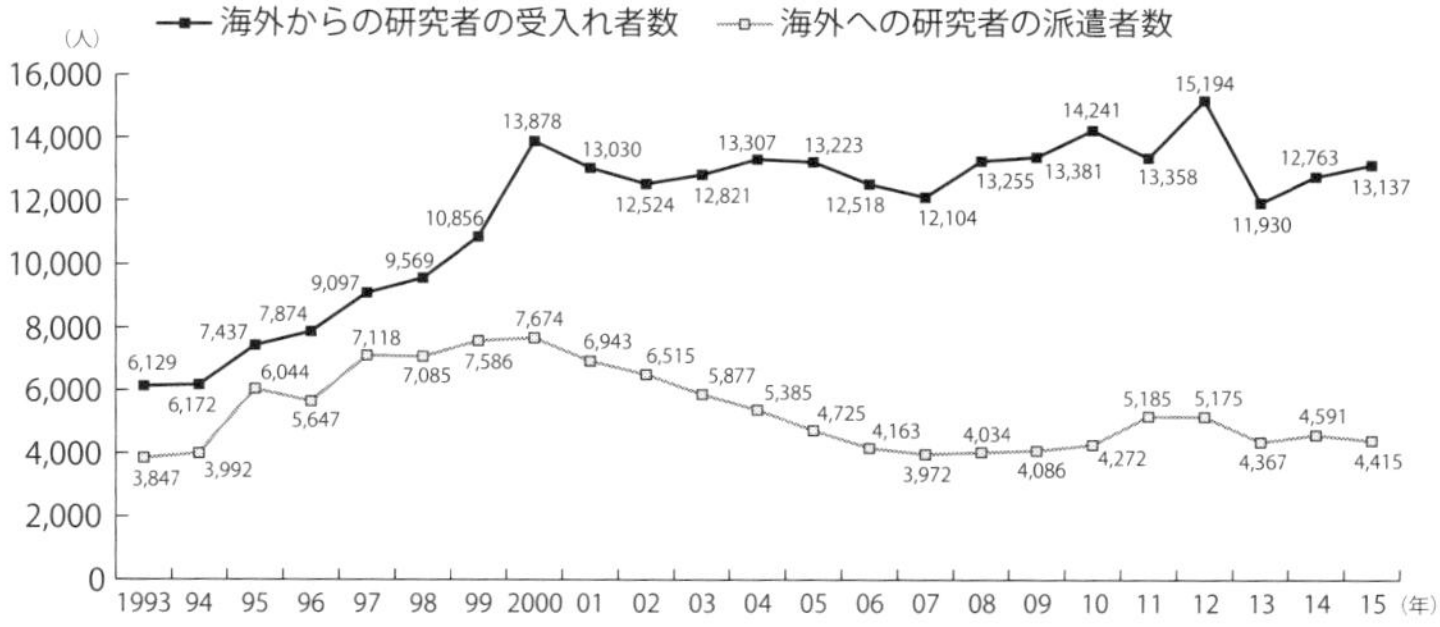

（出典）2018 年版科学技術白書

大学の研究力が衰退している

もう少し、論文について検証してみましょう。今度は部門別の動向です。部門とは、学術研究や開発を行う機関の種別で、大学等、公的機関、企業、非営利団体、それ以外の部門に区分されています。部門別の研究・論文数の分析は、大学の研究力が衰退していることを示しています。

論文の75%は大学発

図表３－21－①から３－21－⑥に日本全体の論文数とＴｏｐ10%補正論文数、Ｔｏｐ１%補正論文数の各部門の数とシェアを示しました。３－21－②の「日本の論文における各部門区分の割合」が示すとおり、長きにわたり大学が日本の論文生産の屋台骨を支えてきたことが分かります。シェアは75%前後を維持し続けています。といっても、大学は学

図表３－21　日本の部門別論文生産構造

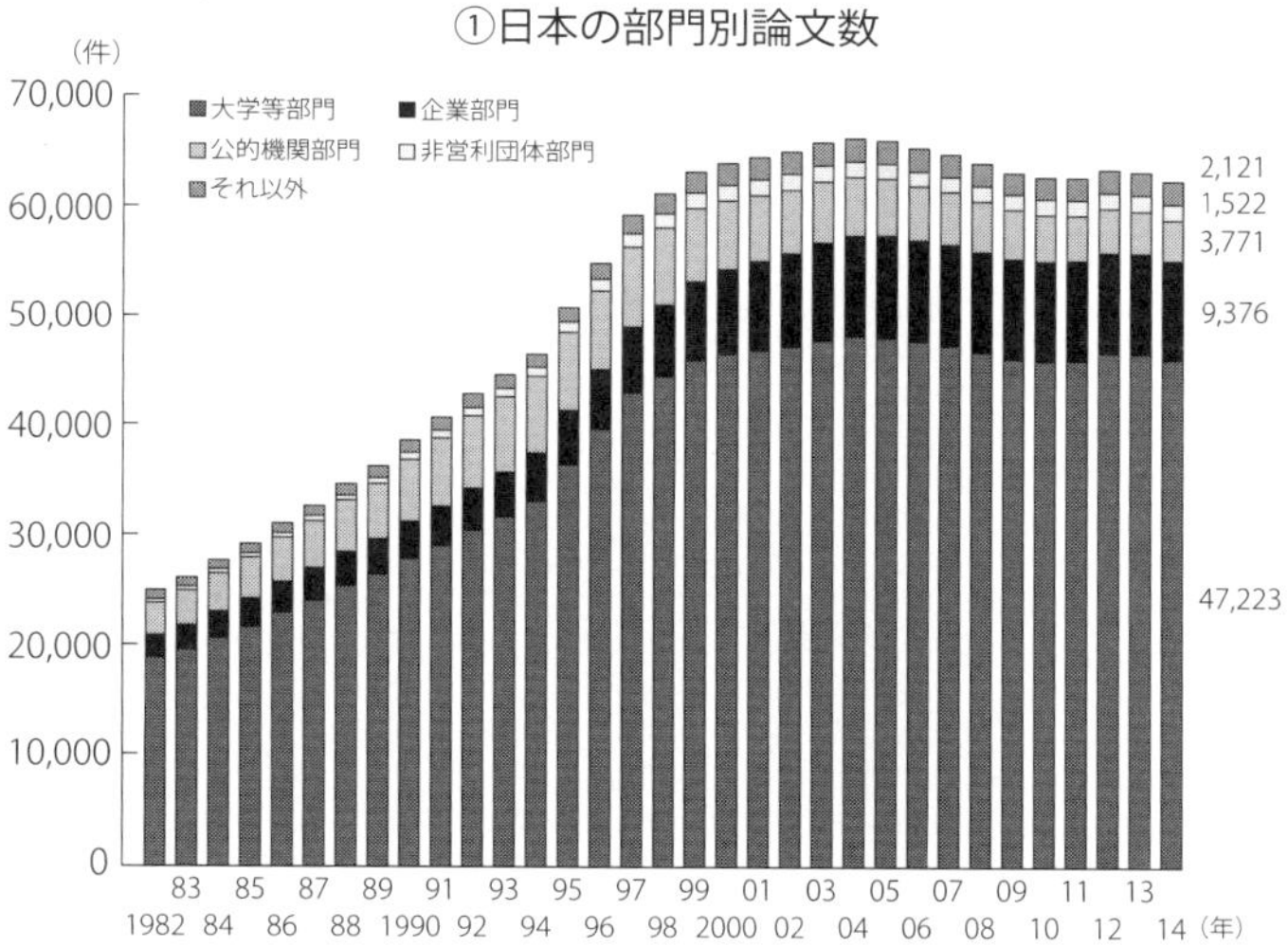

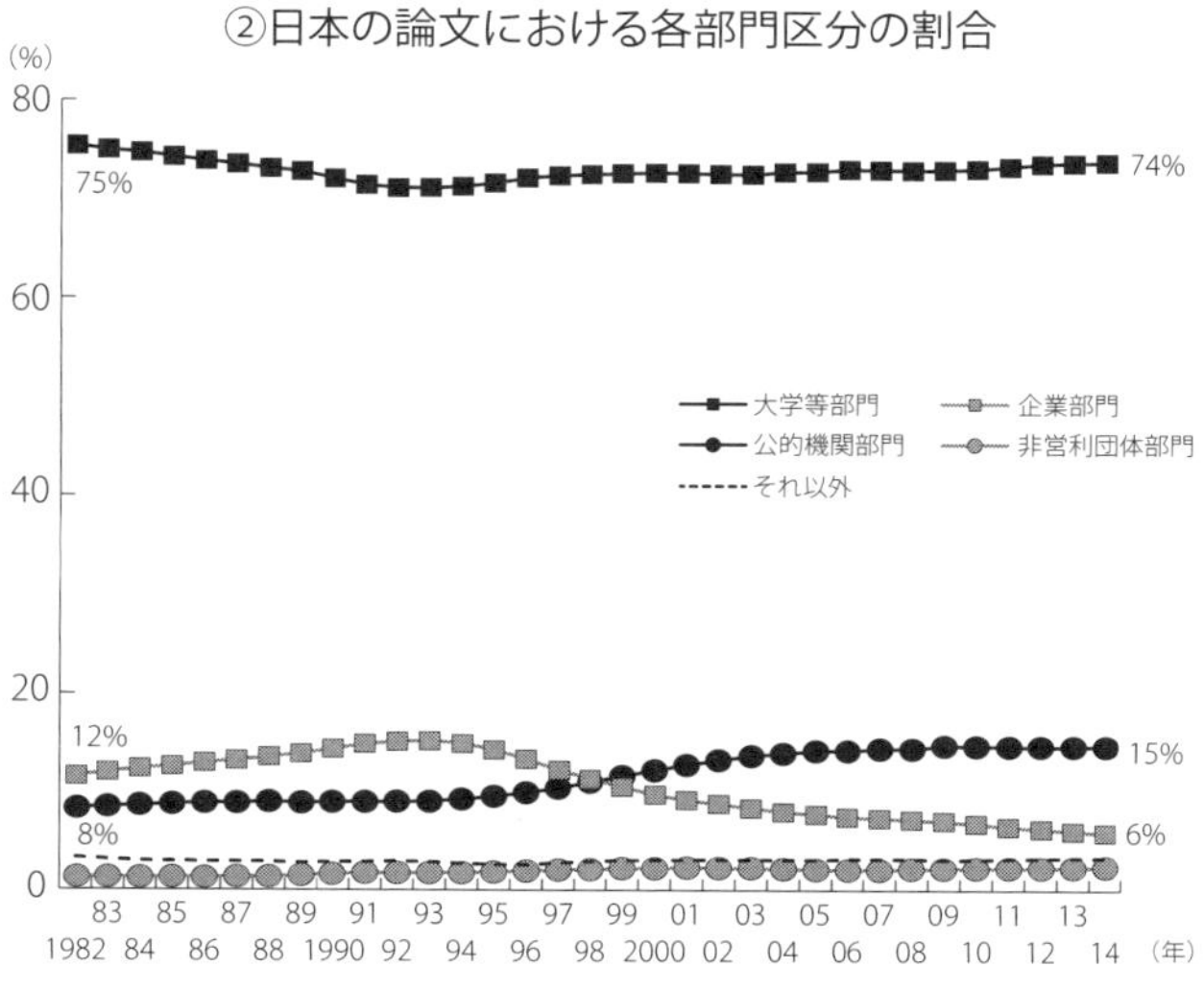

③日本の部門別Top10%補正論文数

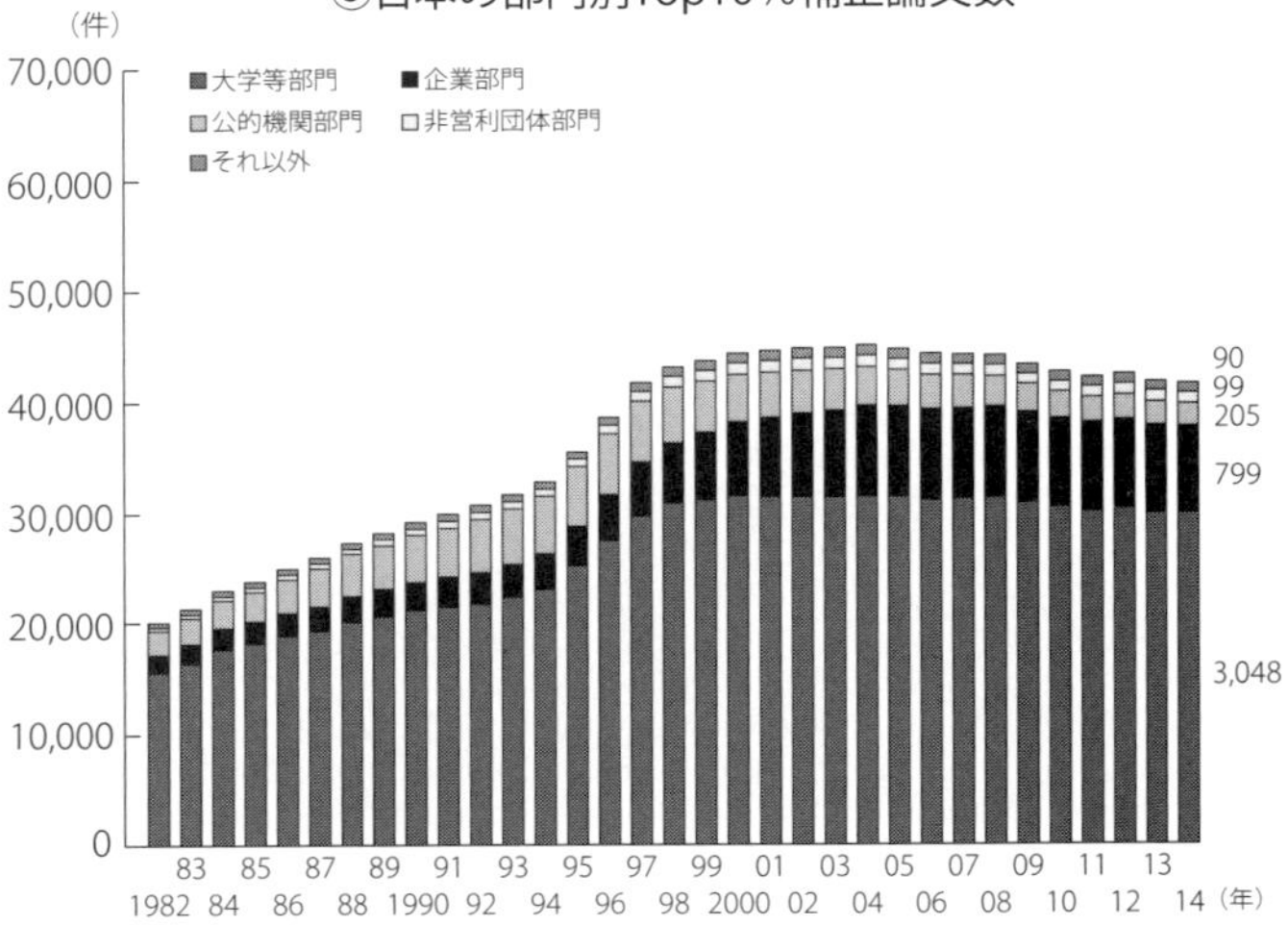

④日本のTop10%補正論文における各部門区分の割合

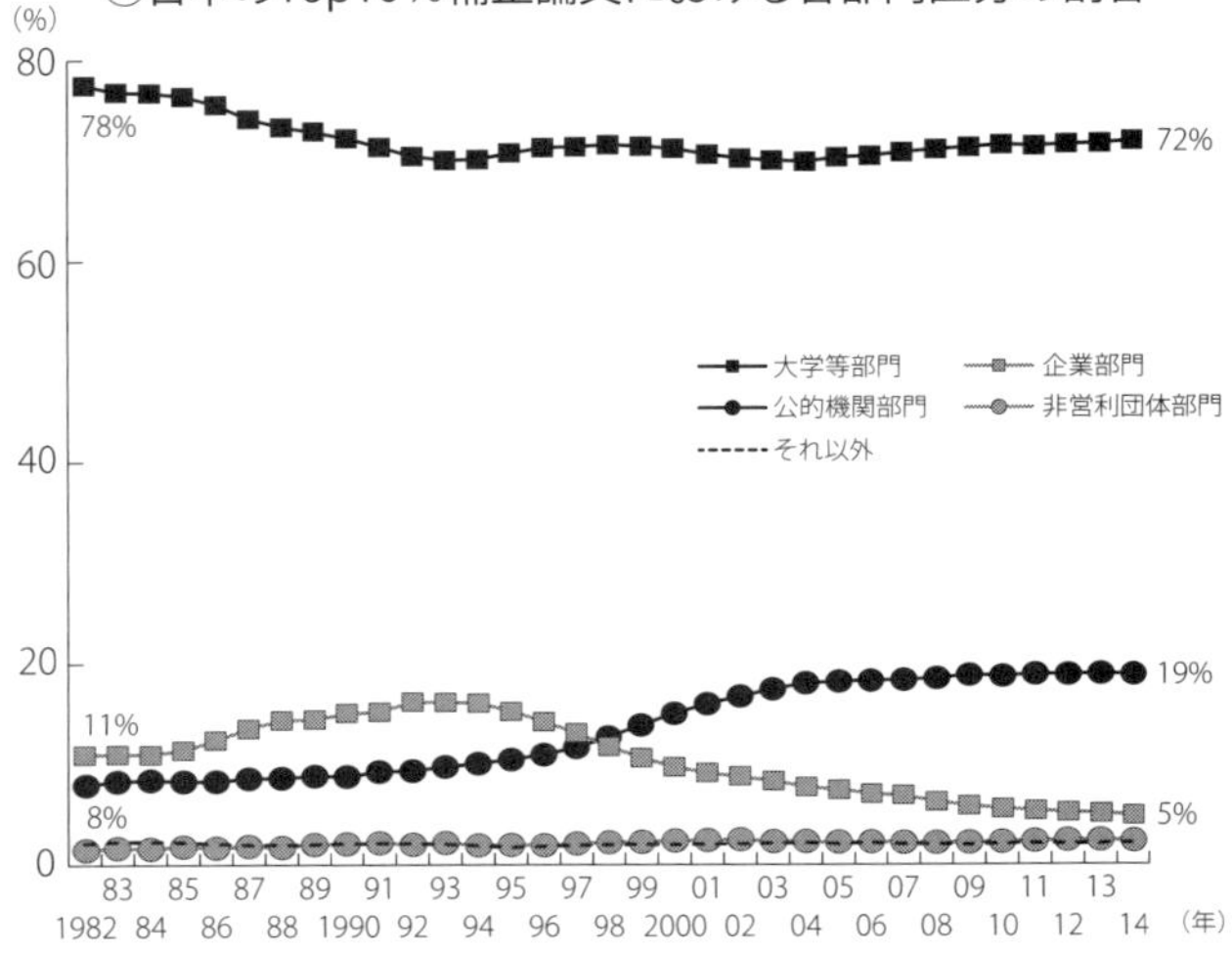

⑤日本の部門別Top1％補正論文数

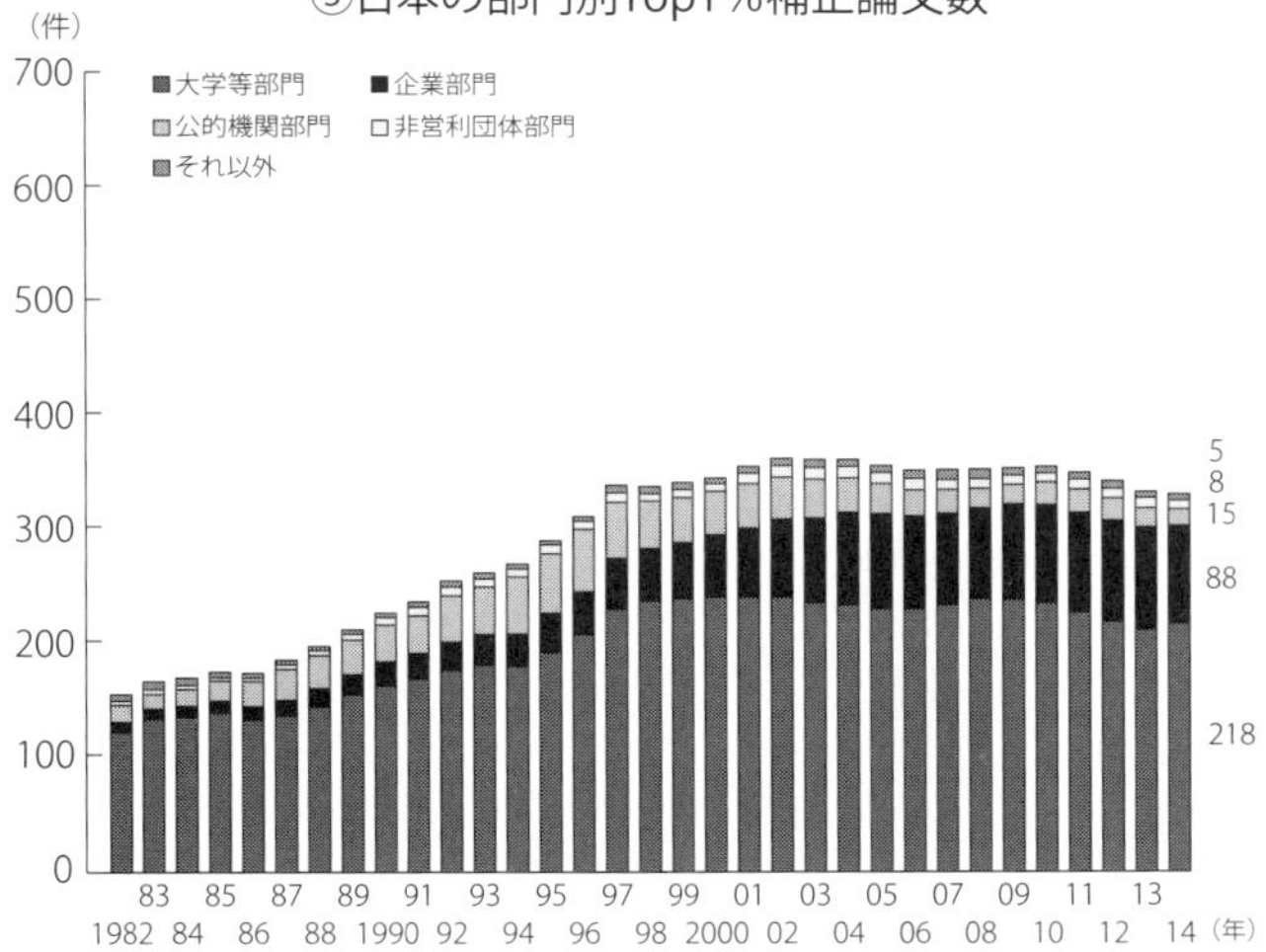

⑥日本のTop1％補正論文における各部門区分の割合

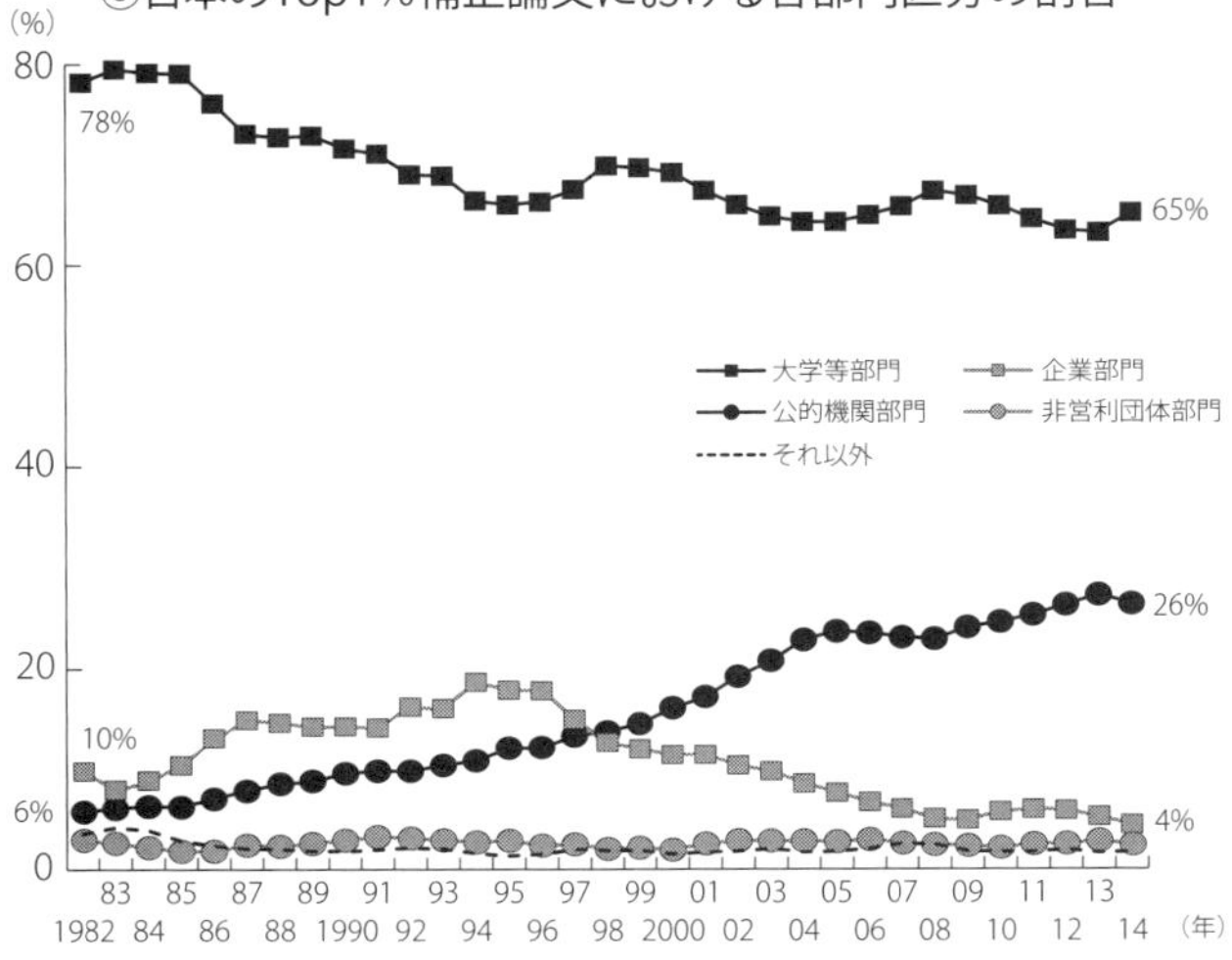

（出典）科学技術・学術政策研究所「科学研究のベンチマーキング 2017」

問の府ですから当然のことです。

大学部門の論文数は１９９９年頃までは増加を続けてきましたが、その後微増に転じ、２００４年以降は微減傾向にあります。因果関係は後に検討しますが、２００４年は国立大学が国立大学法人となった年です。

公的機関部門はデータの初年度から増加を続け、微増ながら今も増加傾向にあります。シェアは約30年間で2倍になりました。企業部門は１９９３年頃から減少基調となり、シェアも１９８２年の半分に減りました。１９９１年と言われるバブル経済の崩壊と、その後の長期不況の影響が大きいことに異論はないと思われます。

大学発のＴｏｐ１％論文が激減

大学部門の研究力の衰退はＴｏｐ10％補正論文とＴｏｐ１％補正論文の数とシェアを見ると、より明白になります。Ｔｏｐ10、Ｔｏｐ１％補正論文数はともに２０００年頃から停滞し、Ｔｏｐ１％補正論文数は近年減少傾向にあります。Ｔｏｐ１％論文は特に優れた論文です。その日本での大学部門のシェアは１９９０年代後半から下降傾向を抜け出せずにいます。２０１４年のシェアは65％で、公的機関部門の26％との差が縮まってきています。研究者数は大学部門が公的研究機関の約5倍です。

大学と公的研究機関では研究者の数に5倍の差があるのですから、シェアも5倍あるのが当然と思われる向きもあるかもしれませんが、そう単純でもありません。これも後に詳しく検討しますが、大学の研究者には教員としての仕事もあり、業務時間のすべてを研究に費やすことができないという事情があります。しかし、そうした事情を考えても、日本の論文生産構造を支えてきた大学の研究力が衰退し続けていることは間違いなく、それが、政府が認めた「科学技術の基盤的な力の低下」に直結しています。

日本人ノーベル賞受賞者は5年に一人に？

ノーベル賞分野の研究力も衰退

ついでなので、論文数を指標にノーベル賞分野も含む、各分野の研究力の動向も見ておきます。図表3－22は、研究分野別に日本の論文数、Ｔｏｐ10％補正論文数、Ｔｏｐ１％補正論文数の世界ランキングを、２００３年から２００５年の平均値と２０１３年から２０１５年の平均値で比較しています。

トータルの論文数もＴｏｐ10％、Ｔｏｐ１％補正論文数もランキングを下げているのですから当然ですが、各分野とも10年間で順位を下げています。２０１８年に生理学・医学賞を受賞した本庶佑・京都大学特別教授の研究分野は基礎生命科学ですが、日本は論文数で2位から4位、Ｔｏｐ10％補正論文数で４位から10位、Ｔｏｐ１％補正論文数で４位から９位のランクダウンです。湯川博士の初受賞以来、日本のお家芸と思われてきた物理学

図表 3 − 22　日本の論文数、Top10％補正論文数、Top1％補正論文数の世界ランクの変動

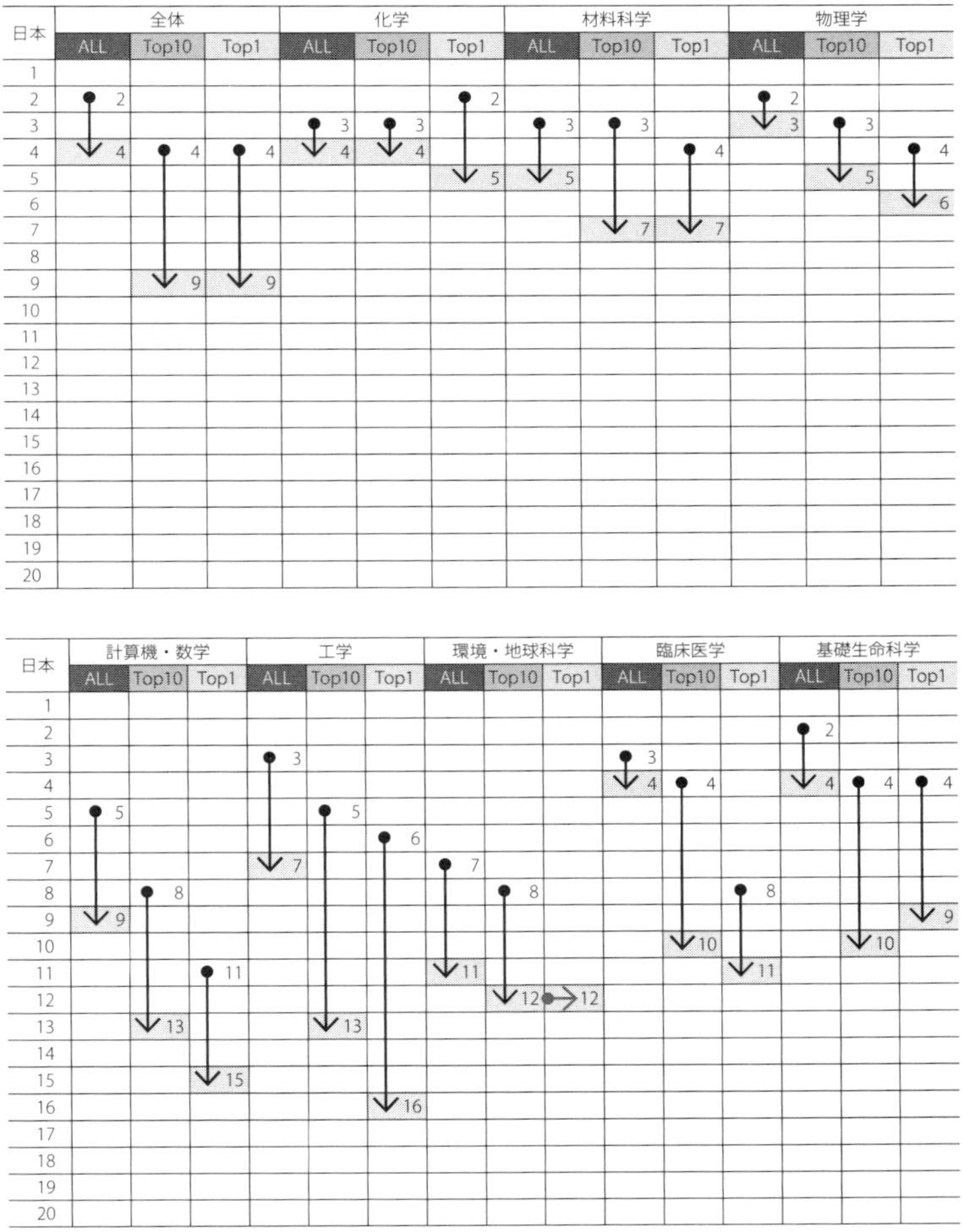

（出典）科学技術・学術政策研究所「科学研究のベンチマーキング 2017」

も総数が2位から3位、Ｔｏｐ10％が3位から5位、Ｔｏｐ１％が4位から6位、物理学賞に次いで日本人受賞者の多い化学は総数とＴｏｐ10％が3位から4位、Ｔｏｐ１％は2位から5位に滑り落ちています。

ノーベル賞分野ではありませんが、日本の科学技術を支えていると言って過言ではない工学は惨憺たるものです。総数で３位から7位、Ｔｏｐ10％は5位から13位、Ｔｏｐ１％は６位から16位に陥落しています。総数では主要各国の他、インド、イラン、イタリア、カナダが上に、Ｔｏｐ１％では人口小国のシンガポール（５６１万人）やデンマーク（５７８万人）にも負けています（図表３－23）。項垂《うなだ》れるどころか、べそをかいてしまいそうです。

それぞれの分野において実数でどれほど論文が減っているのかも見ておきます。図表３－24がそれです。２０１６年末のデータをもとに比較しています。

論文数が増えているのは環境・地球科学と臨床医学だけ、Ｔｏｐ10％論文数では計算機・数学が加わります。論文は減っているのにＴｏｐ10％の論文が増えているということは、日本には優れた計算機（コンピュータのことです）・数学の研究者が多いということでしょう。

ノーベル賞のある物理学、化学、基礎生命科学（生理学・医学分野）は危機的状況です。

図表3－23　工学論文の世界ランキング

① 論文数

工学	PY2013年－2015年（平均）					
	論文数					
国名	整数カウント			分数カウント		
	論文数	シェア	順位	論文数	シェア	順位
中国	31,193	24.5	1	27,280	21.5	1
米国	22,941	18.0	2	17,953	14.1	2
英国	7,060	5.6	3	4,785	3.8	6
韓国	6,739	5.3	4	5,862	4.6	3
インド	5,915	4.7	5	5,349	4.2	4
ドイツ	5,626	4.4	6	4,103	3.2	8
フランス	5,620	4.4	7	4,004	3.2	10
イラン	5,561	4.4	8	4,961	3.9	5
イタリア	5,185	4.1	9	4,006	3.2	9
カナダ	5,095	4.0	10	3,721	2.9	12
日本	5,066	4.0	11	4,217	3.3	7
スペイン	4,631	3.6	12	3,613	2.8	13
台湾	4,185	3.3	13	3,813	3.0	11
オーストラリア	3,840	3.0	14	2,604	2.0	14
トルコ	2,685	2.1	15	2,324	1.8	15
ブラジル	2,077	1.6	16	1,727	1.4	16
ロシア	1,931	1.5	17	1,661	1.3	17
オランダ	1,911	1.5	18	1,253	1.0	20
マレーシア	1,876	1.5	19	1,395	1.1	19
ポーランド	1,813	1.4	20	1,562	1.2	18
スウェーデン	1,762	1.4	21	1,228	1.0	21
シンガポール	1,729	1.4	22	1,132	0.9	22
ベルギー	1,360	1.1	23	885	0.7	25
スイス	1,354	1.1	24	872	0.7	26
サウジアラビア	1,301	1.0	25	714	0.6	28

② Top10% 補正論文数

工学	PY2013年－2015年（平均）					
	Top10%補正論文数					
国名	整数カウント			分数カウント		
	論文数	シェア	順位	論文数	シェア	順位
中国	3,714	29.2	1	3,072	24.2	1
米国	2,653	20.9	2	1,921	15.1	2
英国	883	6.9	3	552	4.3	4
イタリア	749	5.9	4	556	4.4	3
ドイツ	630	5.0	5	399	3.1	9
オーストラリア	620	4.9	6	394	3.1	10
カナダ	573	4.5	7	384	3.0	11
イラン	571	4.5	8	463	3.6	6
スペイン	569	4.5	9	415	3.3	7
インド	567	4.5	10	480	3.8	5
フランス	561	4.4	11	361	2.8	12
韓国	520	4.1	12	413	3.2	8
日本	344	2.7	13	242	1.9	13
マレーシア	326	2.6	14	241	1.9	14
シンガポール	292	2.3	15	183	1.4	16
台湾	280	2.2	16	235	1.8	15
スウェーデン	254	2.0	17	164	1.3	18
オランダ	249	2.0	18	149	1.2	19
トルコ	223	1.8	19	175	1.4	17
スイス	207	1.6	20	131	1.0	20
サウジアラビア	201	1.6	21	89	0.7	27
デンマーク	196	1.5	22	119	0.9	22
ベルギー	173	1.4	23	108	0.8	23
ポルトガル	166	1.3	24	119	0.9	21
ポーランド	142	1.1	25	107	0.8	24

③ Top1% 補正論文数

工学	PY2013 年－ 2015 年（平均）					
	Top1%補正論文数					
国名	整数カウント			分数カウント		
	論文数	シェア	順位	論文数	シェア	順位
中国	469	36.9	1	374	29.4	1
米国	307	24.1	2	204	16.0	2
英国	100	7.8	3	52	4.1	3
オーストラリア	83	6.5	4	45	3.5	5
ドイツ	72	5.7	5	40	3.2	8
イタリア	71	5.6	6	43	3.4	6
イラン	66	5.2	7	47	3.7	4
カナダ	59	4.6	8	37	2.9	10
インド	57	4.5	9	42	3.3	7
スペイン	50	3.9	10	30	2.3	12
マレーシア	49	3.9	11	38	3.0	9
フランス	45	3.6	12	24	1.9	13
韓国	44	3.4	13	32	2.5	11
シンガポール	41	3.2	14	22	1.8	14
サウジアラビア	36	2.8	15	12	0.9	22
デンマーク	33	2.6	16	18	1.4	15
日本	28	2.2	17	17	1.3	16
スウェーデン	27	2.1	18	15	1.2	18
スイス	25	1.9	19	14	1.1	19
オランダ	23	1.8	20	12	0.9	21
トルコ	22	1.7	21	15	1.2	17
台湾	18	1.4	22	12	1.0	20
ベルギー	17	1.4	23	10	0.8	24
ギリシャ	17	1.3	24	11	0.9	23
ポルトガル	14	1.1	25	9	0.7	25

（出典）科学技術・学術政策研究所「科学研究のベンチマーキング 2017」

図表 3 － 24　直近 10 カ年の論文数と Top10%補正論文数の増減率

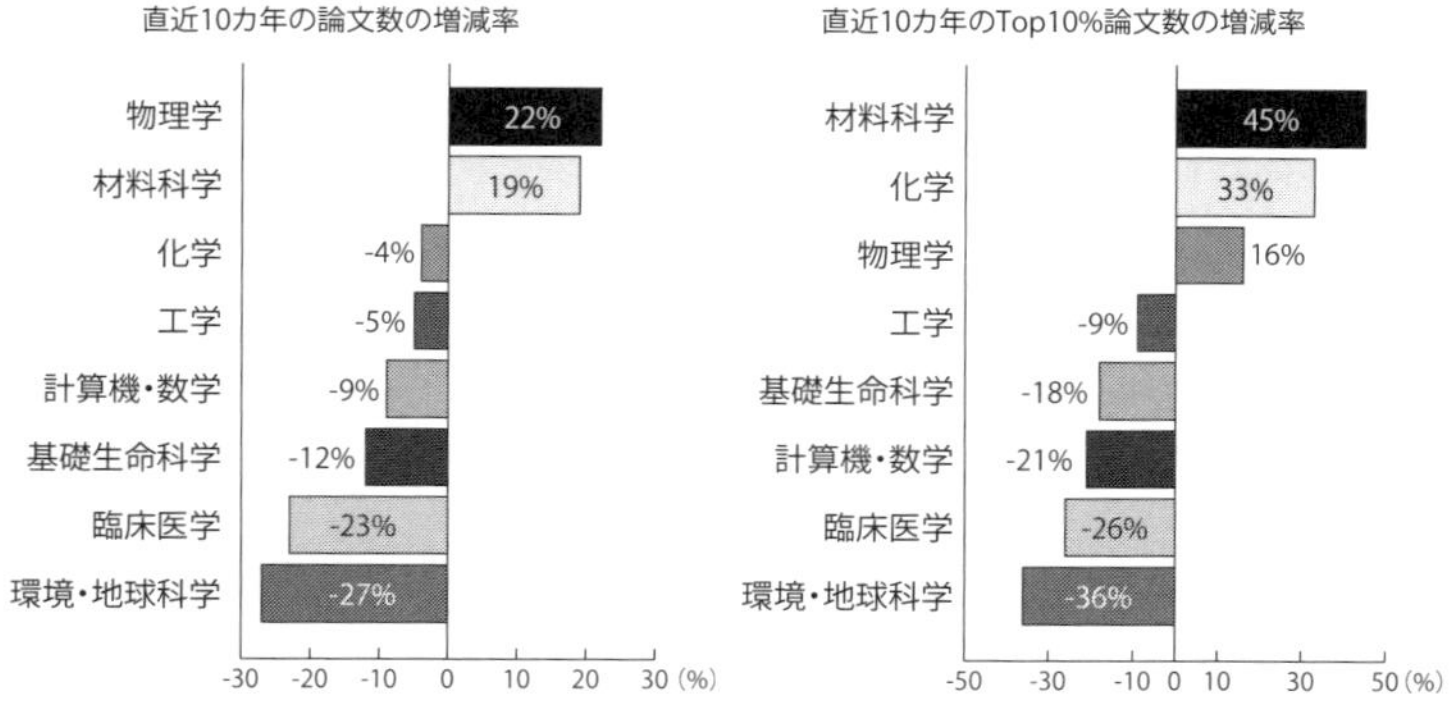

（出典）2018 年版科学技術白書

論文数もＴｏｐ10％補正論文数も減っています。物理学が総数で27％、Ｔｏｐ10％は21％減っています。化学はそれぞれ12％と26％、基礎生命科学は４％と９％です。総数よりＴｏｐ10％の減少率が高い化学と基礎生命科学の分野は、10年間で日本の総体として研究者のレベルが下がったか、研究者の能力に変化はないが相対的に世界の研究者に差を付けられたかのどちらかです。困りました。

論文数とノーベル賞受賞者数の相関

毎年、ノーベル賞の発表が近づくと、世界の各メディアはノーベル賞受賞者を過去の受賞歴や論文の被引用数などから予想しています。日本の場合は特に、自国から受賞者を出したいという願望も含まれるので、当たるも八卦当たらぬも八卦です。自然科学の分野ではありませんが、２０１６年の文学賞には作家ではなく、誰も受賞を予想しなかったボブ・ディランに贈られたほどですから、受賞者の選考には不確実要素も多く、予想は簡単ではないのです。しかし、自然科学部門では、論文数やその被引用数による予想がある程度当たります。２０１８年の本庶教授の受賞は多くのメディアが予想していました。つまり、研究者の論文数や被引用論文数の多寡とノーベル賞受賞には関連性があるということです。優秀な研究者の論文は多く引用される、あるいは被引用数の多い論文を発表した研究者が優秀と認められることを考えれば、当然のことです。

では、ある国の論文数や被引用論文数と、その国のノーベル賞受賞者数には何か関係があるのでしょうか。ちょっと調べてみました。

前提は、論文数や引用されることが多い論文の数は、その国の学術の活性や優位性の指標となるはずで、その象徴であるノーベル賞受賞とも相関しているのではないか、という仮説です。

第1章で触れたとおり、ノーベル賞受賞の時期と、授賞理由となった研究の時期には大きなタイムラグがあります。申し訳ないことに、受賞者すべてのタイムラグの平均はとても算出できませんでしたが、日本人受賞者の平均は25年です。第1章で紹介した図表1－4「日本人受賞者の授賞理由・対象研究」の「受賞年齢」と「授賞対象の研究をした年齢」から簡単に計算できます。

では、ある年の各国のノーベル賞受賞者数シェアと、25年前の論文数や高被引用論文数（Ｔｏｐ10％論文やＴｏｐ１％論文のことです）に、有意な関係が認められるか。それが調べてみたことです。

といっても、ある1年だけを抽出するとノーベル賞受賞者がいない国が多いので、２０

図表3－25　各国のノーベル賞受賞者数と25年前の論文数の関係

2001～2010年

	受賞者数					論文数シェア	被引用論文数シェア
	物理	化学	生理学医学	合計	シェア	1981-1985の平均値	1981-1985の平均値
アメリカ	12.3	13.5	12.5	38.3	52	36.3	52.8
日本	3	3	0	6	8	7.6	6.5
イギリス	1.8	0.5	6	8.3	11	8.7	10.6
フランス	1	1	2	4	5	5.7	5.3
ドイツ	3	1	1	5	7	8	7.6
その他	3.8	4	3.5	11.3	15		

2011～2018年

	受賞者数					論文数シェア	被引用論文数シェア
	物理	化学	生理学医学	合計	シェア	1986-1993の平均値	1986-1993の平均値
アメリカ	10	9.8	8.5	28.3	46	35.9	54.5
日本	3	0	4	7	11	9	7.7
イギリス	1.5	3.3	1.5	6.3	10	8.7	10.3
フランス	2	1	1	4	6	6.2	6
ドイツ	1	1	0	2	3	8.2	8.2
その他	3.5	5.8	4	14.1	21		

（注）ノーベル財団公式サイト、科学技術・学術政策研究所「科学指標統計集2001年改訂版」のデータをもとに著者が作成

０１年から２０１０年と２０１１年から２０１８年の二つの期間を設定し、その期間の各国のノーベル賞受賞者の合計と、25年前の期間の論文数シェアと高被引用論文数シェアの平均値を比較してみました（図表３－25）。２００１年から２０１０年の25年前は１９７６年から１９８５年、２０１１年から２０１８年の25年前は１９８６年から１９９３年です。残念なことに、１９７６年からの10年間の論文数シェアのデータのすべては古すぎて見つからなかったので、見つけられた一番古いデータの１９８１年から85年の平均値で代用しました。１９７６年から１９８

5年の平均値ではありませんが、重なる時期もあり、シェアは数年では大きくは変動しないのでさほど大きな違いはないと思われます。

２００1年から２０１０年の表を見てください。受賞者数シェアと25年前の5年間の被引用論文数シェアの平均を比較してみます。アメリカは52％と52・8％、日本は8％と6・5％、イギリスは11％と10・6％、フランスは5％と5・3％、ドイツは7％と7・6％です。お見事と言ってよいほど近似しています。

２０１1年から２０１8年では、ノーベル賞受賞者が少なかったドイツのデータにかなりの差があるのが玉に瑕ですが、その他の国は２００1年から２０１０年ほど見事ではないにせよ、概ね近似を示していると言えると思います。数字は、どちらの期間も、論文数シェアよりも被引用論文数シェアの方が、ノーベル賞受賞者数シェアと近くなっています。

つまり、各国のノーベル賞受賞者数と25年前の被引用論文数シェアは相関しています。もちろん、ノーベル賞の全受賞者とその授賞対象の研究時期や、１９７０年代以前の論文データを網羅した精密な検証ではないので、偶然の一致である可能性は否定しません。

未来のノーベル賞授賞シーズン

もう一度、図表3-12を見てください。「上位25カ国・地域のTop1%補正論文数（2013年─2015年平均）」です。頁をめくるのは面倒なので、Top10%補正論文数も加え、さらに10年前と20年前のデータも加えて再掲します（図表3-26）。

Top1%補正論文数の日本のシェアは分数カウント法で4・7%から4・3%、2・4%へと減り続けています。Top10%は5・8%、5・5%、3・1%です。25年前の高被引用論文数シェアとノーベル賞受賞者数のシェアが強い相関を示すという仮説が正しければ、日本人ノーベル賞受賞者は次第に少なくなっていき、2040年頃にはノーベル賞受賞者数の日本のシェアは3%前後となる可能性があります。自然科学系受賞者の数は毎年6人前後ですから、その3%は0・18人です。5年に一人受賞できるかどうかという数です。

そして、日本に代わって台頭してきそうなのがTop1%補正論文数シェア14・3%の中国です。現在の受賞者シェア約50%のアメリカもうかうかできません。Top1%論文のシェアは下降線をたどっており、1993年から1995年の平均の55・7%から20年後の2013年から2015年の平均では34・3%に減少しました。

図表 3 − 26　上位 25 カ国・地域の Top10 補正論文数と Top1%補正論文数

① Top10%補正論文数（1993 年-1995 年平均）

全体	PY1993 年－1995 年（平均）					
	Top10%補正論文数					
国名	整数カウント			分数カウント		
	論文数	シェア	順位	論文数	シェア	順位
米国	30,601	52.8	1	27,664	47.8	1
英国	5,999	10.4	2	4,800	8.3	2
ドイツ	4,600	7.9	3	3,481	6.0	3
日本	3,860	6.7	4	3,348	5.8	4
フランス	3,653	6.3	5	2,740	4.7	5
カナダ	3,293	5.7	6	2,564	4.4	6
イタリア	1,958	3.4	7	1,406	2.4	8
オランダ	1,918	3.3	8	1,453	2.5	7
オーストラリア	1,548	2.7	9	1,224	2.1	9
スイス	1,509	2.6	10	1,000	1.7	11
スウェーデン	1,409	2.4	11	1,039	1.8	10
スペイン	1,050	1.8	12	766	1.3	12
イスラエル	799	1.4	13	529	0.9	13
ベルギー	783	1.4	14	523	0.9	15
デンマーク	769	1.3	15	525	0.9	14
ロシア	694	1.2	16	401	0.7	18
中国	564	1.0	17	406	0.7	17
フィンランド	545	0.9	18	407	0.7	16
インド	458	0.8	19	383	0.7	19
オーストリア	392	0.7	20	266	0.5	22
ノルウェー	376	0.6	21	271	0.5	21
台湾	364	0.6	22	303	0.5	20
ポーランド	322	0.6	23	180	0.3	25
ニュージーランド	286	0.5	24	215	0.4	23
ブラジル	280	0.5	25	169	0.3	26

② Top1%補正論文数（1993 年-1995 年平均）

全体	PY1993 年－1995 年（平均）					
	Top1%補正論文数					
国名	整数カウント			分数カウント		
	論文数	シェア	順位	論文数	シェア	順位
米国	3,582	61.8	1	3,223	55.7	1
英国	613	10.6	2	471	8.1	2
ドイツ	443	7.7	3	321	5.5	3
フランス	339	5.9	4	231	4.0	6
カナダ	337	5.8	5	241	4.2	5
日本	327	5.7	6	271	4.7	4
オランダ	199	3.4	7	137	2.4	7
イタリア	179	3.1	8	113	1.9	8
スイス	172	3.0	9	108	1.9	9
オーストラリア	141	2.4	10	100	1.7	10
スウェーデン	121	2.1	11	74	1.3	11
デンマーク	86	1.5	12	51	0.9	12
スペイン	77	1.3	13	47	0.8	13
イスラエル	77	1.3	14	45	0.8	14
ベルギー	76	1.3	15	43	0.7	15
フィンランド	56	1.0	16	38	0.7	16
ロシア	55	0.9	17	26	0.4	18
中国	42	0.7	18	26	0.4	17
ノルウェー	37	0.6	19	21	0.4	20
オーストリア	37	0.6	20	21	0.4	19
ニュージーランド	26	0.4	21	16	0.3	22
インド	26	0.4	22	18	0.3	21
ポーランド	22	0.4	23	9	0.2	27
ブラジル	21	0.4	24	10	0.2	24
台湾	18	0.3	25	12	0.2	23

③ Top10%補正論文数（2003 年-2005 年平均）

全体	PY2003 年－ 2005 年（平均）					
	Top10%補正論文数					
国名	整数カウント			分数カウント		
	論文数	シェア	順位	論文数	シェア	順位
米国	39,444	46.7	1	33,242	39.4	1
英国	9,362	11.1	2	6,288	7.5	2
ドイツ	8,432	10.0	3	5,458	6.5	3
フランス	5,821	6.9	4	3,696	4.4	5
日本	5,821	6.9	5	4,601	5.5	4
カナダ	4,786	5.7	6	3,155	3.7	7
中国	4,584	5.4	7	3,599	4.3	6
イタリア	3,975	4.7	8	2,588	3.1	8
オランダ	3,252	3.9	9	2,056	2.4	9
オーストラリア	2,880	3.4	10	1,903	2.3	10
スペイン	2,864	3.4	11	1,878	2.2	11
スイス	2,613	3.1	12	1,491	1.8	12
スウェーデン	1,993	2.4	13	1,187	1.4	14
韓国	1,692	2.0	14	1,301	1.5	13
ベルギー	1,581	1.9	15	890	1.1	17
インド	1,313	1.6	16	1,037	1.2	15
デンマーク	1,302	1.5	17	788	0.9	18
イスラエル	1,127	1.3	18	707	0.8	19
台湾	1,095	1.3	19	905	1.1	16
オーストリア	993	1.2	20	550	0.7	22
ロシア	899	1.1	21	380	0.5	27
ブラジル	898	1.1	22	566	0.7	20
フィンランド	895	1.1	23	563	0.7	21
ノルウェー	751	0.9	24	411	0.5	25
シンガポール	704	0.8	25	519	0.6	23

④ Top1%補正論文数（2003 年-2005 年平均）

全体	PY2003 年－ 2005 年（平均）					
	Top1%補正論文数					
国名	整数カウント			分数カウント		
	論文数	シェア	順位	論文数	シェア	順位
米国	4,758	56.4	1	3,983	47.2	1
英国	1,109	13.1	2	673	8.0	2
ドイツ	888	10.5	3	503	6.0	3
フランス	587	7.0	4	311	3.7	5
カナダ	540	6.4	5	295	3.5	6
日本	513	6.1	6	365	4.3	4
中国	407	4.8	7	283	3.4	7
オランダ	392	4.6	8	211	2.5	8
イタリア	390	4.6	9	200	2.4	9
スイス	329	3.9	10	178	2.1	10
オーストラリア	304	3.6	11	161	1.9	11
スペイン	268	3.2	12	135	1.6	12
スウェーデン	229	2.7	13	109	1.3	13
ベルギー	186	2.2	14	90	1.1	15
デンマーク	153	1.8	15	77	0.9	17
韓国	148	1.8	16	100	1.2	14
イスラエル	133	1.6	17	71	0.8	18
インド	112	1.3	18	80	0.9	16
オーストリア	101	1.2	19	47	0.6	21
ロシア	96	1.1	20	31	0.4	25
フィンランド	87	1.0	21	42	0.5	22
ノルウェー	85	1.0	22	32	0.4	24
ブラジル	77	0.9	23	33	0.4	23
シンガポール	75	0.9	24	50	0.6	20
ポーランド	73	0.9	25	26	0.3	29

⑤ Top10%補正論文数（2013 年-2015 年平均）

全体	PY2013 年－2015 年（平均）					
	Top10%補正論文数					
国名	整数カウント			分数カウント		
	論文数	シェア	順位	論文数	シェア	順位
米国	52,841	38.6	1	39,011	28.5	1
中国	26,548	19.4	2	21,016	15.4	2
英国	16,398	12.0	3	8,426	6.2	3
ドイツ	14,736	10.8	4	7,857	5.7	4
フランス	9,684	7.1	5	4,941	3.6	5
イタリア	8,668	6.3	6	4,739	3.5	6
カナダ	8,469	6.2	7	4,442	3.2	7
オーストラリア	7,782	5.7	8	4,249	3.1	8
スペイン	6,927	5.1	9	3,634	2.7	10
日本	6,527	4.8	10	4,242	3.1	9
オランダ	6,339	4.6	11	2,949	2.2	12
スイス	5,281	3.9	12	2,211	1.6	14
韓国	4,478	3.3	13	3,077	2.2	11
インド	3,998	2.9	14	2,840	2.1	13
スウェーデン	3,781	2.8	15	1,581	1.2	15
ベルギー	3,327	2.4	16	1,391	1.0	17
デンマーク	2,977	2.2	17	1,291	0.9	19
ブラジル	2,349	1.7	18	1,180	0.9	21
オーストリア	2,210	1.6	19	839	0.6	23
シンガポール	2,198	1.6	20	1,255	0.9	20
台湾	1,970	1.4	21	1,298	0.9	18
イラン	1,915	1.4	22	1,477	1.1	16
ポーランド	1,846	1.3	23	842	0.6	22
フィンランド	1,719	1.3	24	718	0.5	27
ノルウェー	1,653	1.2	25	643	0.5	28

⑥ Top1%補正論文数（2013 年-2015 年平均）

全体	PY2013 年－2015 年（平均）					
	Top1%補正論文数					
国名	整数カウント			分数カウント		
	論文数	シェア	順位	論文数	シェア	順位
米国	6,699	49.0	1	4,700	34.3	1
中国	2,765	20.2	2	1,954	14.3	2
英国	2,282	16.7	3	961	7.0	3
ドイツ	1,861	13.6	4	763	5.6	4
フランス	1,283	9.4	5	476	3.5	5
カナダ	1,149	8.4	6	419	3.1	7
オーストラリア	1,076	7.9	7	433	3.2	6
イタリア	1,047	7.7	8	384	2.8	8
オランダ	890	6.5	9	284	2.1	11
スペイン	856	6.3	10	299	2.2	10
スイス	791	5.8	11	242	1.8	13
日本	709	5.2	12	335	2.4	9
スウェーデン	543	4.0	13	151	1.1	16
韓国	490	3.6	14	253	1.8	12
ベルギー	489	3.6	15	139	1.0	17
デンマーク	437	3.2	16	124	0.9	18
インド	353	2.6	17	166	1.2	15
シンガポール	348	2.5	18	180	1.3	14
オーストリア	325	2.4	19	75	0.5	22
ブラジル	278	2.0	20	72	0.5	24
サウジアラビア	261	1.9	21	75	0.5	23
フィンランド	257	1.9	22	67	0.5	25
ノルウェー	252	1.8	23	54	0.4	29
イスラエル	239	1.7	24	75	0.5	21
ポーランド	234	1.7	25	54	0.4	30

（出典）科学技術・学術政策研究所「科学研究のベンチマーキング 2017」

アメリカは受賞者を減らし、中国は毎年のように受賞者を輩出する。そして、日本は5年ぶりの受賞の知らせに拍手を送っている。30年後のノーベル賞授賞シーズンは、そんな光景になっているかもしれません。

研究者数と研究開発費総額の差も開いている

本章の最後に、科学技術白書が「基盤的な力の低下」の根拠としている研究者数と研究開発費の動向も見ておきます。言うまでもなく、研究者の数と研究開発費は研究力の源泉です。

伸び悩む研究者数

図表3－27は主要国の研究者数の推移です。論文大国のアメリカと中国が研究者の数を

図表3－27　主要国の研究者数の推移

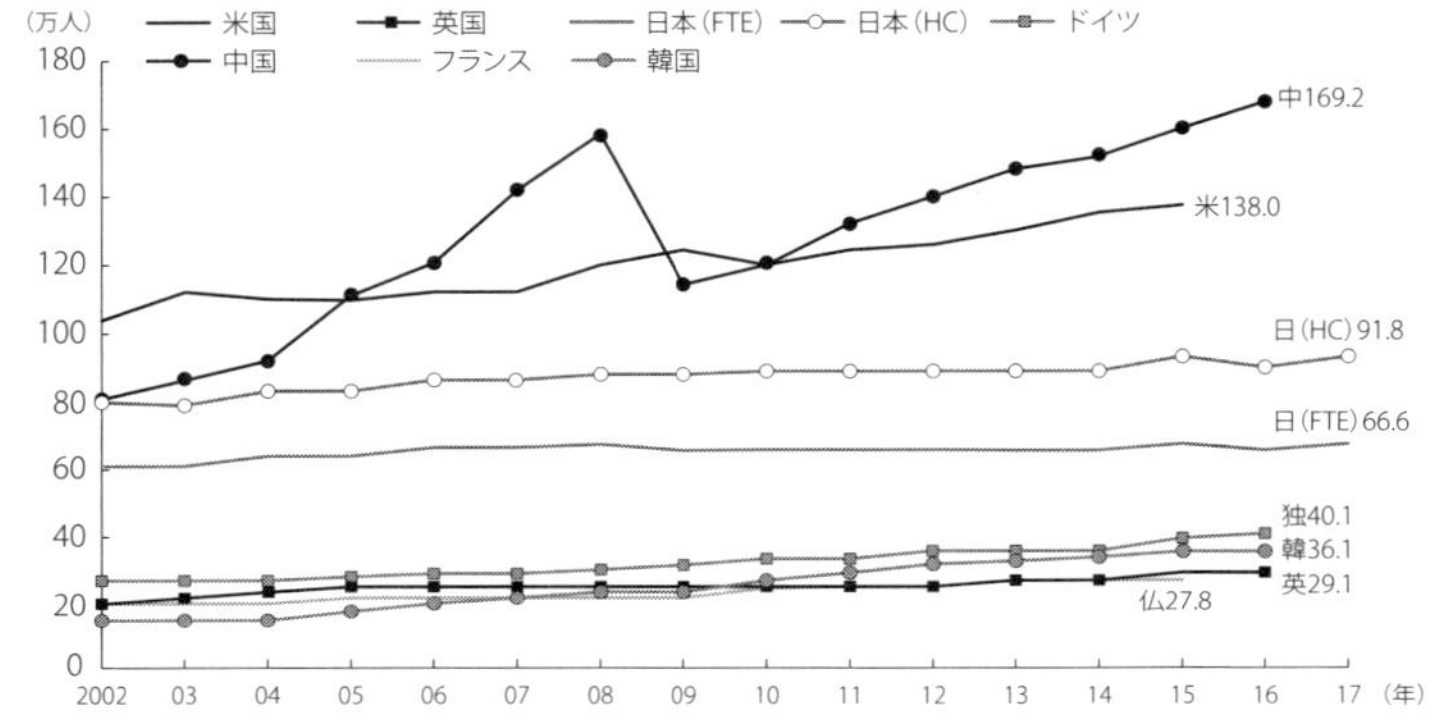

（出典）2018年版科学技術白書

増やし、日本は3位を保ってはいるものの、ほとんど増加していません。２００２年時点では中国と日本の研究者数はほぼ同数でしたが、２０１７年のデータではダブルスコア近くまで開いています。

図表の日本のデータにＦＴＥとＨＣがありますが、ＨＣは研究者実数で、ＦＴＥはフルタイム換算値です。研究者、とくに大学の研究者には教育など研究以外の仕事もあるためフルタイムで研究しているわけではありません。そのため、各国の実質的な研究者数（研究時間）を比較するために、研究者が実際に研究に従事した時間をもとに、フルタイムで計算すると何人分になるかに換算したのがＦＴＥ値です。例えば、１日8時間労働として、３人の研究者がそれぞれ３時間、３時間、２時間を研究に使ったとすると、実数では３人、ＦＴＥでは１人とカウントされます。ＦＴＥはFull-Time Equivalentsの略です。

直近の数字では日本の研究者の実数は91万８０００人で、

図表3－28　日本の研究者の部門別内訳

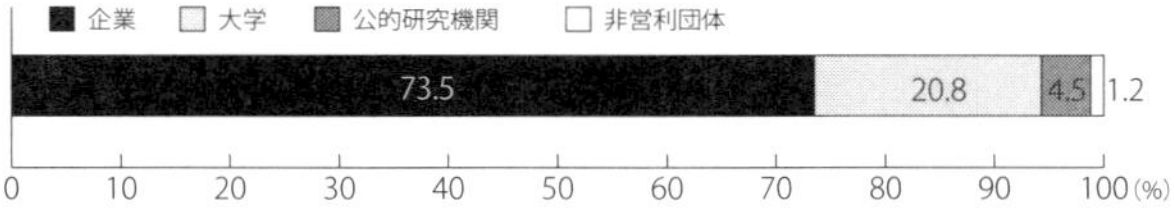

（出典）2018年版科学技術白書

図表3－29　主要国の研究開発費総額の推移

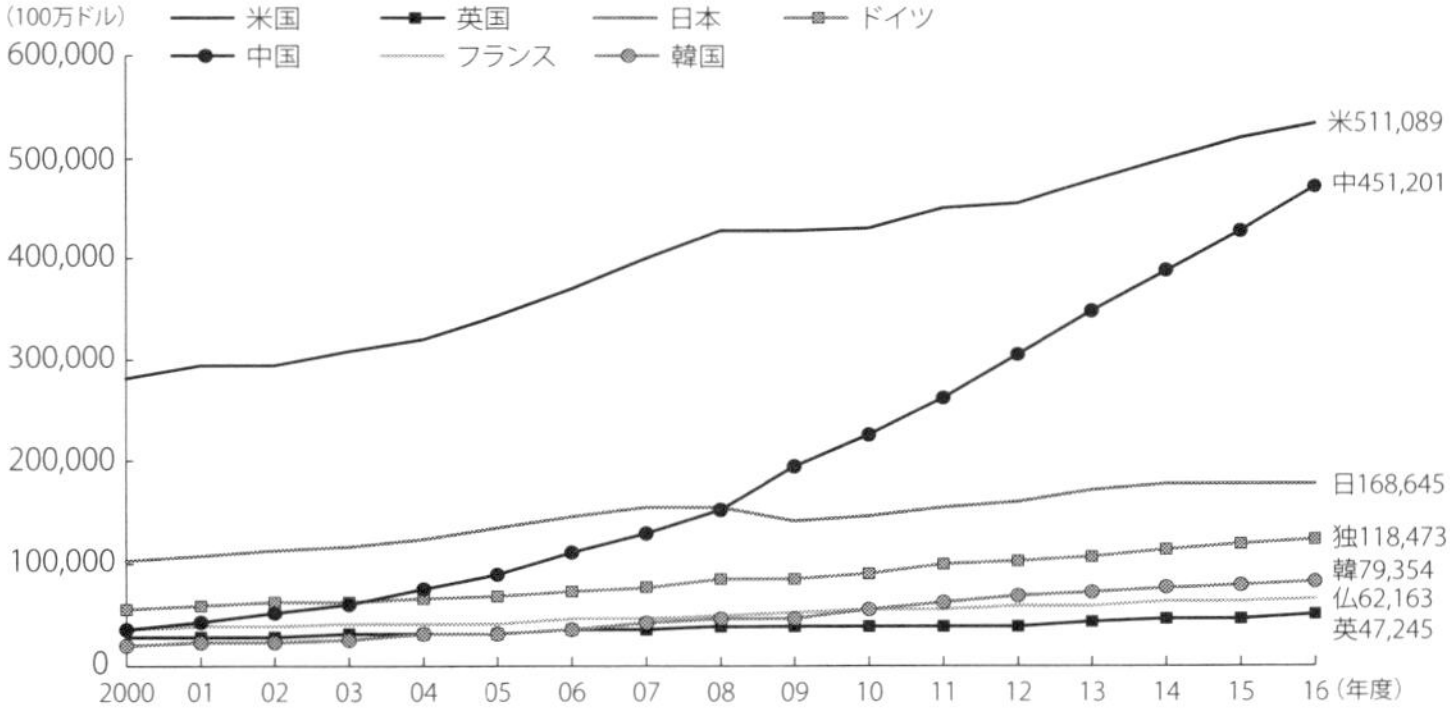

（出典）2018年版科学技術白書

ＦＴＥ値は66万6０００人です。３割弱減ります。日本の研究者の部門別内訳（図表３－28）は、企業が73・５％、大学20・８％、公的研究機関が４・５％です。公的研究機関や企業・団体の研究者は、管理職などは別としてほぼフルタイムで研究しているはずですから、研究以外の仕事に追われている大半は大学の研究者でしょう。後に検討しますが、大学の研究者の実数とＦＴＥ値にはもっと開きがあるはずです。

研究開発費でも後れを取る

研究開発費総額の伸び率でも、日本はアメリカ、中国に大きく水を開けられています（図表3－29）。2000年を基点とすると、日本の研究開発費の伸び率は約70％ですが、この10年はほぼ横ばいです。一方、アメリカは2倍近くに増やしています。瞠目すべきは中国です。2000年以降急上昇し、2009年に日本を追い越し、直近のデータでは研究開発に日本の3倍近くまで予算を費やしています。

もっとも、研究開発費は研究力や開発力には直結しますが、論文数とはあまり関係はありません。研究開発費を一番多く使っているのは、どの国でも、論文件数の少ない企業部門だからです。日本では、研究開発費の7割以上を、論文数シェア6％の企業部門が使っています。大学の研究者は何よりも論文、企業研究者は論文よりも開発を優先しているわけです。

では、大学や公的研究機関の研究開発費はどのように推移しているか見てみましょう。科学技術・学術政策研究所（NISTEP）の「科学技術指標2018」にデータがあります。

まず、大学部門です（図表3－30）。全体では増加しているように見えますが、国公立大学の研究開発費は1990年代中葉からほとんど増加していません。自然科学系の研究開発費も同じ傾向です。私立大学の研究開発費が増大したのは大学進学率の上昇に伴い、1980年代後半から私立大学の数が急増したからです。4年制私立大学は1985年の

図表3－30　国公私立大学別の研究開発費の推移

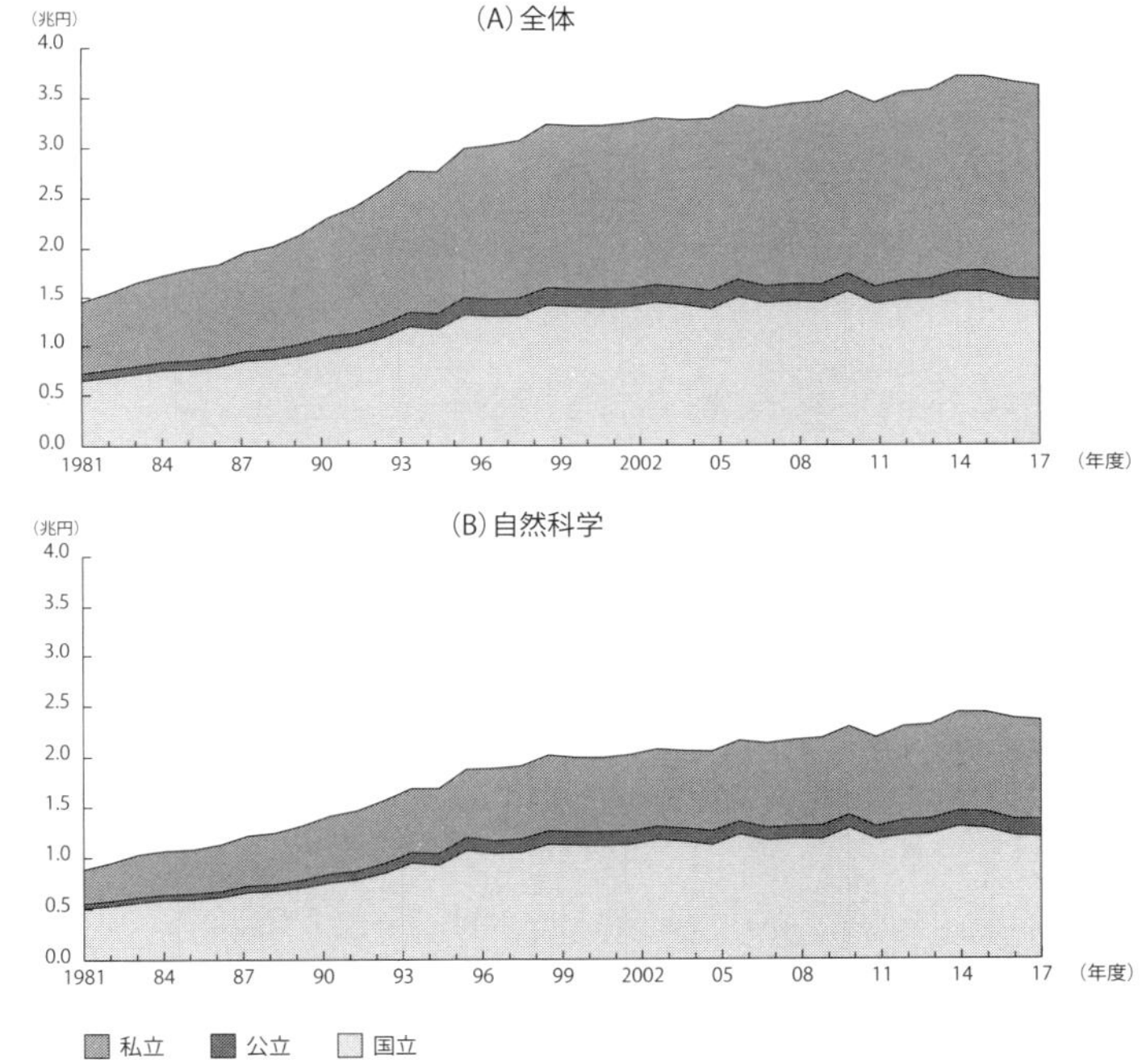

（出典）科学技術・学術政策研究所「科学技術指標 2018」

図表3－31　大学などの学問分野別研究開発費の推移

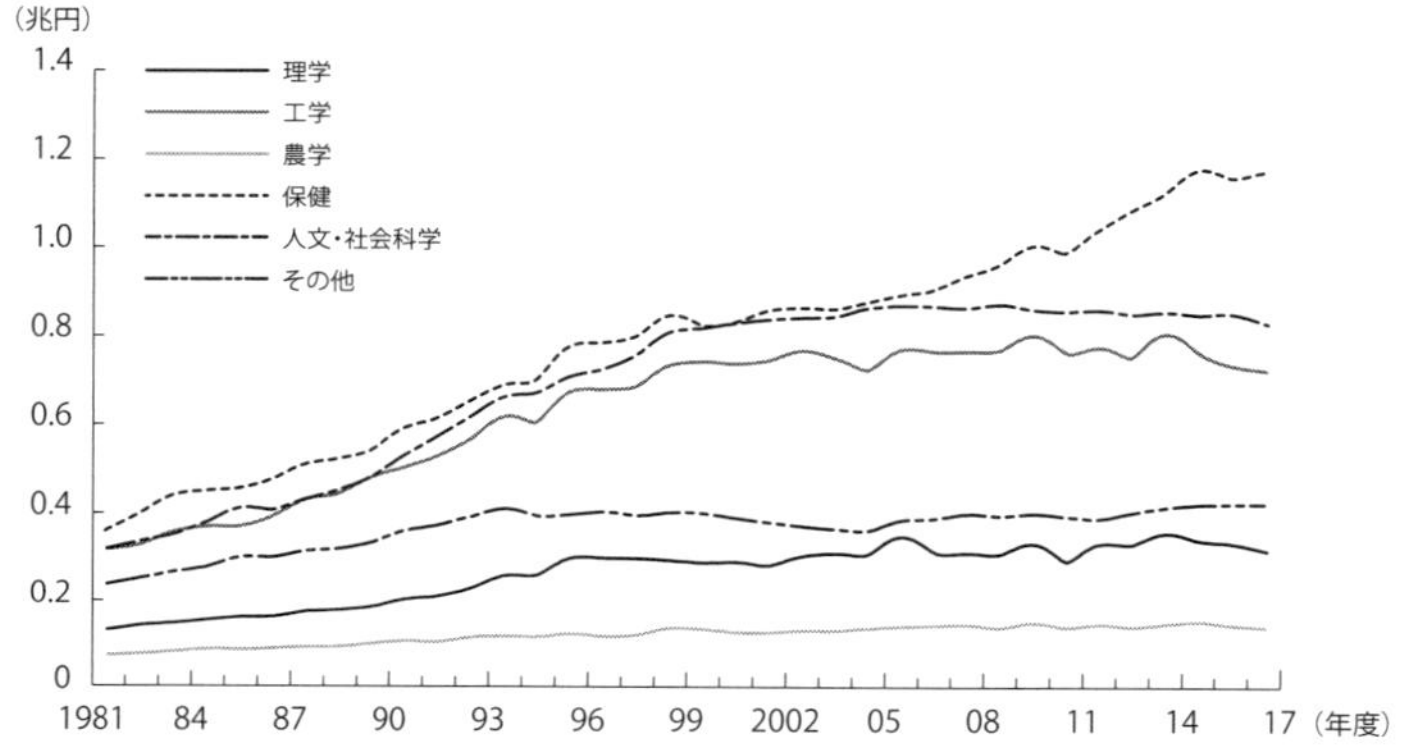

（出典）科学技術・学術政策研究所「科学技術指標 2018」

３３１校から20年間で５５３校まで増加し、その後も微増を続け２０１３年に過去最高の６０６校となりました（文部科学省学校基本調査）。２０１８年現在は６０３校です。

学問分野別（図表３－31）では保健分野は上昇していますが、他分野は２０００年前後から停滞しています。理学、工学分野は近年減少傾向にあります。

他の主要国と比較しても、日本の大学の研究開発費の伸びの停滞は明らかです（図表３－32）。アメリカ、中国が研究費を大幅に増額し続け、ドイツ、韓国が堅調に増加させ、イギリス、フランスがなんとか横ばいを維持する中、一人日本だけが頭打ちです。２０００年を基点（１）とした２０１６年の各国の大学部門研究開発費の指数（図表３－33）は、中国の14・０、韓国の４・１、アメリカの２・３、イギリスの２・２などに対し、日本は僅かに１・１です。

公的研究機関部門の研究開発費も大学部門と似たり寄っ

図表3－32　主要国の大学部門研究開発費の推移

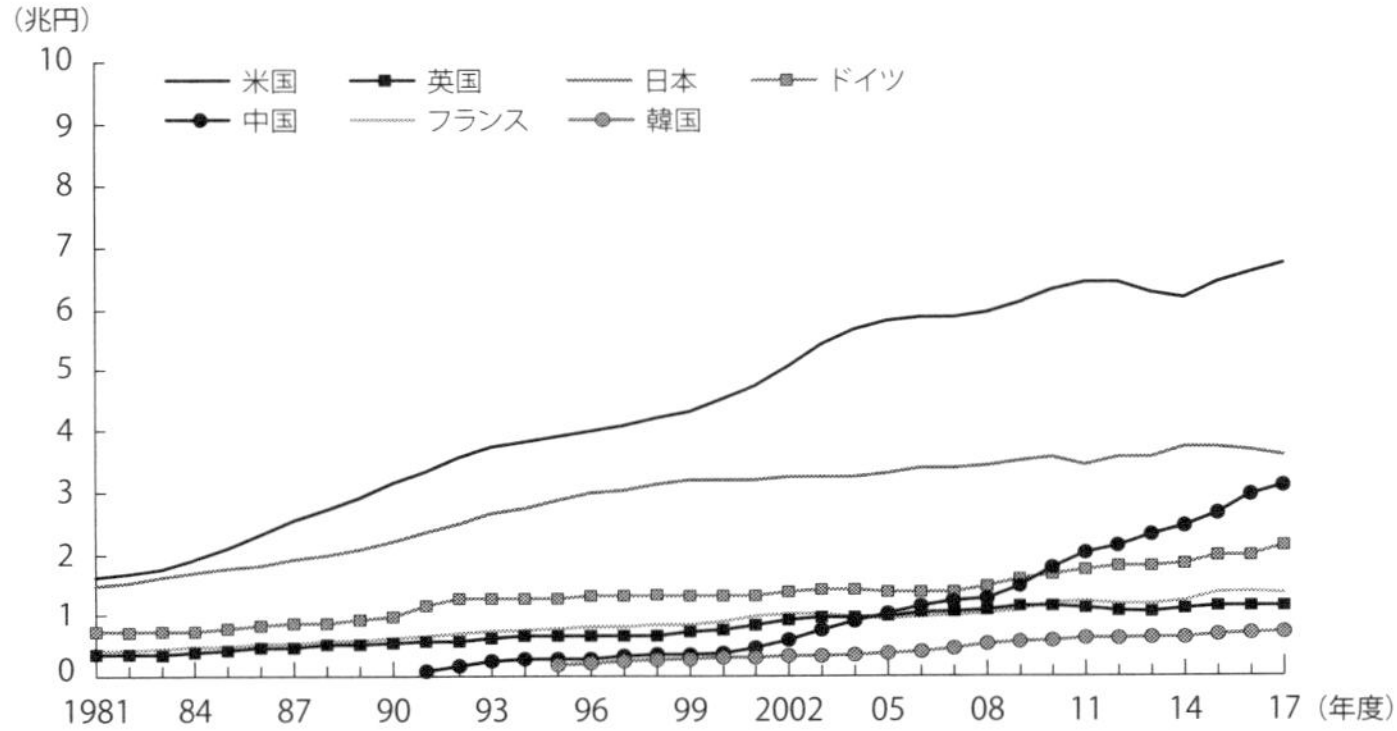

(注) 科学技術・学術政策研究所「科学技術指標2018」のデータをもとに著者が作成

図表3－33　2000年を基点とした各国の大学部門研究開発費指数の推移

年	名目額							
	日本	日本(OECD推計)	米国	ドイツ	フランス	英国	中国	韓国
2000	1.0	1.0	1.0	1.0	1.0	1.0	1.0	1.0
2001	1.0	1.0	1.1	1.0	1.1	1.1	1.3	1.1
2002	1.0	1.0	1.2	1.1	1.1	1.3	1.7	1.2
2003	1.0	1.0	1.4	1.1	1.2	1.3	2.1	1.2
2004	1.0	1.0	1.4	1.1	1.1	1.4	2.6	1.4
2005	1.1	1.0	1.5	1.1	1.2	1.5	3.2	1.5
2006	1.1	1.0	1.6	1.2	1.3	1.7	3.6	1.7
2007	1.1	1.0	1.7	1.2	1.3	1.8	4.1	2.1
2008	1.1	0.9	1.7	1.4	1.4	1.9	5.1	2.5
2009	1.1	1.0	1.8	1.5	1.5	2.0	6.1	2.7
2010	1.1	0.9	1.9	1.6	1.6	2.0	7.8	3.0
2011	1.1	0.9	2.0	1.7	1.6	2.0	9.0	3.2
2012	1.1	1.0	2.0	1.7	1.7	2.0	10.2	3.4
2013	1.2	1.0	2.1	1.8	1.7	2.1	11.2	3.5
2014	1.2	1.0	2.1	1.8	1.9	2.2	11.7	3.7
2015	1.1	1.0	2.2	1.9	1.9	2.2	13.0	3.8
2016	1.1	0.9	2.3	2.1	1.9	2.2	14.0	4.1

(注) 科学技術・学術政策研究所「科学技術指標2018」のデータをもとに著者が作成

図表3－34　日本の公的機関の研究開発費の推移

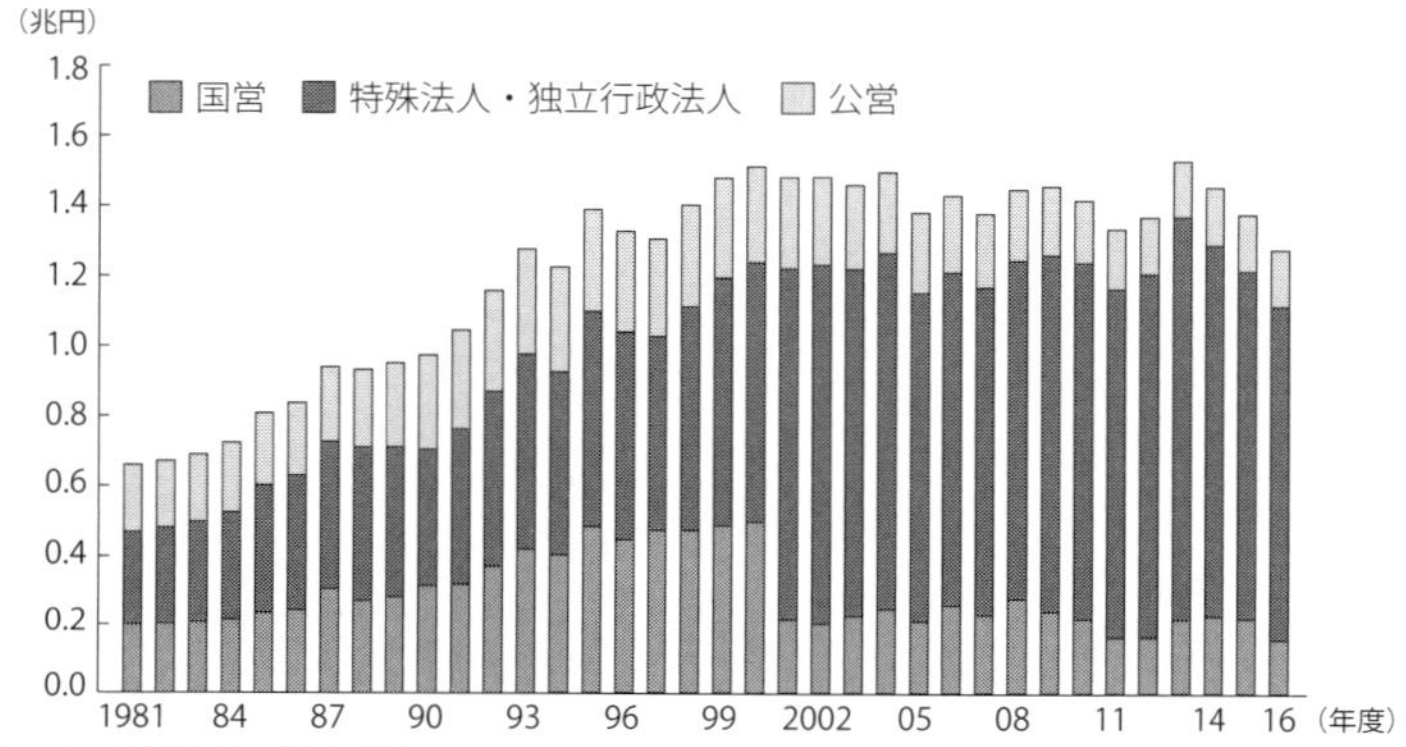

（出典）科学技術・学術政策研究所「科学技術指標2018」

たりという印象です。総額は２０００年頃までの増加基調から、２０１３年までは横ばい、２０１４年以降減少しています（図表３－34）。主要国との比較でも、大学部門と同じ傾向にあります。

大学部門の研究開発費の65％を占めるのは人件費です（図表３－35）。図表の「その他」は図書費、水道光熱費、消耗品費などです。つまり、研究開発費の３分の２は研究者の給料です。

大学の研究環境を簡単に整理します。１９９０年代中葉以降の大学の研究開発費の増加分は、私立大学新設によるもので、国公立大学の研究開発費はほとんど増加していません。それと軌を一にして、大学がシェアの75％を占める日本の論文数は１９９０年代後半に横ばいの時代を迎え、２０００年代に入ると論文数世界2位の座から陥落、２０１３年以降は論文数が減少し始めました。研究開発費と論文数は高く相関しています。

図表 3 − 35　大学等の研究開発費の使途内訳

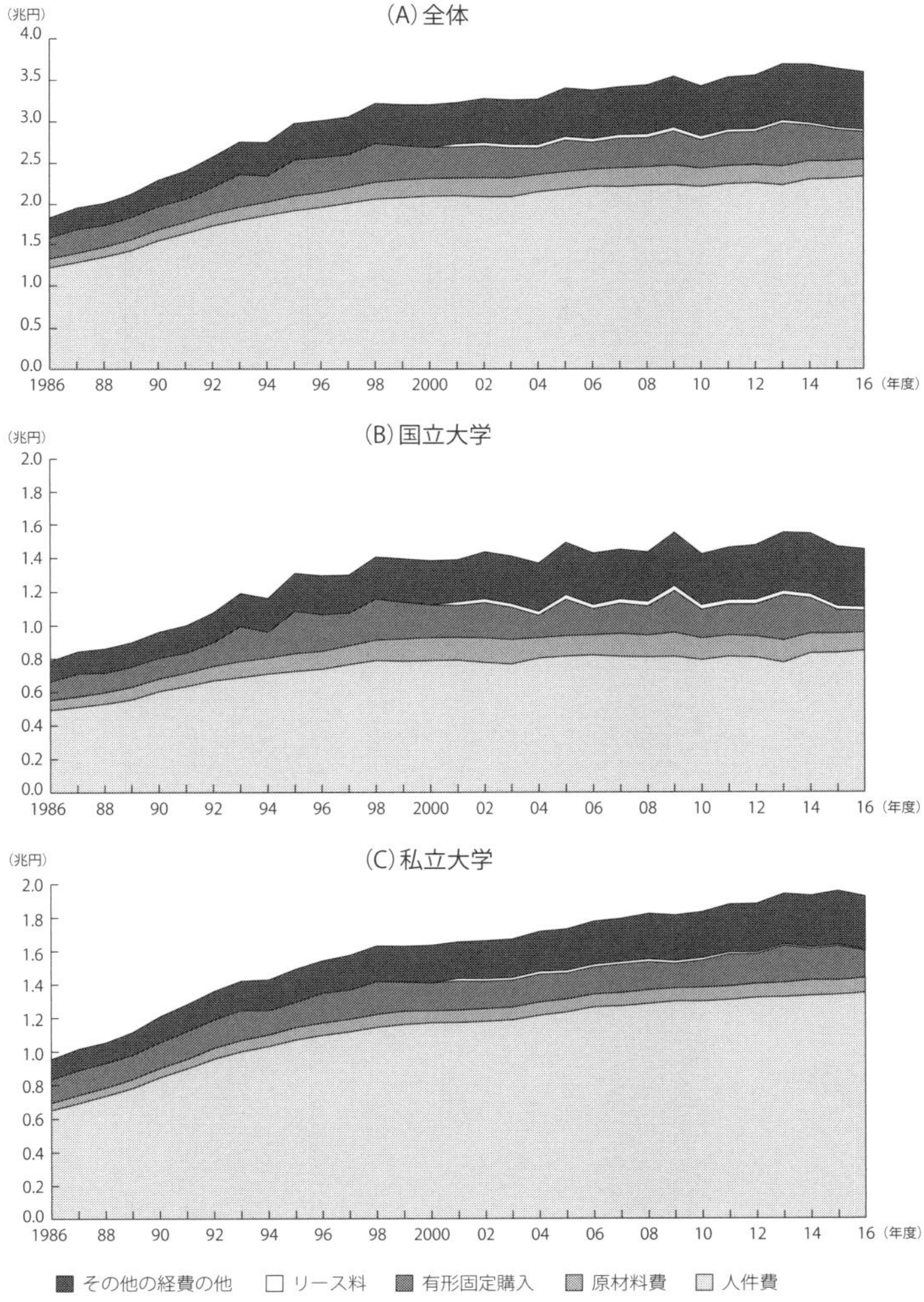

（出典）科学技術・学術政策研究所「科学技術指標 2018」

研究者の人件費は研究開発費から支出されます。いったん雇用した研究者は簡単に解雇できません。人件費の総枠が変わらない状況で、任期なし研究者の年齢構造は高齢化し、若手研究者の多くは任期付きポストを渡り歩き、「若手研究者を巡る状況は危機的」となってしまいました。博士になっても安定した研究職のポストに就ける人は僅かです。それを知る修士課程学生は、博士課程への進学を敬遠し、優秀な人材ほどその多くは技術者として企業に就職するという状況が生まれ、大学院の博士課程は質量とも空洞化を始めている――。それが学問の府であり、基礎研究を支える大学です。ノーベル賞どころではない状況になっています。

＊　＊　＊

以上、本章では日本の研究力の衰退について、さまざまなデータをもとに詳しく検証しました。データを見る限り、日本のアカデミズムが将来にわたってノーベル賞受賞者を毎年のように輩出し続けることは難しいように思われます。

では、なぜそのようなことになっているのか、なってしまったのか。次章で、日本の研究力の屋台骨を支える大学の状況を中心に検討していきます。

第4章

忙しくて研究できない
——「選択と集中」の弊害

前章で日本の研究力、特に大学部門のそれが今世紀に入って顕著に衰退してきた様子を、さまざまなデータから検証してきました。その原因はいったいどこにあるのでしょうか。大学の、研究者の努力や力量が足りないためでしょうか。日本人研究者の能力が急速に低下してきたのでしょうか。そうとは考えられません。

日本の研究力の低下の原因は、一言で言ってしまえば、研究資金の問題だと思われます。日本の研究開発資金や日本の大学のそれの伸び率が、諸外国と比較し大きく停滞しているのはすでに見たとおりです。研究開発費と研究者数（研究時間）、論文数にはそれぞれ相互に強い相関関係があります。研究費が足りないから、十分な研究者や研究者の研究時間が確保できず、結果、論文数が伸び悩んでいるという悪循環が起こっています。

そう言ってしまえば、終わり。日本の研究力を回復させるために予算を増やすか、回復を諦めるか、二つに一つ。ほなさいなら、となってしまいそうですが、そうはいきません。日本の研究力がかくも衰退してしまった本当の理由を知るには、十分ではない原資は果たして有効に配分できてきたのか、科学技術政策は、高等教育（大学）政策は、研究者の力が、潜在的研究力が、最大限に発揮されるために有効に働いてきたのかどうかを検証しなければなりません。

国立大学法人化

日本の大学は２００４年に大きな転換点を迎えています。国立大学法人化がそれです。これにより、国立大学が置かれた環境は大きく変わりました。政府は、「明治以来、国の内部機関として位置付けられてきた国立大学に、独立した法人格を付与して、自律的・自主的な環境下で裁量の大幅な拡大を図り、大学をより活性化し、優れた教育や特色ある研究へ向けた積極的な取組を促し、より個性豊かな魅力ある大学の実現を目指して」（２０１８年版科学技術白書）、国立大学を法人化しました。とても本音とは思えませんが、そのようなことになっています。

「裁量の大幅な拡大」と引き換えに行われたのが、運営費交付金の削減です。政府は国立大学の法人化にあたり、各大学に「自立」を求め、毎年１％ほど運営費交付金を減額していくことを決めました。自ら収益を上げる努力をせよ、ということです。運営費交付金の使途は個々の大学の裁量に任されていますが、細かな違いはあっても、ほとんどの大学では教職員の人件費と教員や研究室に分配される基盤的な研究費（内部研究費）に使っています。

私が大学の学長（総長）や副学長の職にある人に毎年のインタビューを続けていたのは、法人化直後の時期でした。交付金を減らされるのですから当然ですが、どの学長も頭を抱え、政府方針への不満を口にしない人はいませんでした。そして、突然、大学の「経営者」となり、畑違いの職務を負うことになった多くの学長の目は、産学連携や大学発ベンチャーなど、大学に経済的な利益をもたらす分野に注がれていました。

法人化で起こったことは、運営費交付金の減額だけではありませんでした。全大学一律に交付されてきた運営費を減額するかわりに、有望な研究に重点的に資金を投入する競争的資金が増額されます。均等に配分するのではなく、有望な研究に資金を投入し、少ない原資を有効に使おうというわけです。大変、結構なことのように思えますが、研究者たちは悲鳴を上げることになります。競争的資金を獲得するために事務作業が膨大になったからです。競争的資金を得るには、申請書を作るのに頭を悩ませたり、獲得後も、それをどのように使い、どのような成果が得られたかを報告したりしなくてはなりません。申請書を書いても採用されなければ、時間の空費となります。

それだけでは終わりません。法人化から9年後の２０１３年11月に政府は「国立大学改革プラン」を策定・公表し、２０１６年度予算からは、政府の意向に沿って大学の機能強化に取り組む国立大学を重点支援し、運営費交付金を重点配分する仕組みを導入しました。政府は「重点支援」という名の下に、大学経営への介入を続けているように見えます。「裁量の大幅な拡大」はどこに消えたのでしょうか。

次節から、こうした国の政策が大学に、なかんずく、研究現場にどのような影響を及ぼしてきたのか、具体的に検証していきます。

減り続けた大学運営費交付金

まず、大学関係者に悪評の高い大学運営費交付金の推移です（図表４－１）。減っています。当たり前です。そのような政策です。毎年ほぼ１％ずつ減額され、２００４年から２０１６年の12年間で、総額１兆２４１５億円から１兆９４５億円となりました。額面で１４７０億円、割合で12％の減額です。86校の平均で17億円です。教員の平均年俸は９０

図表４－１　国立大学法人運営費交付金の推移

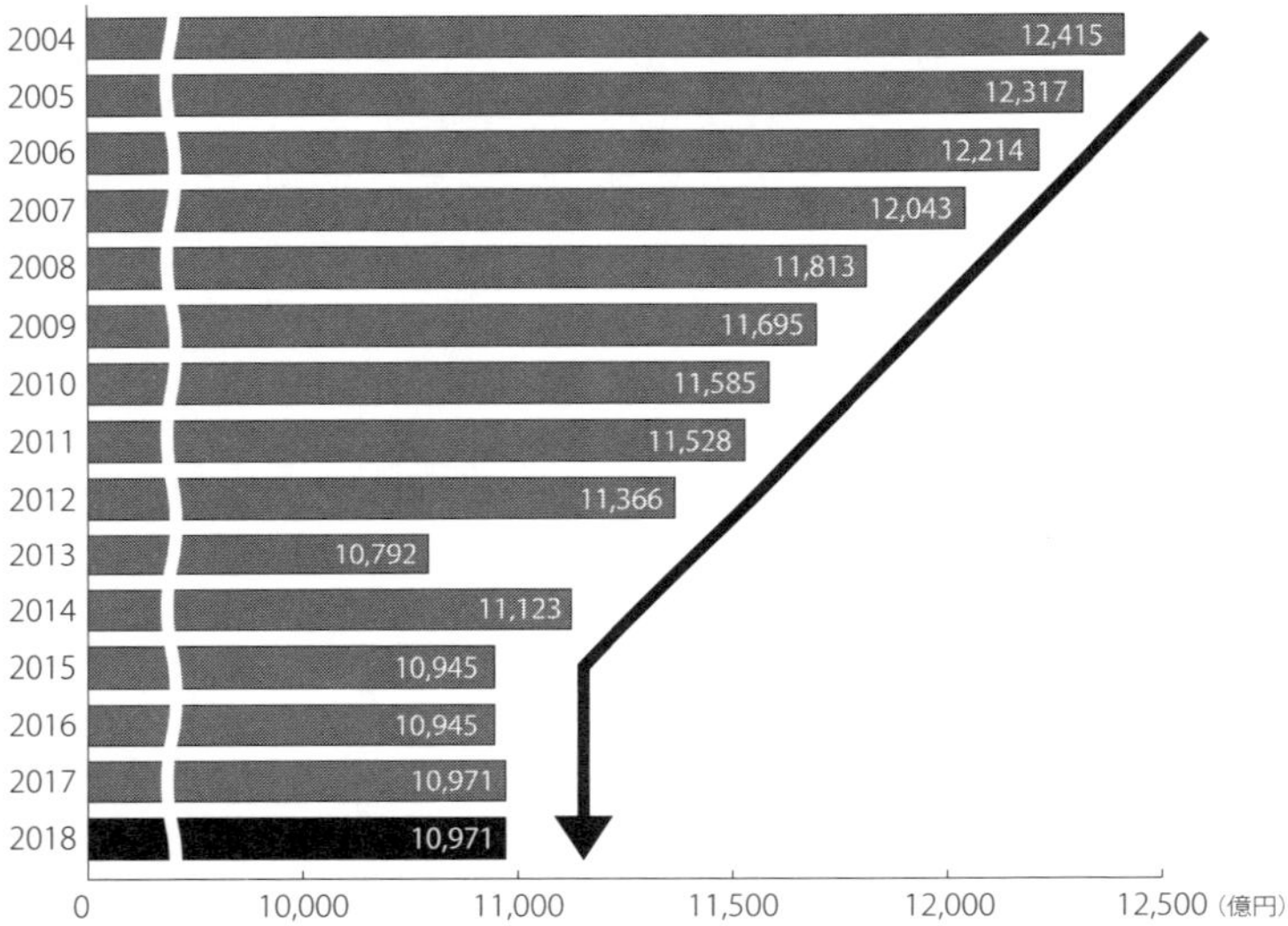

（出典）国立大学協会作成文書「平成 31 年度予算における国立大学関係予算の充実及び税制改正について」の添付資料

０万円ほどですから約２００人分の人件費に当たります。文部科学省の学校基本調査によると２０１６年度の大学教員数は約６万５０００人ですから、一校平均７５６人です。運営費交付金は教員だけの人件費に使われるわけではありませんが、12年間で、一校当たりの平均で教員人件費の４分の１強が消えたことになります。２０１７年度に少し増額され、２０１８年も同額ですが、今後どうなるのかはまだ分かりません。

小規模地方大学の収入の半分

運営費交付金が大学の収入のどのくらいの割合なのか、いくつかの大学を例に見てみます。まず、京都大学です。２０１７年度の決算報告書によると、収入の合計は１６５４億２３００万円で、うち５５３億９３００万円が運営費交付金です。総収入の33％です。その他の補助金や交付金を加えると、政府からの補助金・交付金の合計は約６３６億円です。一方、自己収入、つまり大学が稼いだ金額は授業料などの１２１億円、附属病院収入の３６５億円など計５１７億円、その他に、「産学連携等研究収入及び寄付金収入等」４４７億円、借入金21億円などの収入があります。運営費交付金と授業料、附属病院収入、研究収入・寄付金が京都大学の収入源と言えます。

次に、医学部のある地方国立大学です。長崎大学を見てみます。総収入は６１６億３５００万円、運営費交付金は１６０億８８００万円で総収入の26％です。長崎大学は附属病院収入２８３億円の占める割合が大きく、授業料などの収入は49億円、研究収入・寄付金は57億円です。

最後に医学部のない地方国立大学の一つ、埼玉大学です。総収入１４７億９４００万円、うち運営費交付金は68億８００万円で総収入の46％を占めます。ほぼ半分です。残りは、授業料49億円、研究収入・寄付金22億円などです。運営費交付金が、医学部（附属病院）のない小規模地方国立大学の経営にとって非常に大きな位置をしめていることが分かります。繰り返しになりますが、運営費交付金は教職員の人件費と基盤的研究費に使われています。交付金が削減されると、基盤的研究費も少なくなります。

「運営費交付金の削減が研究基盤を弱体化させた」

全国の国立大学法人が加盟する国立大学協会は、2019年度予算案の策定を前に、政府に要望書を提出しています。要望の柱は「国立大学法人運営費交付金等の増額」「科学研究費助成事業（科研費）予算の拡充」「若手研究者の確保と育成のための支援（大学院を含む）の拡充」などです。要望の背景にはもちろん、運営費交付金が足りない、科研費が足りない、若手研究者確保・育成のための支援が足りないという状況、あるいは大学関係者の認識があります。

また、同協会が会員大学向けに発行する「国立大学法人基礎資料集」（2017年1月）は、「国立大学をとりまく諸問題」として、運営費交付金の減額がもたらした三つの弊害を指摘しています。

・退職教員補充の困難→若手研究者の雇用の困難（常勤の若手教員の割合が減少し、研究基盤が弱体化）

図表4－2　私立大学等における経常的経費と経常費補助金額の推移

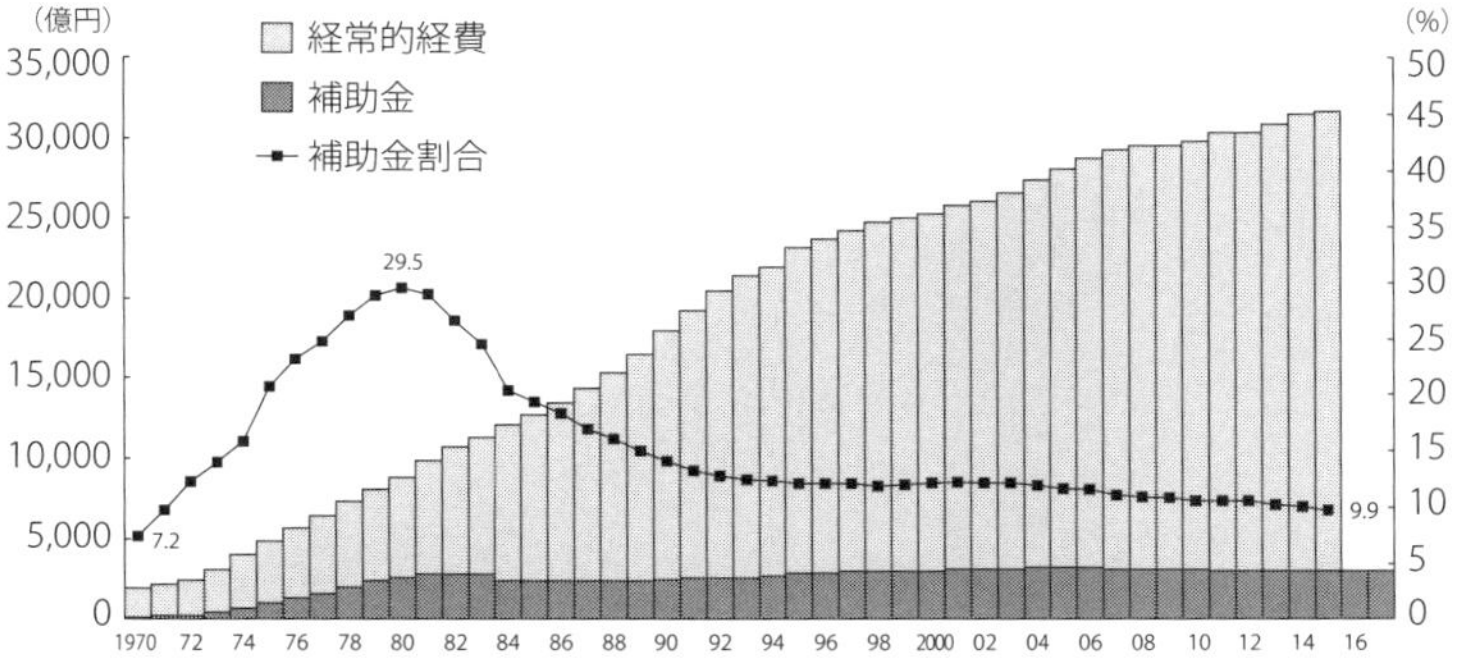

（出典）文部科学省「私学助成に関する参考資料」（2017年）

・附属病院の増収努力による診療・教育・研究に与えた深刻な影響

・外部資金獲得のため、①事務仕事が増え、研究時間が減少、②短期で成果が出やすいテーマに偏り、長期間をかける研究に取り組むことが困難

つまり、運営費交付金の減額は研究基盤を弱体化させ、教員が研究に取り組むことが困難な状況を招き、長期的なスパンの研究ができなくなった——というのが、国大協の見解なのです。別の言い方をすると、大学の研究力衰退の一因は、運営費交付金の減額だということになります。

私立大学経常費補助金も削減

政府は国立大学法人に運営費交付金を交付するだけでなく、私立大学にも経常費補助金を支出しています。こちらも総額は長期的に増加していません（図表4－2）。一方で、私立大学が支出する経常的経費は右肩上がりで上昇しています。先にも見たとおり、大学進学率の上昇と軌を一にして私立大学が新設され続け大学数が増加したことに加え、既存大学も新学部・新学科を続々と新設し、学生数を増加させ続けてきたからです。

１９８０年の私立大学数は３１９校です。補助金額は２６０５億円ですから、一校当たりの平均補助金額は約８億２０００万円でした。一方、私立大学数が過去最高の６０６校だった２０１３年の補助金額は３１７５億円で一校平均は5億２０００万円。一校当たりの補助金は大幅に減額されています。物価の変動を加味すると実質の額はさらに下がります。私立大学全体の経常的経費に占める補助金の割合は１９８０年の29・５％を最高に下がり続け、２０１５年度には10％を割り込みました。

運営費に占める割合の多寡はあっても、私立大学も国立大学同様、国からの支援が減額されています。

政府も認めた〝失政〟

国大協の会員は国立大学法人ですから、運営費交付金を減額されている側です。不平不満があって当然、論文数の伸び悩み、延いては研究力の低下を指摘されれば、そりゃ、交付金減額のせいやろと、言いたくなって当然です。その主張の客観性の有無には検証の余地があります。

「三つの危機」

ところが、この主張は国大協側の一方的な主張ではありません。政府も認めています。2017年版の科学技術白書にはっきり書いてあります。前述のとおり、科学技術白書は閣議決定を経て発行されており、そこに記述されていることは、政府が認めていることです。

2017年版の科学技術白書は、冒頭の特集第3章第1節で「我が国の基礎科学力の揺らぎ——三つの危機」と題して、日本の研究環境の危機的状況を指摘しています。「我が国が将来にわたってノーベル賞級の国際的に傑出した成果を生み出す研究者を輩出し続けることができるのか。その問いに答えるに当たっては、国の科学技術の現状を把握し、その問題点を認識することが必要となる」としたうえで、近年の論文数の増加率の停滞や国際的なシェアの低下に言及し、その原因として「三つの危機」を指摘しています。

もっとも、聡明な文部科学官僚の作文らしく、「日本の基礎科学力の揺らぎを生じさせている危機的な課題として、以下の三つが指摘されている」と記述し、誰がそう指摘しているのかは分からないような文章になっています。「原因」とは書かず、「課題」という用語を使っているところもミソです。執筆者は誰の顔色を窺って書いているのでしょうか。

科学技術白書が指摘する基礎科学力の揺らぎの「課題」は、①研究の挑戦性・継続性をめぐる危機（研究費・研究時間の劣化）、②次代を担う研究者をめぐる危機（若手研究者の雇用・研究環境の劣化）、③「知の集積」をめぐる危機（研究拠点群の劣化）——の三つです。

①②は国大協の主張とほぼ同じです。ひょっとすると「指摘されている」の隠れた主語は国大協のことかもしれません。②の「若手研究者の雇用・研究環境の劣化」については、

第2章で詳しく記述したとおりです。③の「研究拠点群の劣化」については後に詳述しますが、先回りして言うと、中小規模の国立大学関係者ならば、劣化の原因を作ったのはどなたなのでしょう、どの口が言っている、と言いたくなるような記述です。

「研究費・研究時間の劣化」

科学技術白書の指摘に耳を欹てましょう。特集第3章第1節「我が国の基礎科学力の揺らぎ――三つの危機」の第1項です。原文をそのまま掲載します。

研究の挑戦性・継続性をめぐる危機（研究費・研究時間の劣化）

我が国の大学等は、運営費交付金等の基盤的経費により長期的な視野に基づく多様な教育研究の基盤を確保し、競争的資金等により教育研究活動の革新や高度化・拠点化を図るというデュアルサポートによって支えられてきた。しかしながら、基盤的経費は減少してきている（特14図、特15図）。また、研究者の裁量による自由な研究を支える研究費が減少しているという調査結果もある（特16図）。一方で、競争的資金

■特16図　個人研究費の規模の比較（10年前と現在）

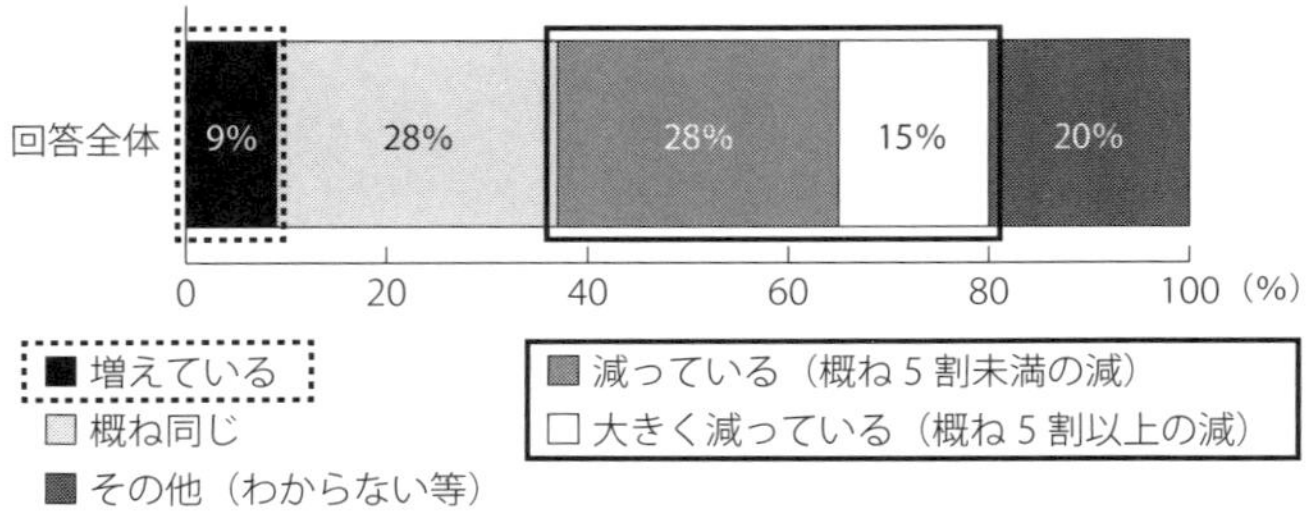

（出典）2017年版科学技術白書

等の獲得競争が熾烈《しれつ》化している。

このように、デュアルサポートが十分に機能しなくなっている中、学術研究によって創出される優れた成果をイノベーション創出へつなげていくには、基盤的経費から科学研究費助成事業へ、次いで戦略的な基礎研究、さらには応用・開発を志向する競争的資金等へという切れ目ない研究支援が望まれる。

また、個々の研究者にとって、研究費と並んで重要なリソースとなる研究時間についても、その減少が顕著になってきている（特17図）。研究支援者や技術スタッフの質・量が十分でないことに加え、研究管理等における研究者と事務部門との役割分担も適切になされていないことなどにより、研究者の様々な負担が増えており、競争的資金への依存度の高まりがそうした傾向を助長している。

〔著者注〕特14図は図表4－1（164頁）、特15図は図表4－2（167頁）、特17図は図表4－5（182頁）と同一のものです。ご参照ください。

もちろん、「基盤的経費は減少してきている」のは文部科学省が削減しているからです。呆れます。「競争的資金等の獲得競争が熾烈化している」のも「競争的資金への依存度の高まり」っているのも、運営費交付金を減額し、競争的資金を増額している文部科学省の政策が直接の原因です。まるで他人事のような言い様には、当事者でなくても腹立たしい気持ちになります。

とはいえ、たとえ責任の所在に目を背けた他人事のような言い様であっても、たとえ間接的にではあっても、文部科学省が国立大学法人化とそれにともなう運営費交付金の長期的な削減と競争的資金の増額を、「デュアルサポートが十分に機能しなくなっている」という表現で、暗に失政と認めたと受け止めることができる記述をしていることには、多少の光明があるのかもしれません。因果関係は不明ですが、2017年版の科学技術白書を先取りする形で、法人化後12年間にわたった運営費交付金の減額は2017年度でストップし、僅かながら増額に転じています。前述のとおりです。

35年間増えなかった研究費

科学技術白書の「指摘」をさらに具体的に検証してみます。まず、研究費です。主要国の多くが研究開発費を毎年増額しているのに対し、日本、特に国立大学では横ばいの状況が続いているのはすでに見たとおりです。ここでは一人当たりの研究費の推移を検証します。

図表4－3は「日本の研究者一人当たり研究費の推移」です。人文・社会科学も含みますが、自然科学系の一人当たり研究費と大きな差はありません。大学のグラフをご覧ください。1980年代前半が1000万円前後で直近の2015年が1256万円です。ちょっとしか増えていません。増加率は25％ほどです。35年間です。当然です。先に見たとおり研究開発費も研究者数も横ばいですから、大きく増えるわけがありません。

実質的にはどうでしょう。今と35年前では貨幣価値に違いがあります。長期にわたる景気低迷とデフレーションのためにここ20年の物価に大きな変動はありませんが、35年前は

図表４－３　日本の研究者一人当たり研究費の推移

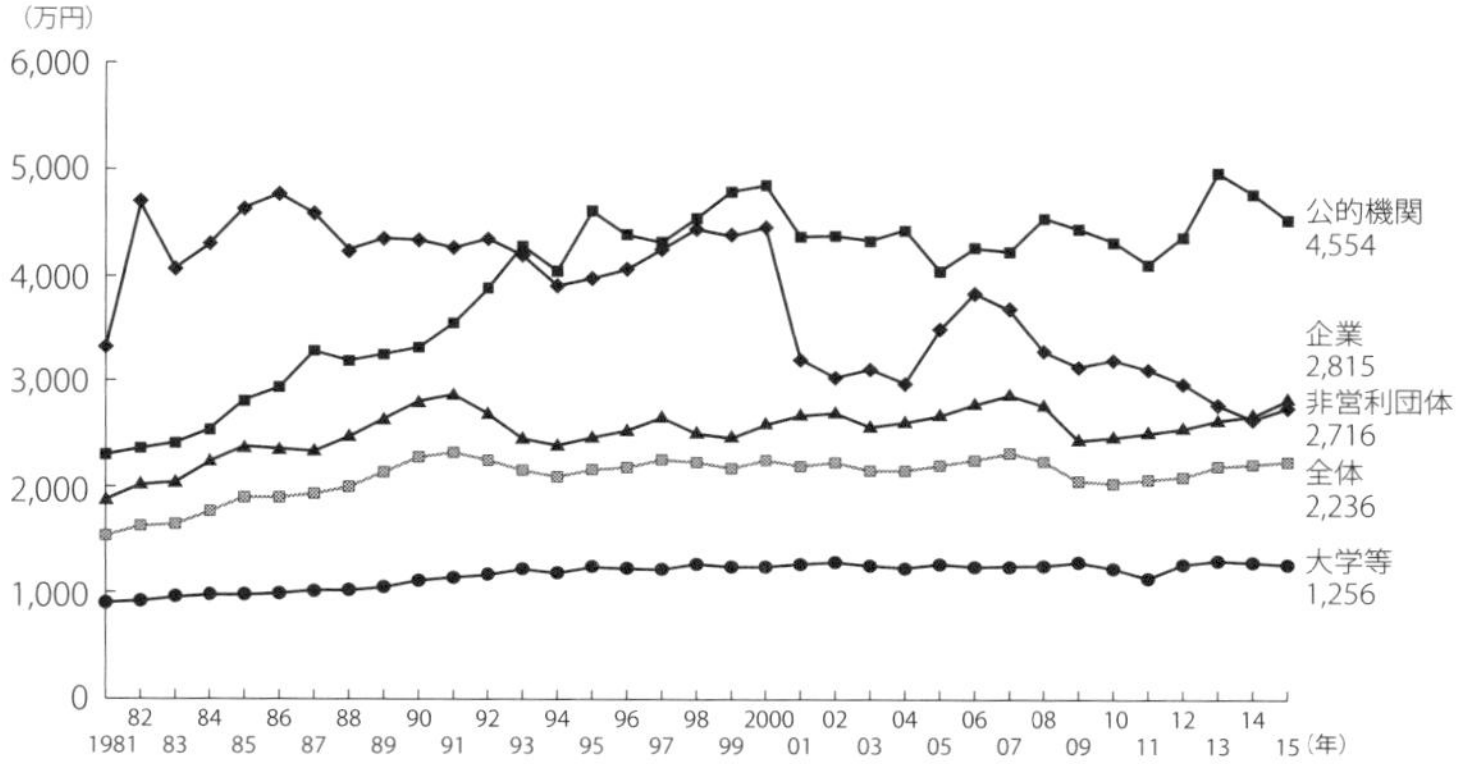

（出典）文部科学省「科学技術要覧 2017 年版」

様子が違います。２０１５年を基準年（１００）とした１９８１年の物価指数は78・1です（政府統計局）。現在の貨幣価値に換算すると、１９８０年代前半の大学研究者一人当たり研究費は１２７０万円です。一人当たりの研究費は35年間まったく増えていないのです。

研究者の実感は特16図のアンケートで垣間見られます。個人研究費が10年前と比較して、「大きく減っている」「減っている」と回答した人は全体の43％です。「わからない」と回答した人を除くと、半数を超えます。「わからない」が20％もあるのは、10年前は大学に勤務していなかった人が含まれるからだと推察できます。

83％が「足りない」

現場研究者の声を具体的に聞いてみたいと思います。

科学技術・学術研究所の定点調査です。図表４－４をご

図表４－４　研究開発にかかる基本的な活動を実施する上で、現状の基盤的経費（機関の内部研究費等）は十分だと思いますか

（単位：人）

	６点尺度回答者数						回答者合計
	1	2	3	4	5	6	
大学・公的研究機関グループ	772	562	260	158	130	44	1,926
大学等	675	466	206	127	110	31	1,615
公的研究機関	97	96	54	31	20	13	311
学長・機関長等	44	39	21	10	9	0	123
現場研究者	613	427	191	127	94	38	1,490

（注）科学技術・学術政策研究所「定点調査 2017」のデータをもとに著者が作成

覧ください。「研究開発にかかる基本的な活動を実施する上で、現状の基盤的経費（機関の内部研究費等）は十分だと思いますか」との問いに、全回答者総数１９２６人の40％が６段階評価で最低の１点を付けています。２点は30％、３点は13％です。全体の83％が不十分と考えています。

回答者は大学か公的研究機関の研究者で、そのうち大学関係者は１６１５人で84％を占めます。回答者には学長や機関長など管理職も含まれますが、現場研究者の回答者は１４９０人で全体の77％を占めます。念のため、大学関係者に限った採点割合と現場研究者のそれも計算してみましたが、どちらも全体とほぼ同じ結果でした。つまり、この数字は大学の現場研究者の実感と一致しています。

「組織存続の限界」

大学関係者の声を紹介します。定点調査の自由記述からの抜

枠です。前回調査から評価を変えた（変えなかった）理由を訊ねています。基盤的研究費が十分にあるという記述もありますが、それは恵まれた研究環境にある人の例外的な評価であるため抜粋していません。例外であることは、不十分と考えている人が全体の8割以上を占めることから明らかです。意図的であるかどうかは分かりませんが、公表されている定点調査の元資料では、なぜか、例外であるはずの研究費について高評価の人の記述が先に紹介されています。

さて、まずは学長クラスです。学長クラスとは大学の学長、副学長のことです、

◎研究費のベースが毎年減っている。外部資金がなくなると、研究自体（学生が携わっているものも含め）が中断する場合もある――学長クラス、男性

◎昨年度に比べて2017年度の基盤研究費は、半額になった――学長クラス、男性

◎法人化後の経費効率化の影響は多大であり、組織存続の限界に近いのではないか――学長クラス、男性

◎ボトムアップのためには基盤的経費が必須。15年位前の5分の1以下になっているようでは日本の将来は暗い――学長クラス、男性

大学を経営する学長の危機感は相当なものであることが分かります。基盤的経費の不足で、「研究自体が中断」「組織存続の限界」といった事態が起ころうとしています。

「基本的研究活動ができない」「萌芽的研究ができない」

次に研究の中心である教授、准教授です。

◎事務職を雇うことのできる唯一の資金であるにもかかわらず、毎年減ってきている。事務仕事まで我々の仕事になってくる日も近い――教授、男性

◎外部資金を獲得しないと研究が立ち行かない状況。外部資金獲得が重要なのはわかるが、それに振り回されてしまうことも事実――准教授、男性

◎図書費等、教室共通の経費を減額すると、各教員に支払われる基盤的経費では、研究教育活動の継続は不可能と考える――教授、男性

◎経常費は徐々に減額されているので、研究費としての依存度は急減している（既に、当てにされていない）――教授、男性

◎昨年よりも悪くなっているので本当は「1」より低い「0」があれば選びたいくらいである

——教授、男性

◎教育で必要なパソコンやプリンターのランニングコストでおわる——准教授、女性

◎自由な発想に基づく新しい研究を進められない——准教授、男性

◎運営費交付金が3割減少し、事務員の人件費の支払いに事欠くようになった。競争的資金を獲得していないと、基本的な研究活動ができなくなった。さらに、装置の保守契約のような競争的資金では支出できない経費が計上できなくなった——准教授、女性

◎運営費交付金の削減の影響を受け、減少している——教授、男性

研究室を主宰し研究現場の中心にいる教授、准教授の声は深刻です。運営費交付金の減額が基盤的研究費の枯渇の原因であり、競争的資金である科学研究費補助金を獲得できなければ、研究活動自体が成り立たなくなっている実情が浮かび上がっています。

運営費交付金を減額し続けてきた文部科学省が発行する科学技術白書が指摘しているとおり、「デュアルサポートが十分に機能しなくなって」います。

若手研究者の声も悲痛です。「研究は不可能」とする声が多数あります。

◎実験系の場合、基盤的経費だけで研究活動を行う事は実質的に不可能な状況にある——助教、

男性

◎競争的基金がなくとも、ある程度の研究は進められるようにするべきである――助教、男性

◎科研（著者注：科研費）だけに頼っていると、長期的な視点に立った萌芽的な研究ができないです――助教、男性

◎運営費だけでは研究はできず、外部資金の獲得は必須である――助教、男性

◎研究大学として我々に求められている業績を、現状の基盤的経費で挙げられる訳がありません――助教、男性

◎学内からの基盤的経費だけでは何もできない――助教、男性

基盤的経費だけでは、事実上研究活動が成り立たないという実情は、研究者の多くが、競争的資金や外部資金の獲得に奔走しなければならない状況を生んでいます。競争的資金の獲得や、資金を得た研究の報告には、膨大な事務作業が発生します。それが、研究者から研究時間を奪っています。深刻です。

「萌芽的な研究ができない」という指摘も看過できません。ノーベル賞につながるような研究の大半は萌芽的研究を端緒としているからです。これについては第5章で詳しく検討します。

「どうもできない。時間がなさすぎる」

大学研究者の基盤的研究費の減額と同じぐらい深刻なのが、研究者の研究時間の減少です。繰り返しになりますが、2017年の科学技術白書が、つまり科学技術・学術政策と文教政策の立案者たる文部科学省が、「個々の研究者にとって、研究費と並んで重要なリソースとなる研究時間についても、その減少が顕著になってきている」「研究支援者や技術スタッフの質・量が十分でないことに加え、研究管理等における研究者と事務部門との役割分担も適切になされていないことなどにより、研究者の様々な負担が増えており、競争的資金への依存度の高まりがそうした傾向を助長している」と、指摘しているとおりです。

図表４－５　大学等教員の職務活動時間割合

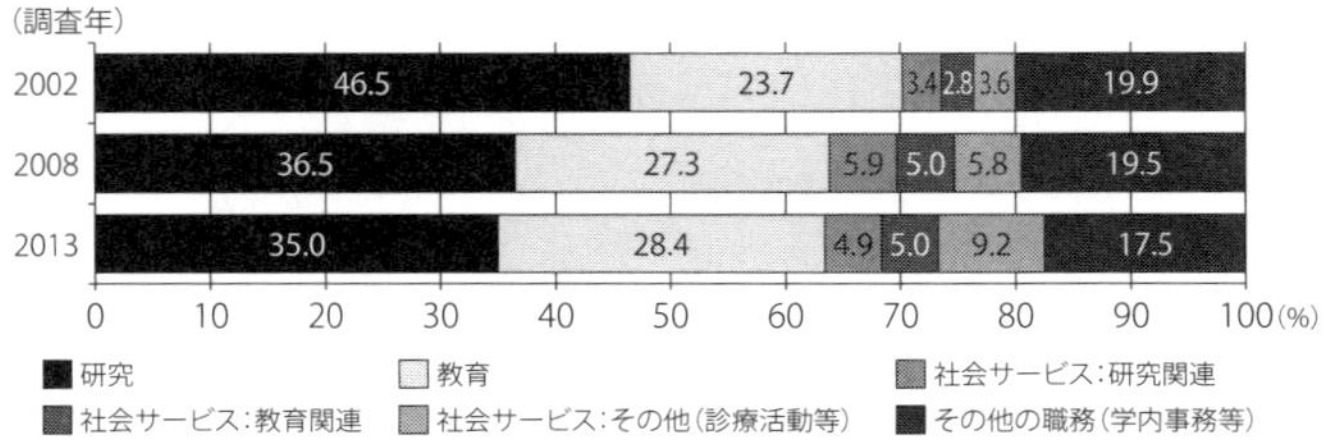

（出典）科学技術・学術政策研究所「大学等教員の職務活動の変化―『大学等におけるフルタイム換算データに関する調査』による 2002 年、2008 年、2013 年調査の３時点比較―」調査資料 -236（2015 年４月）

法人化後、研究時間が25％減った

大学研究者の研究時間について、文部科学省が２００２年、２００８年、２０１３年の３度にわたって調査し、推移など結果を分析したのが、図表４－５です。大学等というのは大学と大学院のことです。

全国約17万人の大学研究者のうち約７２００人が回答した２００２年の調査では、研究者の研究時間は平均で職務時間の46・５％でした。大学では研究の他、講義や学生の指導などの教育活動の職務もあるため、まあ、そのくらいなのかなという印象です。ところが約２７００人が回答した２００８年の調査では36・５％に激減しています。回答者が少なくなったのが原因とも疑えますが、統計学的には十分なサンプル数です。それを裏付けるように、約５７００人が回答した２０１３年の調査でも35・０％で、僅かですが割合を減らしました。２００２年と２００８年の間に何があったか。もちろん、国立大学の法人化です。国立大学法人

図表４－６　大学等教員の職務活動時間割合（国私立大学別）

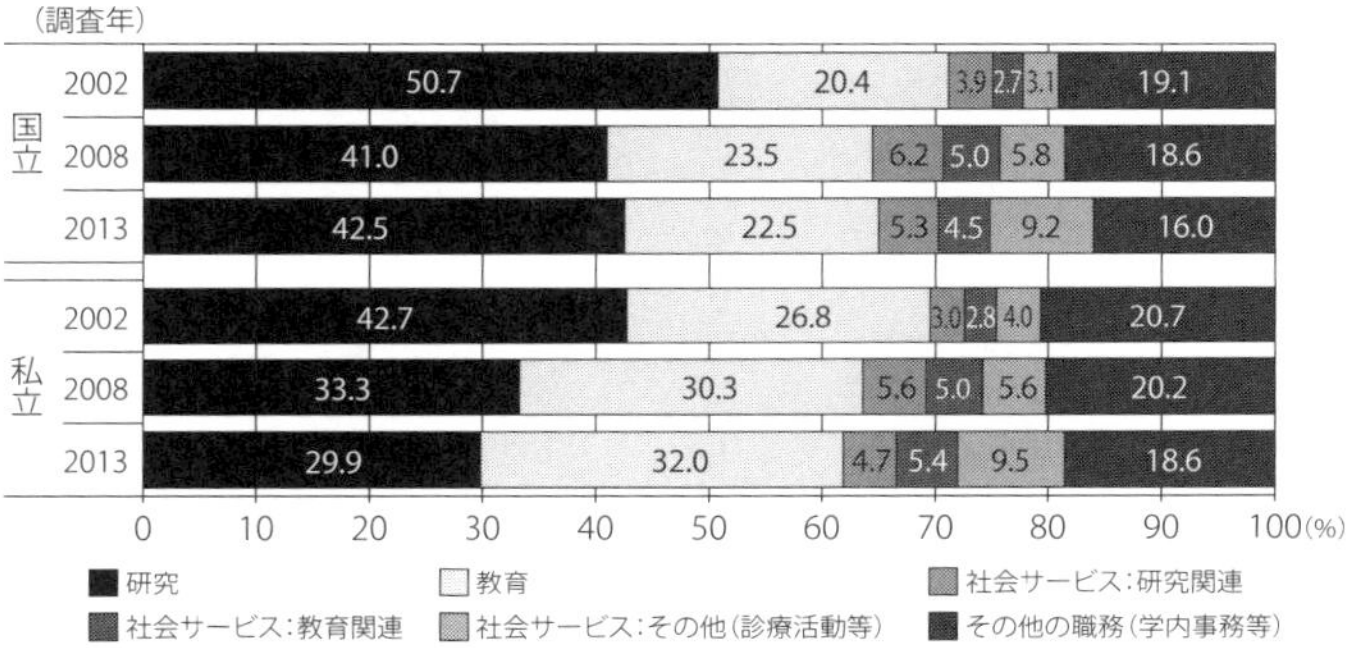

（出典）科学技術・学術政策研究所「大学等教員の職務活動の変化」（2015 年 4 月）

化の前と後では、大学研究者の研究時間が25％減っているのです。

私立大学でも研究時間減少

もっとも、この期間に研究時間が激減したのは国立大学法人化だけが原因とは言えません。私立大学の研究者の研究時間の減少の方が顕著だからです（図表４－６）。国立大学の研究者が２００２年の50・７％から42・５％に減少しているのに対し、私立大学では42・７％から29・９％と減少率が大きいのです。

私立大学教員の職務活動時間割の推移を見ると、「教育」と「社会サービス：教育関連」「社会サービス：その他」が増加しています。アンケート調査などの客観的データはありませんが、２００８年前後は、大学進学率の上昇と私立大学の新設が相まって、私立大学間での競争が激化した時代と一致します。それは、私が有名大学の大学学長に継続的にインタビューをしていた時期とも重なります。私立大学学長の多くは「学生サービスの向上」を最重要課題に掲げ、教員（研究者）にも学生への「サービス」を求めていました。「大学の先生が研究だけしていれば許された時代は、とっくに終わっている」と、厳しい口調で話していた私立の総合大学学長の言葉が強く印象に残っています。

と言っても、もちろん、法人化の前と後で、国立大学の研究者の研究時間が減っていることに違いはありません。

ＦＴＥで3分の1になる国立大学研究者数

ところで、２０１３年のデータで大学教員の研究時間は35％でした。ＦＴＥを思い出してください。各国の実質的な研究者数（研究時間）を比較するために、各国の研究者の職務時間に研究時間が占める割合の平均値を割り出し、実数との積から算出された数値をＦＴＥ（フルタイム換算）値と言いました。実は、文部科学省が実施した大学職員の職務活動状況の調査は、各国の科学技術の指標となる統計調査を取りまとめているＯＥＣＤに、日本のＦＴＥ値を報告するために行われた調査です。

前述のとおり、ＯＥＣＤの研究開発統計では、２０１６年の日本の全研究者の実数は90万７４４５人、ＦＴＥ値で66万５５６６人となっていますから、換算係数は０・73です。一方、職務時間に研究時間が占める割合がそのまま換算係数となりますから、２０１３年の大学教員（研究者）のＦＴＥ係数は０・35です。大学研究者がいかに研究以外の仕事に追われているかが分かります。同年の大学研究者は文部科学省の推計で18万７０００人に上りますが、ＦＴＥ値では６万５０００人しかいないことになってしまいます。３分の１に減ってしまうのです。

若手研究者の研究時間が減っている

もう少し、研究時間の減少の様相を詳しく見ていきます。今度は職位別です（図表４−７）。

２００２年の研究時間の割合を１００とした指標で見ると、２０１３年の研究時間の割合は教授74、准教授75、講師72、助教73とほとんど変わりはありません。どの職位にある研究者も同じような割合で研究時間を減らしています。が、研究時間割合の絶対値は若手になるほど減っています。教授11・８％、准教授11・７％、講師12・４％、助教15・０％

図表 4－7　大学等教員の職務活動時間割合（職位別）

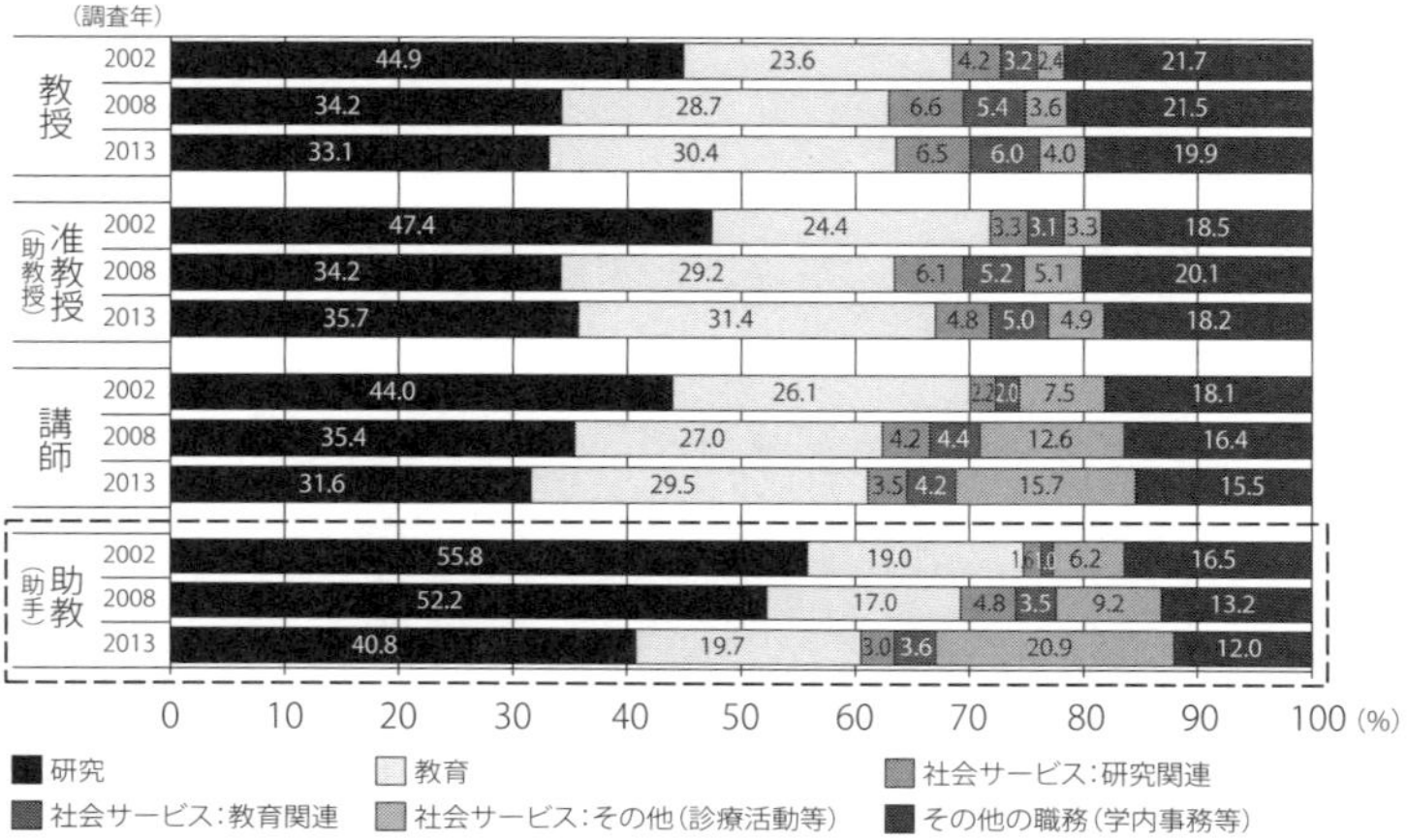

（出典）科学技術・学術政策研究所「大学等教員の職務活動の変化」（2015 年 4 月）

です。教授から助教まで研究室のメンバーが全員同じ時間働いているとすると、助教が一番研究時間を減らしていることになります。

ノーベル賞受賞学者が授賞理由となった研究をしていた年齢を思い出してください。ついでに、大学教員の職位別年齢構成も思い出してください。将来のノーベル賞科学者となるために、研究に没頭しなくてはならないはずの若手研究者が、研究以外の仕事で講師は職務時間の7割を、助教でも6割を奪われている。日本の国立大学の研究現場はそのような構造になっています。それは、国立大学法人化と無縁ではありません。

研究者の9割が「不十分」と回答

研究時間が減っていることについて、現場の研

図表４－８　研究者の研究時間を確保するための取組（組織マネジメントの工夫、研究支援者の確保等）は十分だと思いますか

（単位：人）

	６点尺度回答者数						回答者合計
	1	2	3	4	5	6	
大学・公的研究機関グループ	653	714	338	149	62	13	1,929
大学等	562	588	281	125	51	12	1,619
公的研究機関	91	126	57	24	11	1	310
学長・機関長等	10	42	42	23	6	0	123
現場研究者	570	536	232	95	48	12	1,493

（注）科学技術・学術政策研究所「定点調査 2017」のデータをもとに著者が作成

究者がどのような不満や危機感を抱いているのか。基盤的研究費に倣って、現場の声を聞きます。科学技術・学術政策研究所（ＮＩＳＴＥＰ）の定点調査にはそのものずばりの質問はありませんが、「研究者の研究時間を確保するための取組（組織マネジメントの工夫、研究支援者の確保等）は十分だと思いますか」という質問がありました（図表４－８）。

回答者全体では、最低の１点の評価が34％、２点が37％、３点が17％で、取組みが不十分と評価している人は全体の88％を占めます。母数が全体とあまり変わらないので、大学、現場研究者でも数字はあまり変わりませんが、現場研究者では90％となり僅かに増えます。質問は研究時間を確保するための「取り組み」についての評価ですから、もし、ストレートに「研究時間は十分にありますか」というような質問であれば、不十分と回答する人の割合はもっと高くなったであろうことは容易に推察できます。９割より高くなるとすれば、それはもうほぼ全員です。

「人員削減で研究以外の作業が増えた」

大学関係者の具体的な記述です。こちらも、研究時間は十分に確保されているという恵まれた例外的な意見は無視しました。まず学長クラスです。学長クラスの自由記述には、大学経営者の立場と研究者の立場で揺れるジレンマが垣間見えます。気の毒です。

◎学生教育が重要視されている――学長クラス、男性

◎長年の運営費交付金の削減により、研究を支える事務体制が脆弱であり、その分の事務作業等で教員が多くの研究時間を割かれているのが実態である。学内の会議等の効率化には限界があり、研究支援体制の根本的な改善が必須の課題である。研究支援者（研究支援課事務担当者も含む）の労働時間も過剰となっている――学長クラス、男性

◎人員削減によって、研究以外の作業量が格段に増えている――学長クラス、男性

◎種々の取組を行っているが、基盤的財政状況の悪化に追いつかない状況が続いている――学長クラス、男性

◎各学部に一定の財務削減依頼をしており、研究支援者の削減が対象となっている――学長クラス、男性

学長クラスの記述からは、運営費交付金の削減で運営費が不足し、人員削減を行った結果、研究者の研究時間が十分に確保できなくなっているという構図が浮かび上がります。

「優秀な研究者の貴重な時間がすり減らされている」

次に、教授と准教授です。悲鳴が聞こえます。

◎教育や研究のための予算獲得に優秀な研究者の貴重な時間がすり減らされている――教授、男性

◎大学の運営や事務的な仕事が多く、研究なんてほとんどできない。ちなみに、41歳で学部の入試の委員長までやっている。これは若手研究者というより若手事務長である――教授、男性

◎煩雑な調査、報告、雑用が多い。ぼんやりと研究アイデアを温める暇もない――准教授、女性

◎教授はもっとプロフェッショナルな仕事に専従させるべきところを、若手不足のために動員されている状況が多く、リソースの有効な使い方がなされていないと強く感じる――教授、男性

◎各種大学改革のための業務時間が一時的に増えている――教授、男性

◎運営、報告書等の書類仕事は増える一方です――准教授、男性

◎教授の先生方は、研究時間をほとんど確保できていないように見えます――准教授、男性

◎基盤的経費の削減に伴い、授業を補助するTAの採用も減っている。加えて、教育・研究に関わるさまざまなプログラムを抱え込み、その対応のため研究に当てられる時間は確実に減ってきている――教授、男性

◎ポスト削減と外部資金獲得とにより、研究時間の確保がますます困難になっている――教授、男性

◎大学改革などの手続きに時間をとられ、研究のための時間の確保が難しくなっているのではないか――教授、男性

◎資金の獲得のために研究時間が大きく割かれている――教授、男性

◎収益重視が徹底されているため、どんどん研究時間を削らなくてはならない状況が深刻化している――教授、男性

◎どうもできない。時間がなさすぎる――教授、男性

◎研究とマネジメントは両立しないと思う――教授、男性

◎経費節減のために、非常勤講師を減らして専任教員の教育負担を増やす方向になっている。結果として研究時間の確保が難しくなる――准教授、男性

◎大型予算をとっても事務手続きに時間がかかりすぎて、効率的でない――准教授、男性

「どうもできない。時間がなさすぎる」――。まさに悲鳴です。大学の教授、准教授は事務仕事に忙殺されています。

若手研究者はどうでしょう。助教の声です。

◎国立大学では教員を含む全ての職員の人員削減が行われており、研究者の研究時間は奪われつつある――助教、男性

◎取り組みはかなりなされているとは感じるが、財政が厳しく人員維持が難しいことで、限界を感じる――助教、男性

◎どんどん悪化しているように見えます――助教、男性

◎授業の多さに伴ってそれに付随する雑務のため、授業開講期間中は土日祝日に研究時間を設けている――助教、女性

◎仕事の量は減らないのに職員が減っている（減らしている）のが問題――助教、男性

◎年々、個人の研究活動に割ける時間は減少している。改善の傾向は見られない――助教、男性

◎「これも教員の仕事?」と思うことが、正直、多いと感じる。研究は小間切れの時間ではなかなか続かず、まとまった時間の確保が必要である。たとえば、学生のための各種プログラムに従事する専任の教員がいてもいいと思うし、学部と大学院で教員を分けても良いとさえ思う

――助教、女性

いかがでしょうか。このような状況で、論文数増加率の停滞を根拠に基盤的な力が低下していると指摘されても、「そりゃないぜベイビー」と叫びたくなるのではないでしょうか。

自由記述で特に目立つのは、政府が進める大学改革や、競争的資金獲得のための事務作業に時間を割かれることへの嘆きです。「大学改革などの手続き」「各種大学改革のための業務時間」や「外部資金獲得」のために研究時間がなくなり、「予算獲得に優秀な研究者の貴重な時間がすり減らされ」「大型予算をとっても事務手続きに時間がかかりすぎて、効率的でない」というようなことが起こっているのです。誰がどう考えても、本末転倒です。

広がる大学間格差──「研究拠点群の劣化」

文部科学省の危機感

研究費と研究時間、若手研究者の雇用・環境の「劣化」は、諸外国と比した論文数増加率の著しい低迷という指標で見た日本の科学技術力の低下に大きな影響を及ぼしています。見てきたとおりです。そして、2017年版の科学技術白書がもう一つの危機と指摘しているのが「『知の集積』をめぐる危機（研究拠点群の劣化）」でした。

文部科学省が危機感を抱いているのは、次のような状況です。

> 我が国全体の傾向として論文の質・量共に他国に比べて伸び悩んでいる一方、トップレベルの研究拠点においては論文の質・量共に向上しているが、我が国全体に与える影響は一定程度にとどまっている。例えば、ドイツと我が国の大学のTop10％補

特21図　日本とドイツの個別大学のTop10%補正論文数の分布の比較

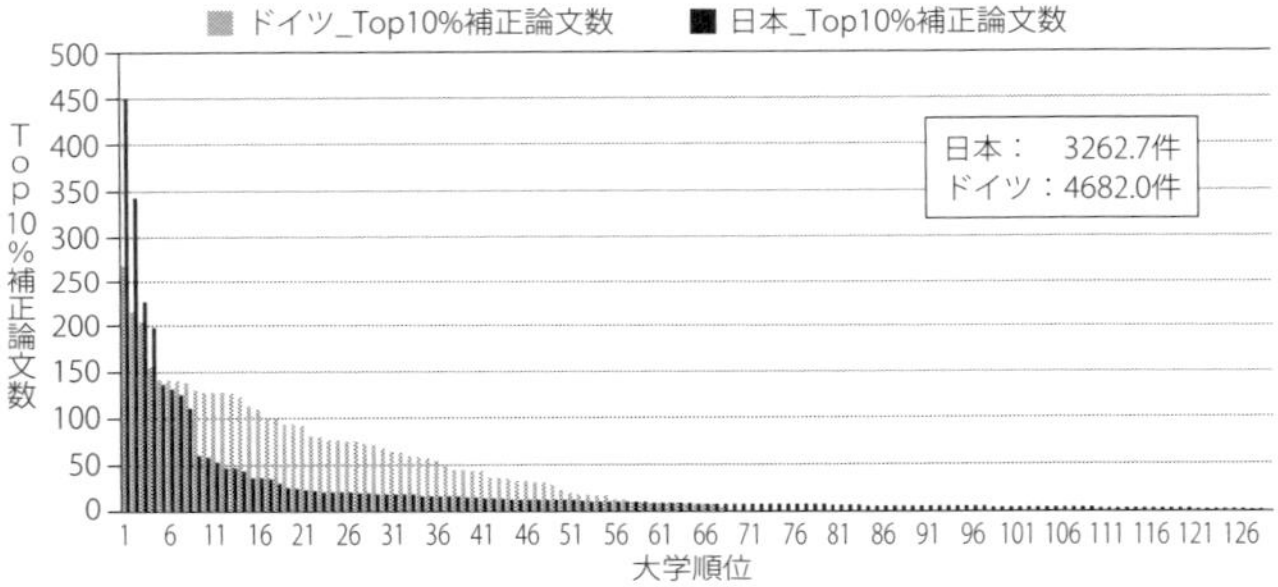

（資料）科学技術・学術政策研究所「研究論文に着目した日本とドイツの大学システムの定量的比較分析―組織レベルおよび研究者レベルからのアプローチ―」調査資料-233（2014年12月）

正論文数の比較では、上位の大学では我が国の大学が上回っている一方で、中位の大学ではドイツが上回っており、ドイツと比較して、我が国の大学における質の高い論文の生産は、上位の大学に偏っている状況が読み取れる（特21図）。研究者にとっては、施設・設備や支援要員などのハード・ソフトの研究環境が整っているだけでなく、研究者が国内外の研究者と切《せっ》磋《さ》琢《たく》磨《ま》し、研究の内容や段階等に応じて最適な機関を選んで力を発揮できるような、「知の集積」の場の多様性が望まれる。このため、こうした条件を十分に備えた厚みのある研究拠点群を形成しようとする取組を加速する必要がある。

つまり、Ｔｏｐ10％補正論文数を指標とすると、日本の方がドイツよりトップレベルの大学は優れているが、中位以下の大学群は断然負けている。それでは困るから、中位・下位の大学群の研究力をレベルアップしなければならない、ということです。

トップレベルの大学とはＲＵ11の会員校である東京大学、京都大学などいわゆる七大学と東京工業大学、筑波大学、早稲田大学、慶應義塾大学などのことで、中位は医学部のある中規模国立大学と大規模有名私立総合大学のことです。

名指しされたも同然の書き方で、もっとレベルアップしろと叱咤された大学の関係者、とくに地方の中小規模国立大学の関係者は呆れていると思います。どの口が言うてんねん、です。こうした状況を生み出した要因は、２００７年以降、政府・文部科学省が「選択と集中」をスローガンに強力に推し進めてきたさまざまな政策にあると思われるからです。

選択と集中

「選択と集中」という言葉は小泉内閣時代の２００７年の経済財政諮問会議に、会議の議員が提出した「成長力強化のための大学・大学院改革について」と題された意見書に登場しています。意見書はイノベーションの拠点として「研究予算の選択と集中」を提言し、さらに「大学の努力と成果に応じた国立大学運営費交付金の配分ルール」作りのため、「国際化や教育実績等についての大学の努力と成果に応じた配分ルール・基準とする」こと、「グローバル化、知識の融合化に対応した大学再編を視野に入れ、選択と集中を促す配分ルール・基準とする」ことなども提言しました。後述する研究資金の重点配分など、すでに開始されていた大学の「選択と集中」の政策は、この意見書の提言を機に、加速度を増しました。

「選択と集中」とは、乱暴に言ってしまうと、研究は東大や京大といったRU11大学や、それに迫る大学に任せておいて、あとの大学は研究はそこそこでよいから、もっぱら人材育成で役割を果たせばよい、という政策です。文部科学省の公文書では「大学の重点化」と表現されます。

先に触れた2013年公表の「国立大学改革プラン」では「各大学の機能強化の方向性」という言葉で、国立大学を機能・性質により三つのグループに分類しようとしています。「世界最高の教育研究の展開拠点」「全国的な教育研究拠点」「地域活性化の中核的拠点」の三つです。2006年に文部科学省高等教育局長に就任し、「選択と集中」の政策立案の中心的役割を果たした清水潔・元文部科学事務次官は、2008年に学生マンション事業、学校支援事業などを展開する大学情報センターが発行する大学改革提言誌『ナジック・リリース』第17号のインタビューで、「大学の機能と役割の分化」の重要性を指摘し、「世界を視野に入れた教育・研究の拠点となるか、国内に目を向けた拠点となるか、地域に密着した拠点となるかといった棲み分けも必要」と語っていました。高等教育局長がそう言っていたのだから当然ですが、大学政策はその通りに立案されてきました。

「選択と集中」の歴史

「選択と集中」のスローガンのもとに実施されてきた政策の例を具体的に見ていきます。競争的資金と呼ばれるものです。その本丸は競争的資金総額の約半分を占める科研費と呼ばれる科学研究費助成事業ですが、科研費は大学に特化されたものではないので、それについては、後に詳述します。

大学の「選択と集中」の政策は、大学から優れた研究拠点や研究プログラム、教育プログラムを募集し、審査を通過した大学に資金を「重点配分」するという形で実施されてきました。今も続いています。

主な事例を紹介します（図表４－９）。２００１年に開始された「戦略的研究拠点育成」は研究費の重点配分の走りともいえる政策でした。対象は大学だけではなく公的研究機関も含まれますが、５年間にわたり募集され、採択された13拠点のうち11拠点は大学で、すべてがＲＵ11の大学でした。

「21世紀ＣＯＥプログラム」は大学の研究費の重点配分の実験的試みだったと言えると思います。「大学に世界最高水準の研究教育拠点を形成し、研究水準の向上と世界をリードする創造的な人材育成を図る」ことを目的に国立大学法人化直前の２００２年に創設された事業で、公募制で研究拠点を採択し、採択された拠点には年間１０００万円から５億円の範囲で５年間継続して研究費が交付されました。

公募は02年から04年にかけて分野別に実施し、02年には応募申請した１６３大学４６４件から50大学の１１３拠点を採択、03年は２２５大学６１１件から56大学１３３拠点を、04年は１８６大学３２０件の応募から24大学28拠点を採択しました。期間中に応募申請した研究拠点は１３９５件で、採択されたのは93大学の２７４拠点です。採択率は20％、物凄い競争率です。９年間で総額約１８００億円が投じられました。

予算規模が大きく採用拠点数が多かったことから、当時、「21世紀ＣＯＥプログラム」には大学関係者の熱い視線が注がれていました。法人化で運営費交付金が削減されることになり、基盤的研究費が減額され始めていた国公立大学にとっては、喉から手が出るほど獲得したい競争的資金でした。それまでにない大きな研究予算を大学の競争的資金に投入

図表4－9　研究拠点形成事業と採択状況

事業名	H13	H14	H15	H16	H17	H18	H19	H20	H21	H22	H23	H24	H25	H26	H27
	第2期基本計画	→	→	→	→	第3期基本計画	→	→	→	→	第4期基本計画	→	→	→	→
戦略的研究拠点育成	2	→	→	→	終了							数字は採択件数			
戦略的研究拠点育成		2	→	→	→	終了									
戦略的研究拠点育成			3	→	→	→	終了								
戦略的研究拠点育成				3	→	→	→	終了							
戦略的研究拠点育成					3	→	→	→	終了						
21世紀COEプログラム		113	→	→	→	終了									
21世紀COEプログラム			133	→	→	→	終了								
21世紀COEプログラム				28	→	→	→	終了							
先端融合領域イノベーション創出拠点形成						9	→	→	8（1件中断）	4（4件中断）	→	→	→	→	終了
先端融合領域イノベーション創出拠点形成							9	→	→	8（1件中断）	4（3件中断）	→	→	→	→
先端融合領域イノベーション創出拠点形成								3	→	→	2（1件中断）	3（1件追加）	→	→	→
WPI							5	→	→	→	→	→	→	→	→
WPI										1	→	→	→	→	→
WPI												3	→	→	→
グローバルCOEプログラム							63	→	→	→	終了				
グローバルCOEプログラム								68	→	→	→	終了			
グローバルCOEプログラム									9	→	→	→	終了		
橋渡し研究支援推進プログラム　橋渡し研究加速ネットワークプログラム							6	→	→	→	終了				
橋渡し研究支援推進プログラム　橋渡し研究加速ネットワークプログラム								1	→	→	終了				
橋渡し研究支援推進プログラム　橋渡し研究加速ネットワークプログラム												7	→	→	→
橋渡し研究支援推進プログラム　橋渡し研究加速ネットワークプログラム														2	→
地域卓越研究者戦略的結集プログラム									2	→	→	→	終了		
博士課程教育リーディングプログラム											20	→	→	→	→
博士課程教育リーディングプログラム												24	→	→	→
博士課程教育リーディングプログラム													18	→	→
COI STREAM													12	→	→

（出典）科学技術振興機構研究開発戦略センター調査報告書「我が国における拠点形成事業の展開～課題と展望～」（2016年）

した国の政策にマスメディアも注目しました。

学長インタビューを続けていたころ、私は毎年、10カ所ほどの「21世紀COEプログラム」の拠点を訪ね、拠点リーダーと呼ばれた教育・研究責任者への取材も続けていました。世界最先端の研究はどれも非常に興味深く、楽しい取材でした。お話を伺った中には、世界的に著名な研究者もおられました。印象に残っているのは、多くの拠点リーダーが、COEに採択されたことを誇らし気にしていたことでした。採択を得ることができたのは、ほぼ拠点リーダーの力量によるのであり、結果、莫大な予算を獲得したのですから、当然のことだったと思います。

一方、数は多くありませんが、なぜ、このような研究が……、と思ったこともありました。公表されている研究の概要に魅かれて取材に行ったのですが、中身が全然なかったのです。「この大学でなければ採択されなかっただろうな」と思いながらお話を伺っていると、拠点リーダーの方もそれを自覚していたようで、「とにかく、各学部一つは獲得しないと格好がつかないから、何でもいいから申請するように」と言われ応募したら採択されてしまった、と明かされました。邪推であり、裏付けをとったわけではありませんが、そのときは、「ああ、有名大学には採択枠があるのだ」と感じました。執筆のために、とにかくそれまでの研究を脈絡なく集めた膨大な資料をいただき、原稿をまとめるのに苦労しました。

２００７年度が事業初年度の「グローバルＣＯＥプログラム」は、大学に配分される研究費の「選択と集中」の本格化を象徴するような事業でした。基本的な考え方は「21世紀ＣＯＥプログラム」を継承しつつ、採択件数を約半数に絞る一方で一件当たりの補助金の額は倍増し、より競争的な設計となっていました。２００７年度からの３年間で分野別に公募し、採択されたのは41大学の１２８拠点です。資金を獲得できた大学は半分ほどになりました。グローバルＣＯＥに続く、「橋渡し研究支援推進プログラム」「橋渡し研究加速ネットワークプログラム」「博士課程教育リーディングプログラム」「革新的イノベーション創出プログラム」はグローバルＣＯＥの後継事業と位置付けられています。今も、「大学の重点化」政策は続いています。

進んだ選択と集中

「21世紀ＣＯＥプログラム」に採択された２７４研究拠点のうち、東京大学、京都大学などＲＵ11に加入する大学の研究拠点は１５３件で、全体の56％を占めます。日本には１０００校を超える大学があります。１％の大学が競争的資金の半分以上を占めたのです。

RU11以外では、国立大学が73拠点27％、その他の私立大学が38拠点14％、公立大学は10拠点4％です。

RU11は公的な分類ではなく任意の親睦団体で、他にも社会科学の一橋大学や、東京医科歯科大学、東京外国語大学などの有名単科大学、広島大学、神戸大学などの総合大学他、私立の有名大学など研究力を誇る大学はあり、多くの拠点が採択されています。それを考慮すると、大規模総合大学や有名単科大学の占有率はもっと大きくなります。一方で、中請しながらすべて採択に漏れた大学も当然あります。

「グローバルCOEプログラム」では競争はさらに激化します。拠点を得ることができた大学は41大学に留まりました。RU11の占有率も増え、採択された128拠点中98拠点を占めました。グローバルCOEプログラムの拠点の研究・教育を審査する日本学術振興会のサイトで採択拠点を調べて数えてみました。占有率は77％です。全体の1％の大学群が8割近くを占めていたのです。因みにトップは東京大学の17件、2位は京都大学で13件、3位タイが東北大学と大阪大学の12件です。

文部科学省は「グローバルCOE（GCOE）の概要と成果」という報告書で、拠点が採択された中小規模国立大学や私立大学で学科や専攻、講座などが多数新設されたことを例に挙げ、拠点事業の効果により「大規模大学以外の大学のポテンシャル発揮に寄与」したと自賛しています。確かに、神戸大学、熊本大学、横浜国立大学、鳥取大学、愛媛大学、長崎大学、千葉大学が複数の拠点の採択を得るなど、〝健闘〟した地方国立大学はあります。けれど、グローバルCOE全体の総括として、「大規模大学以外の大学のポテンシャル発揮に寄与」したと言い切っているのは驚きです。そういう部分はあったとしても、事業がもたらしたのは、どう見ても、「大規模大学」とそれ以外の大学の格差の拡大だったとしか思えません。

論文数の少ない大学ほど、研究者の研究時間が少ない

大学間の格差の拡大は統計資料のデータからも浮かび上がります。大学教員（研究者）の研究時間が減っている状況は、文部科学省の調査をもとに前節で詳しく見ましたが、これには続きがあります。調査結果を詳しく分析した科学技術・学術政策研究所が、いわゆる国立七大学とその他の国立大学、私立大学の教員職務時間の推移を比較しています（図表4－10）。

２００２年、２００８年、２０１３年の大学教員の職務活動時間割合の平均値は46・5％から36・5％、35・０％へと減っていますが、各大学群を比較すると、国立七大学の

図表4－10　大学群別大学教員職務活動時間の割合の推移

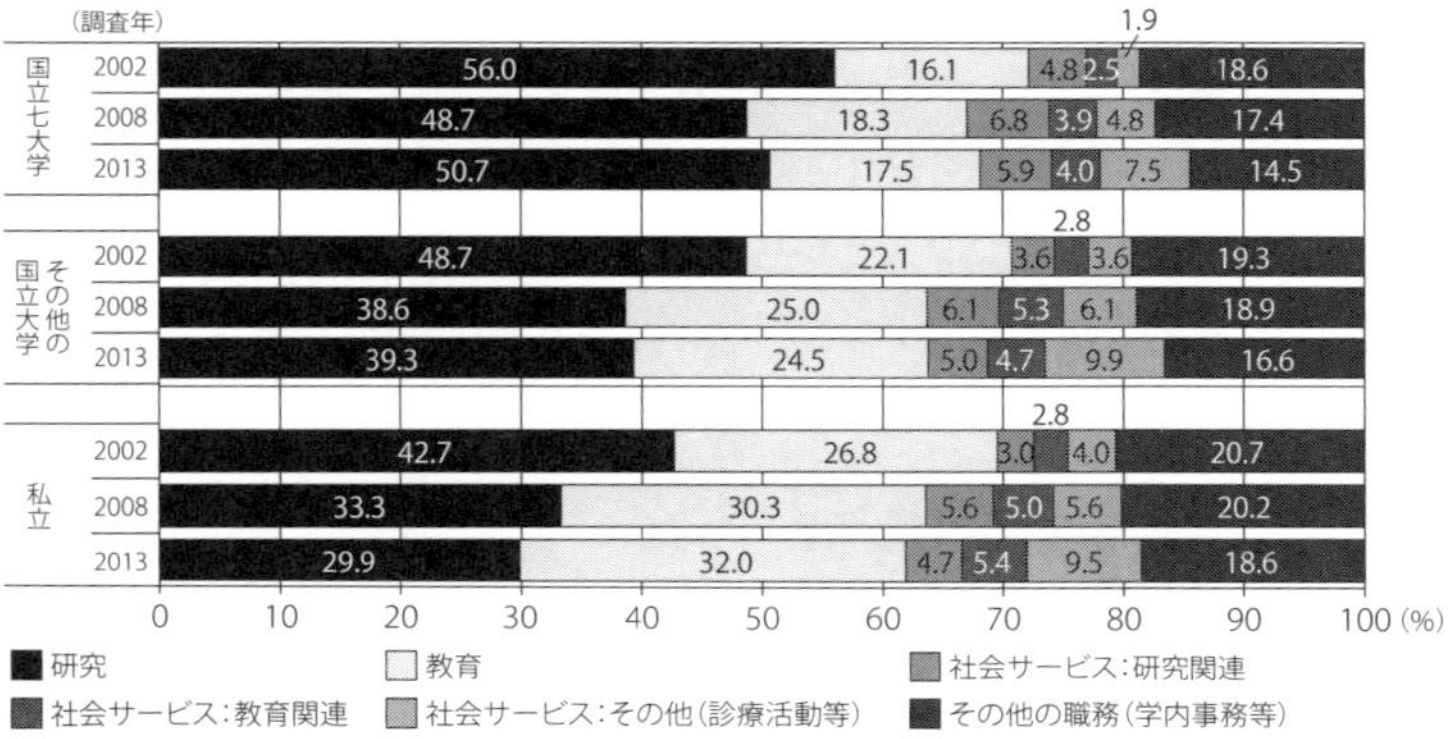

（注）科学技術・学術政策研究所「大学等教員の職務活動の変化」（2015年4月）のデータをもとに著者が作成

減少率より、その他の国立大学や私立大学の減少率の方が大きくなっています。七大学は56・6％から48・7％、50・7％に留まっているのに対し、その他の国立大学は48・7％から38・6％、39・3％へと10％以上、研究時間の割合を減らしているのです。

調査各年の研究時間割合が七大学の方が多い理由は、学生数に対する教員の数が多く、教育活動の負担が小さいこと、研究支援職員や事務職員の数が多く、競争的資金獲得や大学改革などに関わる事務作業量が少ないことが考えられます。

教員の職務活動時間割合については、論文数シェアの多寡で大学をグループ分けし、グループ間の比較をしたデータもあります（図表4－11）。グループは、論文数シェアが1％以上の大学のうち、シェアが特に大きい上位四大学が第1G、それ以外が第2G、論文シェア0・5％以上1％未満の大学が第3G、0・

図表4－11　論文数シェアの大学グループ別教員の職務活動時間割合（2013年）

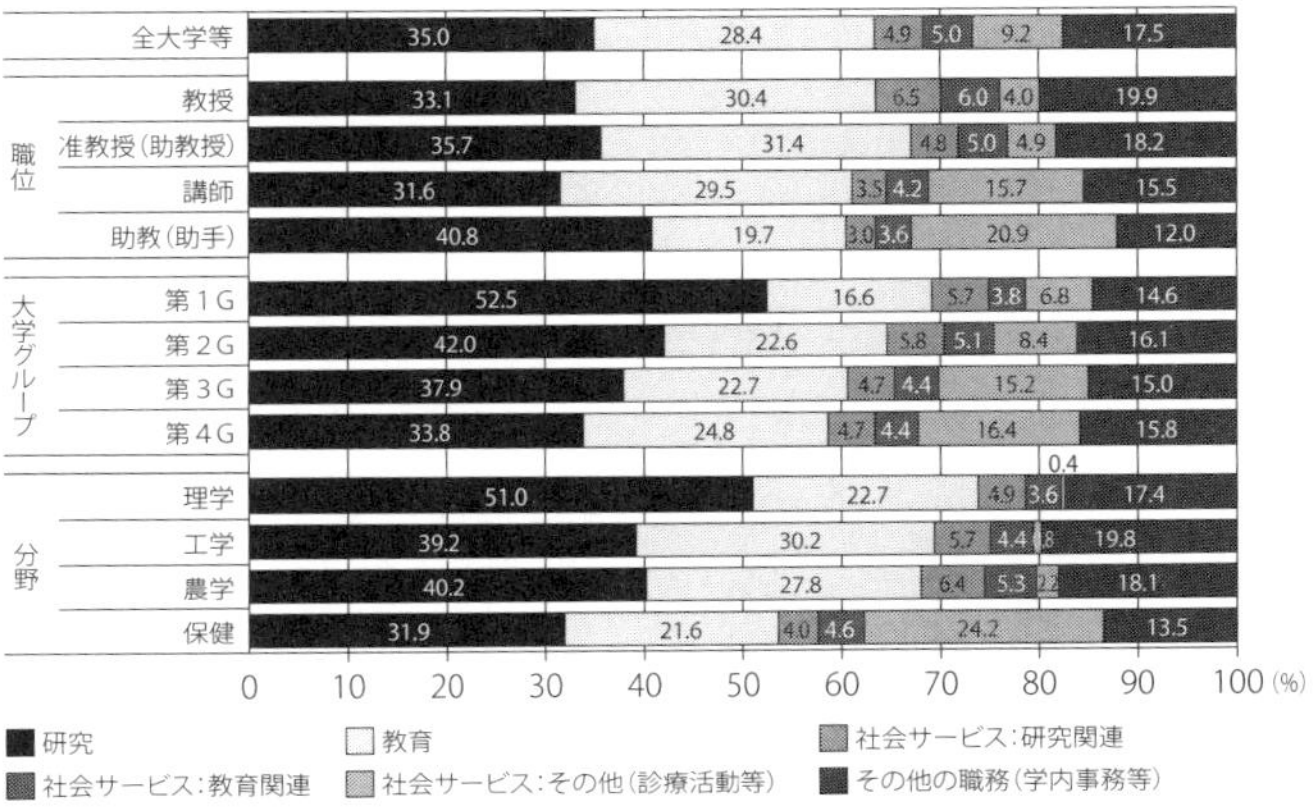

（出典）科学技術・学術政策研究所「定点調査2017」

5％未満の大学が第4Gとされています。

論文数シェアが大きい大学Gほど研究時間の割合が大きいことは一目瞭然です。第1Gが52・5％、第2G42・0％、第3G37・9％、第4G33・8％です。このデータでは推移は分かりませんが、図表4－10が示す推移を考慮すると、論文数シェアでグループ分けした各大学群の間でも格差が広がっているのは容易に推測できます。

「選択と集中」をスローガンに政府・文部科学省が進めた「重点化」政策の両輪は、国立大学法人運営費交付金の削減と、競争的資金の増額です。その結果、起こったことは、大学間格差の拡大です。繰り返しになりますが、それを今になって、「選択と集中」を進めてきた当事者である政府に、「質の高い論文の生産は、上位の大学に偏っている」（2017年版科学技術白書）などと指摘され、研究力の衰退や「研究拠点の劣化」の責任を転嫁されたのでは、「中位の大学」の関係者の方々が気の毒です。滅茶苦茶です。

ところで、大学が産出する論文数やＴｏｐ10％補正論文数の増加率の停滞は、研究資金の総額や研究者数（研究時間）の伸び率が停滞している状況を考えると、当然のことと思えます。不思議ではありません。では、大学間格差の拡大という弊害を生んだ「選択と集中」は大学総体としての研究力の向上に本当に寄与してきたのでしょうか。

「選択と集中」は有効な政策か？

「選択と集中」の基本的な考え方は、研究力の高い大学群に研究費を集中させれば、限られた原資で総体としての研究力を向上できるはずだ、という考え方です。そう言われると、そんな気がします。が、それはデータに裏づけられた本当に正確な状況把握なのでしょうか。それを検証してみたいと思います。

図表4－12　科研費の研究者が所属する研究機関種別配分状況（2017年度新規採用分）

（単位：千円）

研究機関種別	研究者登録人数	採択件数	採択率	配分額（合計）
国立大学	85,254（30.3%）	13,578（53.6%）	27.8%	52,540,177（62.8%）
公立大学	18,152（ 6.5%）	1,911（ 7.5%）	24.2%	4,615,650（ 5.5%）
私立大学	120,269（42.7%）	6,883（27.2%）	21.5%	15,939,690（19.1%）
その他	57,715（20.5%）	2,941（11.6%）	23.6%	10,517,390（12.6%）

（注）日本学術振興会公式サイトのデータをもとに著者が作成

科研費

まず、科研費です。選択と集中の本丸です。省略せずに言うと科学研究費助成事業です。科研費というときには事業を指す場合と、獲得した研究費を言う場合があります。繰り返しになりますが、２０１７年度の総額は８３６億円で、日本の研究機関に配分される競争的資金の半分近くを占めています。２０１６年のノーベル賞を受賞した大隅良典・東京工業大学栄誉教授は、授賞理由となった「オートファジーの研究」のために総額17億８０００万円の科研費を獲得しています。

助成は大学に限られてはいませんが、２０１７年度に配分された科研費総額の87・４％を大学が獲得しています（図表４－12）。内訳は国立大学62・８％、公立大学５・５％、私立大学19・１％、その他の研究機関12・６％です。上位７位を占めるいわゆる七大学の合計配分額は７６８億円で占有率は47％です。旧帝大に約半分が配分されています。科研費自体は戦前からある研究助成事業で、研究費の重点配分（選択と集中）政策のために創設された助成制度ではありませんが、配分状況を見ると、まさに、選択と集中を象徴する事業だと言うことができます。

科研費について、その概要を簡単に紹介しておきます。科研費の大部分を所管する文部科学省の外郭団体「日本学術振興会」によると、科研費は「人文学、社会科学から自然科学まで全ての分野にわたり、基礎から応用までのあらゆる『学術研究』（研究者の自由な発想に基づく研究）を格段に発展させることを目的とする『競争的研究資金』であり、ピアレビューによる審査を経て、独創的・先駆的な研究に対する助成を行う」ものです。もともとは文部科学省がすべて所管していましたが、１９９９年から学術振興会への移管が始まり、現在では大半を所管しています。因みに、先に紹介した「21世紀ＣＯＥプログラム」や「グローバルＣＯＥプログラム」などの大学の競争的資金を所管したのも学術振興会です。

科研費の他にも、日本医療研究開発機構が所管する厚生労働科学研究費補助金や、科学技術振興機構のＣＲＥＳＴなど、公募、審査、採択という手続きを経て国が支出するさまざまな研究開発費はあります。しかし、それらは、公募ではあっても、政策目標を達成するために特定の目的を持った研究を助成する研究費です。つまり、大学や研究機関の基盤的研究費の削減が続く状況の中で、科研費は、研究者が自由に自分のやりたい研究を続けていくための唯一の頼みの綱となっているのです。

科研費は研究種目に細分化されています。多すぎてすべて紹介できませんが、「特別推進研究」「新学術領域研究」「基盤研究（S、A、B、C）」「挑戦的萌芽研究」「若手研究（A、B）」などがあります。種目により期間は1年から5年、助成額は年額500万円以下から5億円以上などの違いがあります。研究者は自分の研究が研究種目のどれにあたるか、あるいはどの種目なら採択される可能性が高いかを考えて申請します。採択率も研究種目により違いがありますが、全体では24・7％（2017年度）と狭き門です。科研費獲得のハウツー本があるくらいです。

科研費の増加は論文数増加につながっていない

図表4－13は科研費の予算額と採用件数などの推移です。増えています。2011年に「基金化」の導入で一時的に急増し、その後4年間の減少を経て増加に転じていますが、それには理由があります。科研費の大部分を所管する日本学術振興会は2011年に基金を創設しました。それまで国の会計だった科研費を、基金にプールし柔軟に運用するためです。国の会計は年度ごとの予算・決算に縛られますから、5年間の助成を得たとしても、総額の5分の1ずつが年度ごとに交付されていました。それでは初年度に高額な大型の研

図表4－13　科研費の予算額と採用件数などの推移

■科研費の予算額の推移

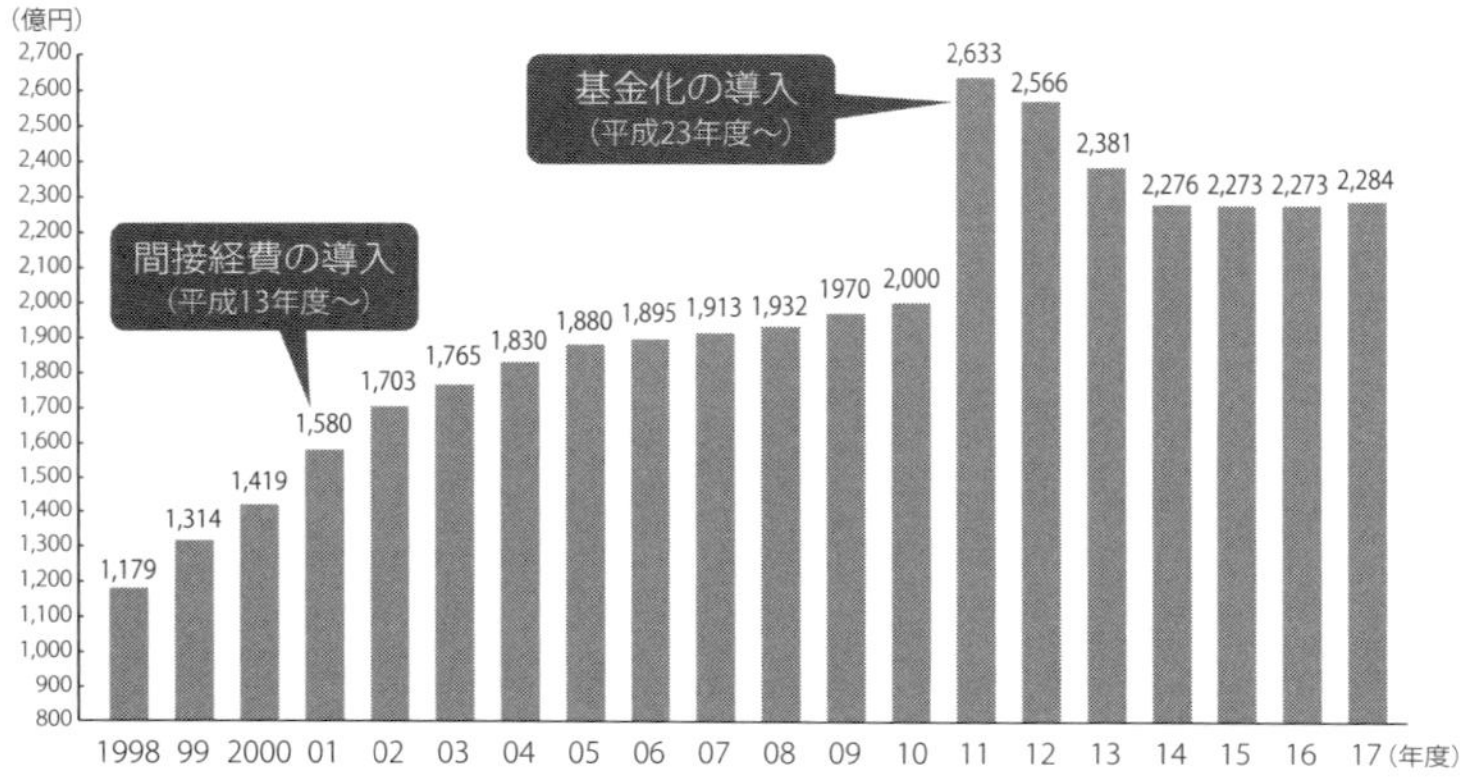

■「科学研究費」の応募件数、採択件数、採択率の推移

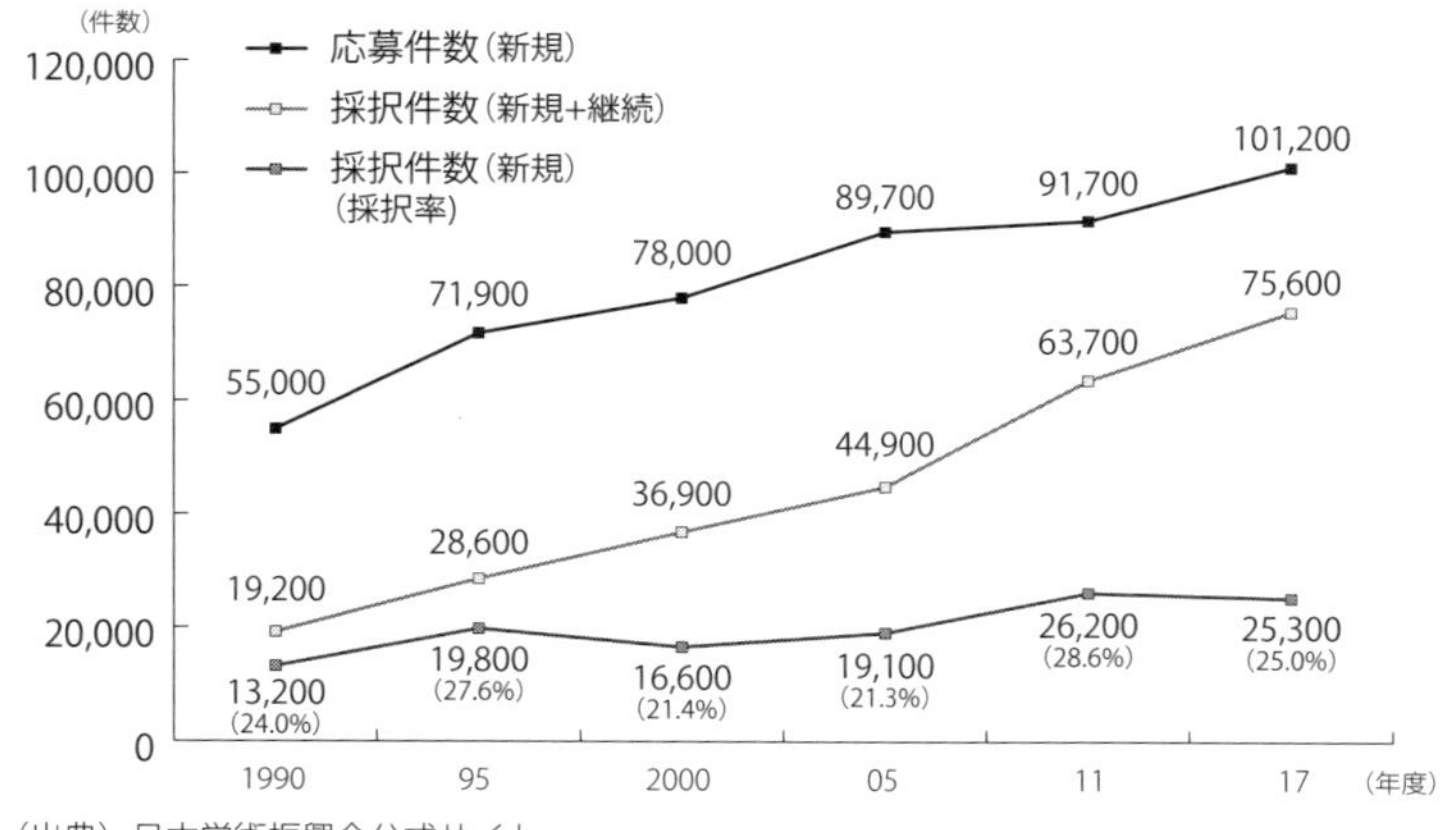

（出典）日本学術振興会公式サイト

究機器を購入するといったようなことができません。基金化により、年度の縛りがなくなり総額を5年間で使えるようになったため、初年度に一括交付を受けるといった形で、助成金受給の前倒しができるようになったのです。２０１１年度に科研費が急増したのはそのためです。多くの研究者が前倒しの受給を申請したということです。

科研費は「選択と集中」を象徴する研究費の配分事業であり、研究力を測る指標は論文数でした。つまり、科研費の増加率と大学総体の論文数の増加率に相関があれば、「選択と集中」は想定通りうまく機能していることになります。が、これまで詳しく見てきたとおり、そのようにはなっていません。科研費は増加しているのに、日本全体の論文数も大学の論文数も減少し、大学発のＴｏｐ１％補正論文数は激減しているからです。

国立大学法人化で非ＫＡＫＥＮ論文が減少

では、科研費は大学の研究力にどのような影響を与えているのか。それを分析した研究があります。ＮＩＳＴＥＰ（科学技術・学術政策研究所）の「論文データベース（Web of Science）と科学研究費助成事業データベース（ＫＡＫＥＮ）の連結による我が国の論文産出構造の分析」という、ちょっと長めのタイトルの研究です。２０１５年のものです。

Web of Science（ＷｏＳ）というのは、世界の論文情報を収集・精査し統計などを公表している、トムソン・ロイター社の自然科学系の論文データベースです。世界中の研究者が発表した論文のデータを収集しています。

研究はＷｏＳとＫＡＫＥＮをリンクさせ、両者の関係を分析する試みです。日本の自然科学系の研究者が発表しＷｏＳにデータが登録された論文の中で、科研費を獲得した研究の成果であるＫＡＫＥＮ論文（ＷｏＳ－ＫＡＫＥＮ論文）と、科研費を得ていない非ＫＡＫＥＮ論文（ＷｏＳ－非ＫＡＫＥＮ論文）の時系列変化を詳細に分析しています。大学研究者の研究関与の有無による分析もあります。

まず、日本の論文数とＴｏｐ10％補正論文数への科研費の貢献（関与）度です（図表４－14）。図表のＣ、Ｄが示す通り、日本のＷｏＳ論文に占めるＫＡＫＥＮ論文の割合は増加しています。存在感は増しているということです。当然のことです。科研費の予算も採択件数も増加しているのですから、科研費を得て研究する研究者が増えたというだけのことです。日本の研究力の総体に好影響を与えた証拠にはなりません。

次に、「日本の論文における科研費の関与と大学の関与の関係」（図表４－15）です。「大学の関与」とは、多くの場合、科研費申請の責任者が大学研究者だということを意味します。

図表４－14　日本の論文数および Top10％補正論文数における科学研究費補助金の関与の度合

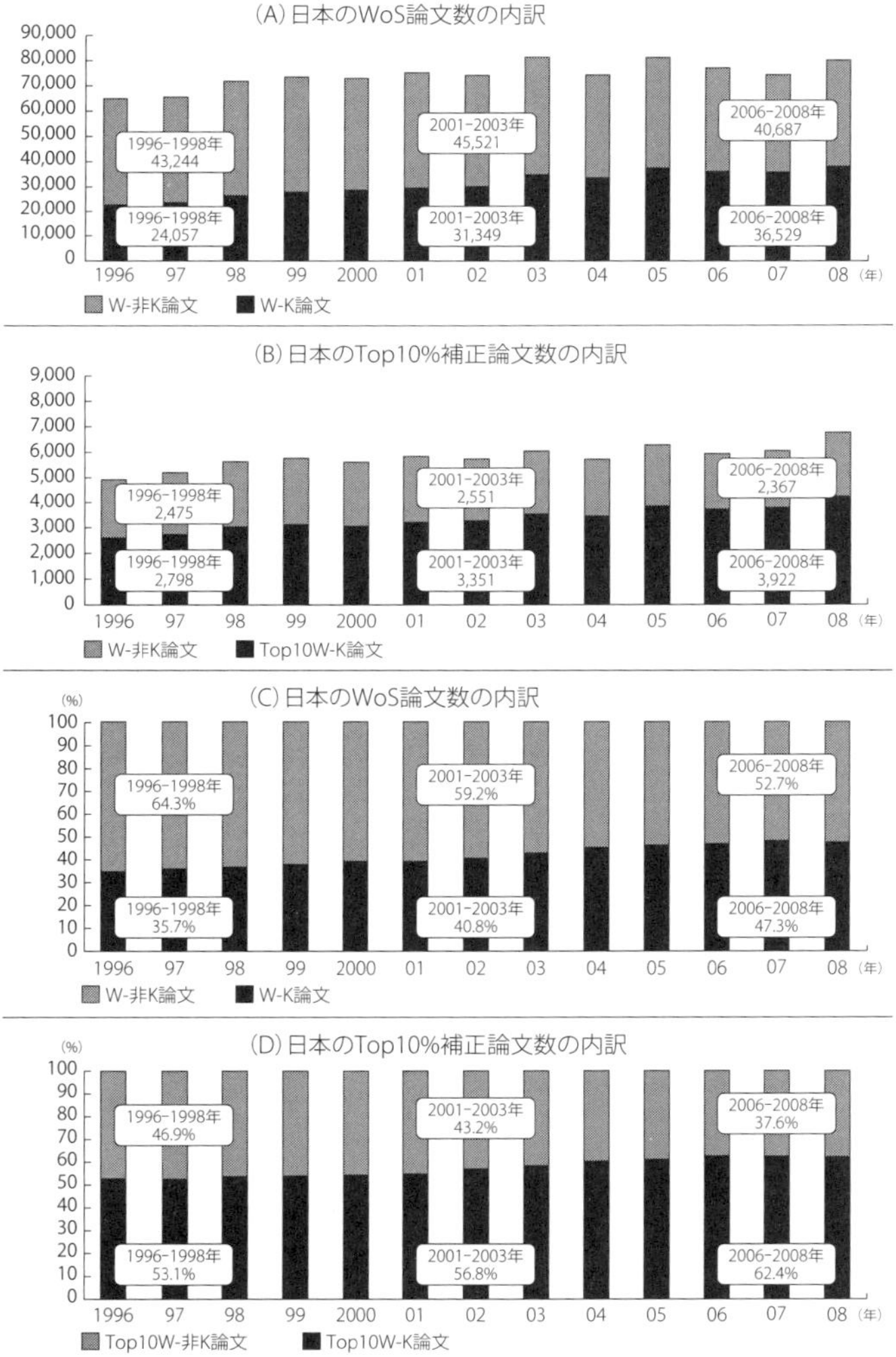

（出典）科学技術・学術政策研究所「論文データベース（Web of Science）と科学研究費助成事業データベース（KAKEN）の連結による 我が国の論文産出構造の分析」（2015 年 4 月）

図表４－15　日本の論文における科研費の関与と大学の関与の関係

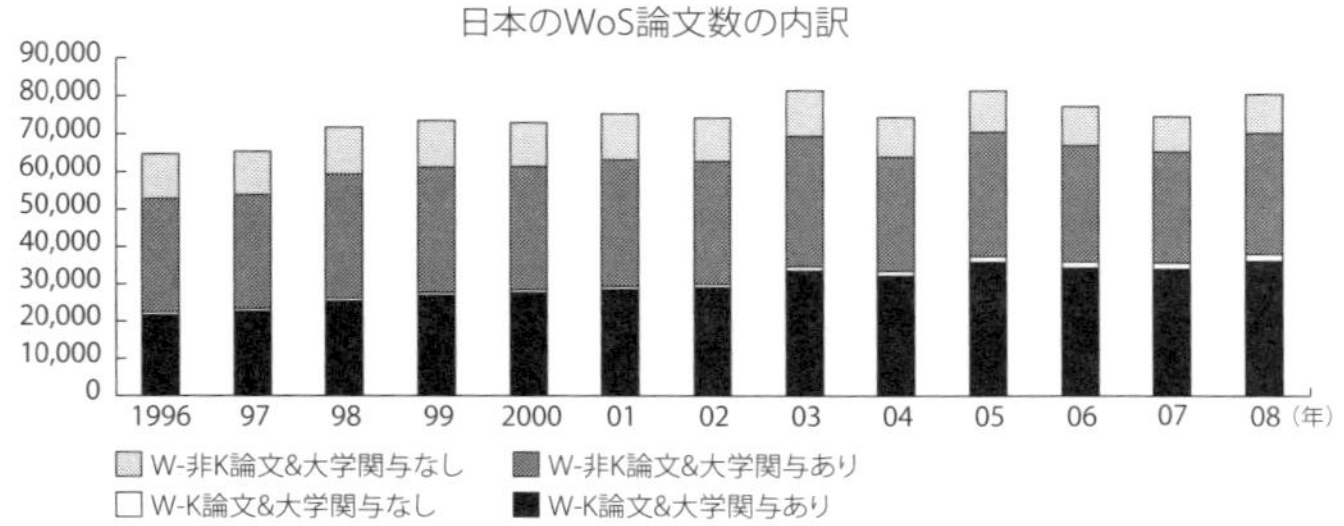

整数カウント	全体	WoS-KAKEN 論文		WoS- 非 KAKEN 論文	
		大学関与あり	大学関与なし	大学関与あり	大学関与なし
A. 1996–1998 年	67,301	23,262	796	31,347	11,897
B. 2001–2003 年	76,870	30,376	972	33,678	11,843
C. 2006–2008 年	77,216	34,778	1,752	30,726	9,961
A → B 差分	9,569	7,115	177	2,331	**−54**
B → C 差分	347	4,401	779	**−2,952**	**−1,882**
A → B 伸び率	14.2%	30.6%	22.2%	7.4%	**−0.5%**
B → C 伸び率	0.5%	14.5%	80.2%	**−8.8%**	**−15.9%**

（出典）科学技術・学術政策研究所「論文データベース（Web of Science）と科学研究費助成事業データベース（KAKEN）の連結による 我が国の論文産出構造の分析」（2015 年 4 月）

上の表を見てください。１９９６年から２００８年を３つの期間に分け、論文の性質別の増減を分析しています。ＷｏＳ－ＫＡＫＥＮ論文は時系列で増加していますが、他方のＷｏＳ－非ＫＡＫＥＮ論文は減っています。科研費を使わずに研究しＷｏＳに登録された論文が減っているということです。減ったのはＢ（２００１年から２００３年）とＣ（２００６年から２００８年）の間です。この間に起こったのは、国立大学の法人化でした。

いやいや、その間に減ってい

るのは大学の非ＫＡＫＥＮ論文だけではなく、「大学関与なし」も同じじゃないか。その通りです。研究費の「選択と集中」は、当然のこととして、大学だけではなく公的研究機関でも時を同じくして進められています。大きな動きとしては、国立大学が法人化されたように、国立の研究機関が２０１５年に法人化され「国立研究開発法人」となっています。国立大学法人同様、国立研究開発法人の運営費交付金も毎年減額されていますが、残念なことに、法人化前の推移は確認できませんでした。が、選択と集中の政策は、法人化前から進められていましたから、ＢとＣの間で、大きな変化があったことが予想されます。いずれにせよ、この期間に国立大学が法人化され、その前と後では大学が関係するＷｏＳ－非ＫＡＫＥＮ論文が著しく減少していることに変わりはありません。

「ＷｏＳ－非ＫＡＫＥＮ論文数は国立大学の運営費交付金と密接に関係がある」

分析の結果を「論文データベース（Web of Science）と科学研究費助成事業データベース（ＫＡＫＥＮ）の連結による我が国の論文産出構造の分析」は次のように総括しています。

科研費が、日本の論文産出構造において、量的にも質的にも大きな役割を果たしていることや、科研費の関与している論文数や、関与の度合が年々増加していることが明らかとなった。しかし、科研費の関与していない論文数が著しく減少しており、その結果として日本全体の論文数の伸び悩みが生じていることが分かった。

上位40大学のうち論文数規模の大きい大学（2006―2008年平均論文数900件以上）では、WoS-非KAKEN論文数がすべて減少しているが、それに対しWoS-KAKEN論文数が伸びているため、大学としての論文数は増加している。それ以降の論文数の規模の大学では、WoS-KAKEN論文数の増加分よりWoS-非KAKEN論文数の減少分が大きく、大学としての論文数が減少しているケースが見られる。

なお、多くの私立大学ではWoS-非KAKEN論文数が減少していない。このことから、WoS-非KAKEN論文数は国立大学の運営費交付金と密接に関係があると考えられる。

つまり、ＷｏＳ論文とＫＡＫＥＮ論文をリンクさせた分析を見る限り、「選択と集中」は日本全体の研究力の向上とは無関係だったということです。向上と無関係であるだけでなく、運営費交付金を減額されながら、それを補う科研費を獲得できず、「デュアルサポート」が機能しなかった論文数中位、下位の大学群の研究力を劣化させたという副産物がつきました。「選択と集中」は文部科学省の思惑通りには機能していません。

論文生産性に大学群による差異はない
――根拠のない「選択と集中」

これまで見てきたとおり、「選択と集中」によって日本の大学の研究力が向上したという証拠はありません。しかし、「選択と集中」が研究力向上を大きく阻害しているという証拠があるわけでもありません。分かったことは、上位校の論文数は伸び、中位・下位校の論文数が減ったということです。効果や弊害があるのかどうかよく分からないといったところだと思います。

一方で、常識的に考えて、東大や京大などの大規模総合大学には優秀な研究者が多く集まっているのだから、そっちに研究資金を重点的に配分する方がやはり効率的だという考え方は根強いのだと思います。

ところで、その「常識」は事実に裏付けされたものなのでしょうか。常識が実は間違った現状把握による見当違いの認識であることは、日常生活でもよくあることです。もし、間違った常識（偏見とも言います）によって大規模大学に研究資金を重点配分し、中小規模の大学の研究費が削減されているとすれば、中小規模大学の研究者は堪ったものではありません。

研究費当たりの論文生産性は中小規模大学が高い

先にご紹介した豊田長康先生は、その「常識」を、さまざまなデータを分析して検証しておられます。大学の規模や産出する論文数のランクによって分類した大学群の間に論文生産性の差異は見られないというのが結論です。簡単に紹介します。

まずは研究費と論文数の関係です。図表4－16は、２０１１年に各大学が獲得した主要

図表 4 − 16　2011 年主要外部資金と 2012 年論文数の相関

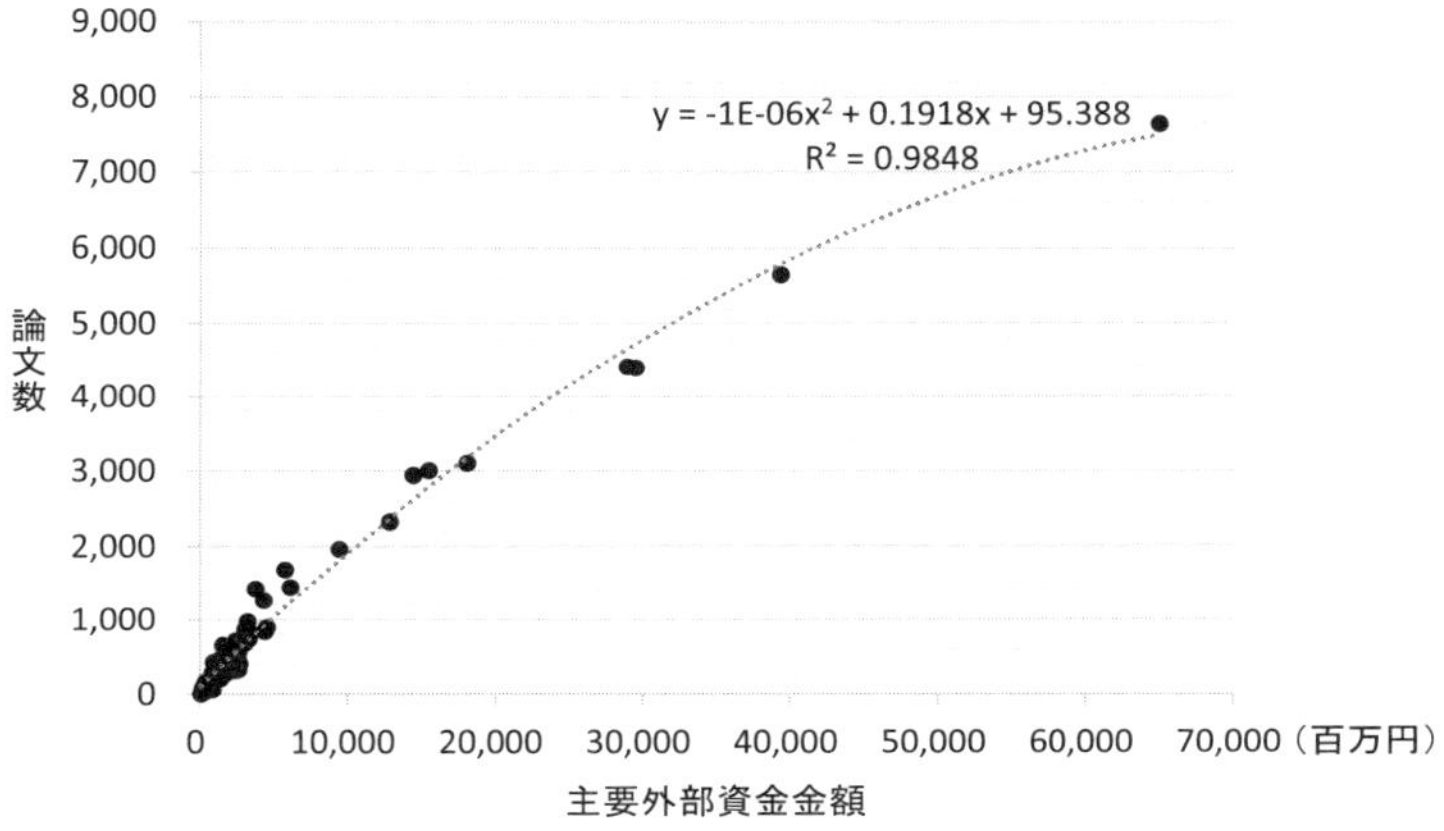

（出典）豊田長康『科学立国の危機』東洋経済新報社、2019 年

外部資金と翌２０１２年に各大学が発表した論文数の相関を示した図です。豊田先生の労作です。ご許可を頂いて掲載しています。主要外部資金とは、科研費配分額、受託研究等収益、補助金収益の合計です。

図が示しているのは、獲得外部資金当たりの論文数は、論文数の少ない（研究力の低い）大学の方が多く、論文数の多い大学の方が少ないということです。つまり、外部獲得資金当たりの論文生産性は、下位の大学の方が高いことを示しています。

もっとも、豊田先生も著書『科学立国の危機』で指摘しておられますが、論文数上位の大学の研究者がサボっているわけではなく、上位の大学では高額の設備を使う研究が相対的に多いことが、獲得資金当たりの論文生産性が低くなる一因と考えられます。ですから、上位大学の方が論文生産性は低いとまでは断定できません。が、下位大学の方が論文生産性は低いと決めつけるのは誤りだということはできます。

研究者当たりの論文生産性は同等

次に研究者一人当たりの論文生産性です。本章で研究時間を検証した節で触れたとおり、各大学の研究者一人当たりの論文生産性を検証するには、正確なＦＴＥ値が求められます。しかし、それは簡単なことではありません。各国の科学技術力の統計をとっているＯＥＣＤに報告するため文部科学省がアンケート調査を行い、日本の大学研究者のＦＴＥ値を割り出していますが、それはあくまで全体の平均値であって、各大学に当てはまるわけではありません。論文数上位の大学の方が教員一人当たりの学生数が少なく教育活動の負担が小さいことや、上位大学には学生のいない研究所が多く、研究に専念している研究者が多いことなどから、上位大学の方がＦＴＥ値が高くなるのは明白です。ＦＴＥ換算値が高いほど、研究者一人当たりの研究時間は多くなります。

そのような簡単でないことを、各大学の公式サイトなどから丹念にさまざまな形態の教員数を調べ、勤務形態により係数を変えて各大学のＦＴＥ値を試算して、豊田先生が「推

図表４－17　推定理系 FTE 研究従事者と論文数の相関

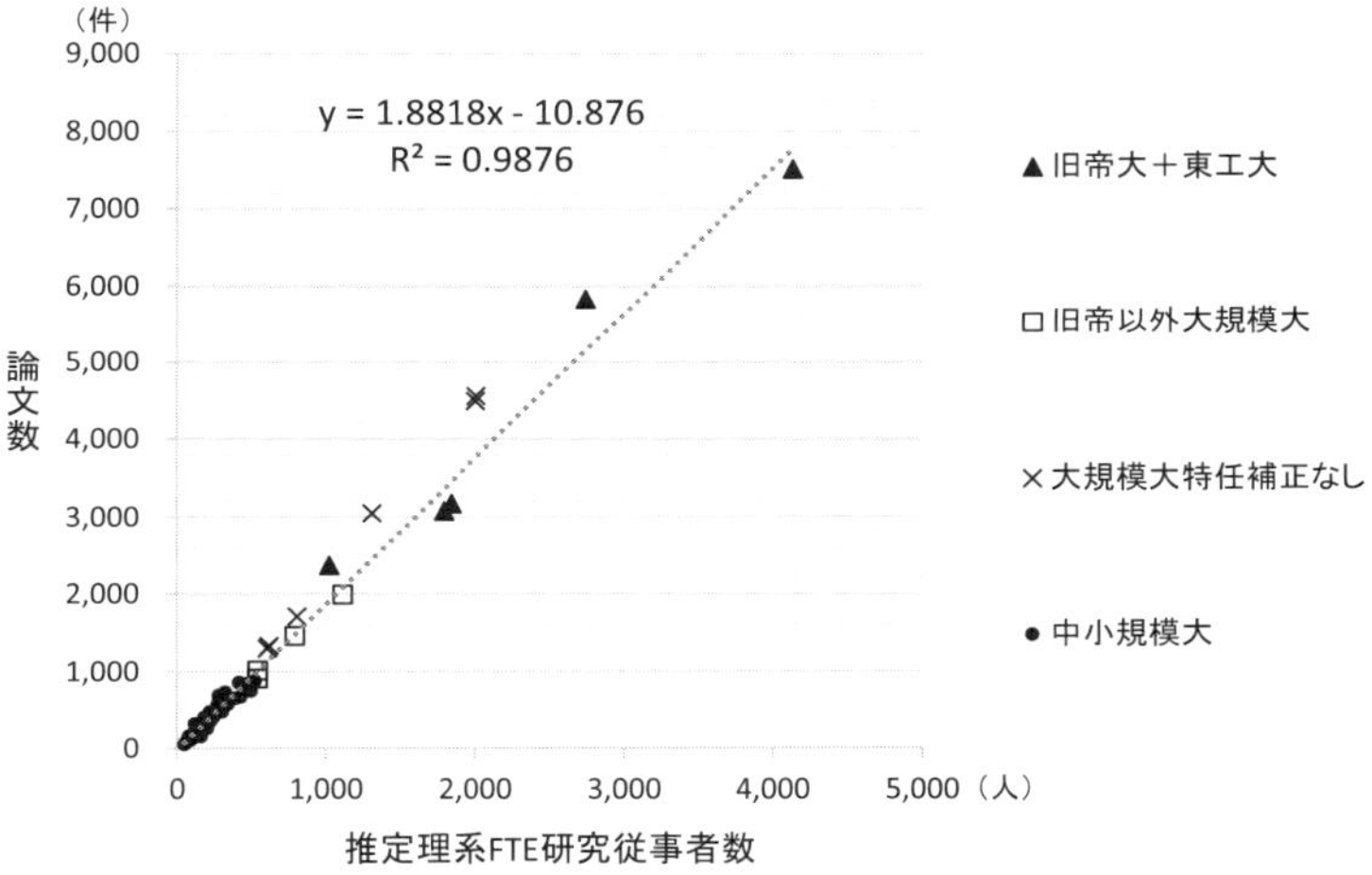

（出典）豊田長康『科学立国の危機』東洋経済新報社、2019 年

定理系ＦＴＥ研究従事者と論文数の相関」を割り出したのが図表４－17です。このような分析は、他のどこを探してもありません。

先に図表４－18をご覧ください。こちらは「常勤教員数と論文数の相関」です。つまり、ＦＴＥ値ではない研究者の実数と論文数の相関です。一目で、旧帝国大学などの論文数上位校の方が研究者一人当たりの論文生産性が高いように見えます。こうしたデータが、上位校に優秀な研究者が多いに違いないという「常識」を作り出しているのかもしれません。

ところが、図表４－17を見ると様相は違ってきます。可能な限り正確に各大学の研究者のＦＴＥ値を求めると、研究者一人当たりの論文生産性には上位大学も下位大学も差がないことがはっきりします。つまり、頭数で比較したとき、

図表4－18　常勤教員数と論文数の相関

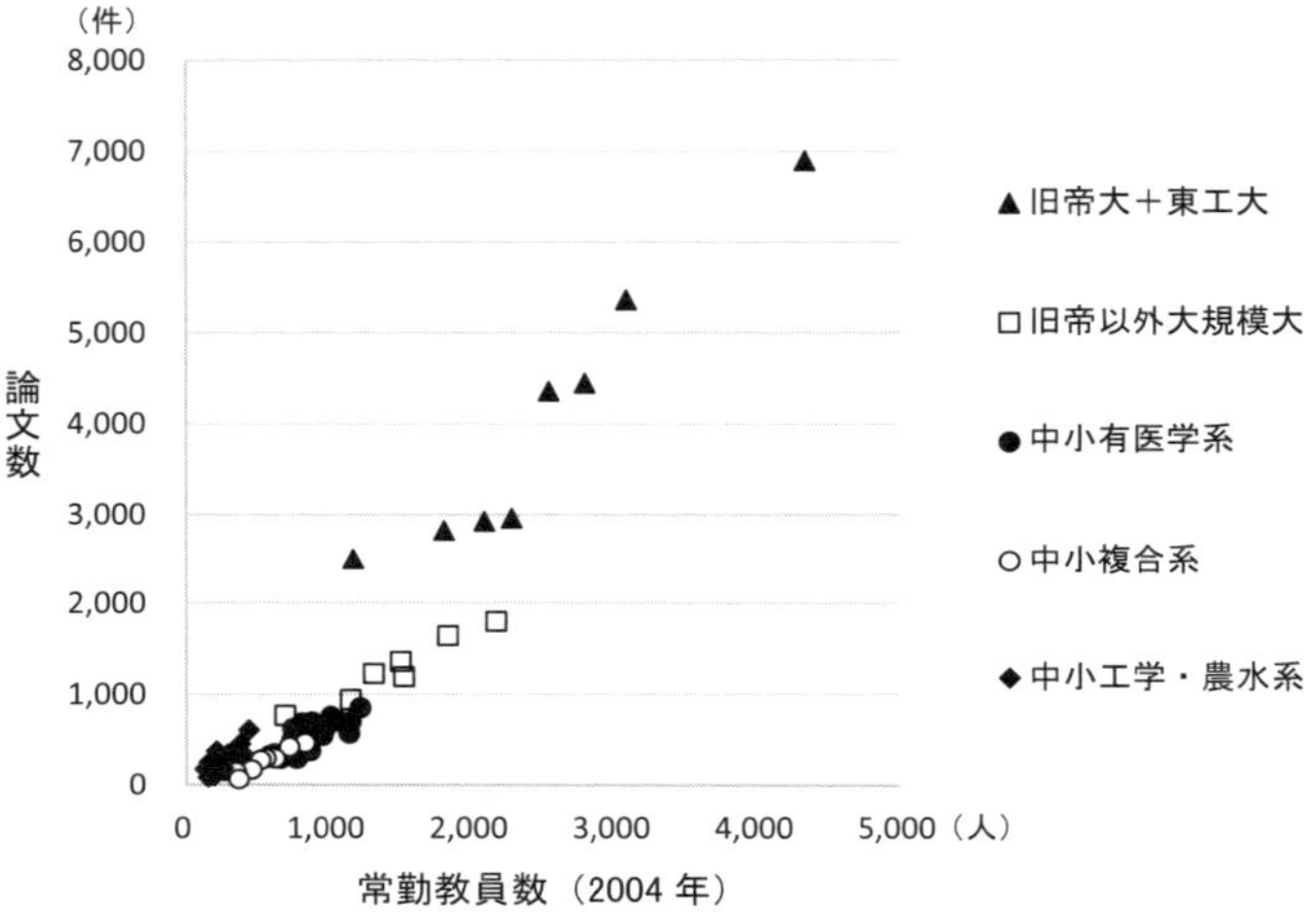

（出典）豊田長康『科学立国の危機』東洋経済新報社、2019年

下位大学の研究者一人当たりの論文生産性が低く見えるのは、研究力に劣っているからではなく、研究する時間が足りていないからなのです。

論文数上位の大規模大学の研究者の方が、その他の大学の研究者よりも優秀な人が多いはずだという「常識」には根拠がありません。根拠のない常識をもとに政策を実施してもよい結果が得られるはずはありません。研究資金の「選択と集中」が論文数増加率の向上にまったくつながっていないことは、何よりの証左です。

小規模地方大学が生んだノーベル賞学者

法人化以降、常勤教職員が減り、研究者の研究時間の減少率が大規模大学と比して大きくなるなど、「選択と集中」のしわ寄せを一手に引き受けているかのような地方小規模国立大学ですが、近年、嬉しいニュースに続けざまに沸きました。ノーベル賞です。

２００８年にノーベル化学賞を受賞した下村脩・ボストン大学名誉教授は、旧制長崎医科大学附属薬学専門部の出身です。現在の長崎大学薬学部です。いわゆる七大学と東京工業大学出身者以外では初のノーベル賞受賞でした。

もっとも、下村教授は陸軍軍人の家庭に生まれ、幼少期は旧満州国や国内を転々とし、戦中、戦後の混乱期に学生時代を過ごしています。薬学専門部に進学したのは、原爆で壊滅した専門部が疎開先の諫早市に移転してきて、しかも自宅から見えるほどの近所だったからだそうです。社会が安定している時代に生まれていたら、「もっといい大学」に進学しておられたのかもしれません。

どうでもいい余談ですが、下村教授は私の友人の伯父上で、友人は伯母さまの代わりにノーベル賞の晩餐会に出席したと自慢していました。ご夫妻がよく買い物に来られていたという長崎駅前のチャンポン麺の製麺所には写真とサインが飾ってあります。

2012年にiPS細胞で生理学・医学賞を受賞した山中伸弥・京都大学教授の出身校は神戸大学です。

神戸大学は論文数や科研費獲得額で七大学に準じる大規模大学ですが、2014年、2015年には〝典型的〟な地方大学出身の受賞者が立て続けに三人誕生しました。2014年物理学賞の中村修二・カリフォルニア大学サンタバーバラ校教授は徳島大学、2015年生理学・医学賞の大村智・北里大学特別栄誉教授は山梨大学、同年物理学賞の梶田隆章・東京大学教授は埼玉大学の出身です。三人のノーベル賞受賞者の誕生で、地方の小規模大学の卒業生にも優秀な人材がいることを、日本人の多くが知ることになりました。

大村教授は受賞翌年の科学技術白書のインタビューで「研究も一極集中は駄目」と地方大学の研究力の重要性を強調しています。

「山梨大学は、戦後に師範学校から地方国立大学になりました。初代の学長の方針もあり、地方の特色ある産業振興に貢献しようということで、発酵生産学科を置いたり、名産の水晶の関係で人工水晶の研究を手がけたり、非常に特色のある大学でした。また、先生方も、教科書の内容を板書して終わりというのではなく、『おいしいワインをつくろう』とか『水晶の結晶を大きくしよう』とかチャンレンジ精神にあふれていました。そのような意味で、研究も一極集中では駄目で、いろいろな地方からバライエティに富んだいろいろな研究の芽が出てくるという環境を国がつくってあげることが重要だと思います」（2016年版科学技術白書）

ノーベル賞の自然科学部門の日本出身受賞者は23人、うち6人が七大学以外の出身者です。占有率は26％です。多いのか少ないのか、ちょっと微妙です。が、優秀な研究者は大規模総合大学に多いはずだという「常識」は、やはり考え直すべきではないでしょうか。

＊　＊　＊

本章では、日本の、なかんずく、その主力である大学の研究力の衰退の理由を検証してきました。繰り返しになりますが、日本の研究力が他国と比して衰退してきているのは、日本の国におカネがないからです。それは構造的な問題です。前世紀に経済的に豊かになった日本人の意識の変化を適切に把握できず、結果、日本の人口動態を見誤り、予想以上に急激に少子高齢社会に移行してきたにもかかわらず、社会保障政策の改革を先送りし続けたため、膨れ上がる社会保障費と労働人口減少による税収減でにっちもさっちもいかなくなっている。政府の借金は膨れる一方です。とても、科学技術予算を増やすゆとりはありません。

その打開策のために政府が打ち出したのが「選択と集中」です。が、機能していません。招いたのは、研究現場の混乱と動揺、不安定な雇用環境、大学院博士課程の空洞化、現場研究者の諦めにも似た無力感、そして、そのしわ寄せを最も大きく被った中小規模大学の疲弊です。

こんなことでは、近い将来、ノーベル賞受賞者がいなくなるという大隅・東京工業大学栄誉教授の予言は、現実のものとなりそうです。

次章では、もう一つの問題点、基礎研究の弱体化に光をあてます。

第5章

ノーベル賞が消える
——研究者が共有する危機感

2018年にノーベル生理学・医学賞を受賞した本庶佑・京都大学特別教授は、朝日新聞に掲載された山中教授との対談で「基礎科学『が』、重要なんです」と語り、基礎研究の重要性を強調しました。また、本書の冒頭で紹介したとおり、2016年に生理学・医学賞を受賞した大隅良典・東京工業大学栄誉教授は、研究者が「効率」を求められるようになった結果、自由な発想に基づく基礎研究が疎かになっている、と指摘しています。それが本書の原点でした。

ノーベル賞学者が基礎研究を支援する財団を設立

もう少し詳しく、大隅教授の指摘に耳を傾けてみたいと思います。

大隅教授は2017年8月に設立した公益財団法人「大隅基礎科学創成財団」の設立趣意で、日本の大学の窮状や独創的研究の危機について訴えています。その指摘が妥当であることは、すでにさまざまなデータをもとに詳しく検証してきたことですが、全文をご紹介します。

日本の大学の窮状

日本の大学はこの10年ほど恒常的な運営資金である運営費交付金が毎年削減された結果、大学は大変貧しい状態に陥っています。安定的な講座費が廃止され、全ての研究費や運営資金までがプロジェクト的な競争的な資金となり、大学運営を長期的な計画として進めることが困難になっています。一方競争的資金は競争が激しく、短期間で成果が求められてきた結果、挑戦的な研究や、長期間を要する基礎研究は大変厳しい状況が生まれました。その結果、大学の研究力が低下し、若い世代に深刻な影響を与えています。

第一に、教授、准教授は忙しく会議や大学運営、研究費獲得のための書類書きに追いまくられ、現実に研究時間は確実に減少しています。多くの大学で若手研究者の新規採用が困難な状況となり、正規の職員が減少し、多くの若手のポジションには任期が付きました。この事実は最近 Nature にも取り上げられました。5年の任期で、3年目に評価され、4年を過ぎると次の職を探さねばならないことになり、腰を据えた研究は非常に難しくなりました。一流誌に論文を書くことが研究者として確立するために重要な条件となり、研究者は流行の課題に取り組む傾向が助長され、挑戦的で長期的な基礎研究は避けざるを得ない状況となっています。生物学分野では、一つの准教授、助教の公募に200人ほどの応募があることが常態化しています。このような事態は学生、大学院生に大きな影響を与え、大学と研究者への魅力が減退してきています。その結果、大学院博士課程進学者が減少し、定員に満たないという状況が生まれています。ますます大学の研究力と、若者の研究マインドの低下を招き、次世代の育成、科学の継承を考えると極めて深刻な事態に立ち至っています。

独創的研究の危機

日本では近年効率がより強く求められるようになり、科学研究にも短期間での見返りを求める雰囲気が強くなっています。その研究は何に役立つのかがすぐに問われます。これは基礎研究者にとって痛手となっています。自然科学上のブレークスルーはすぐに役に立つ研究をという発想からは生まれません。むしろパラダイムシフトを引き起こす発見は、思いもよらない、一見何の役に立つのか分からない研究から発することの方が歴史的にも遙かに多いことが明らかです。

研究費の効率的運用が叫ばれ、バラマキを廃止して少数の研究者への集中化が進んできました。その結果、多くの優れた、独創性を秘めた研究者が研究費を取れず研究を進められず、急速に研究の裾野が小さくなっています。尖った高いピークは大きな裾野なしには生まれません。今地方大学の研究環境の劣化は急速に進行しています。

大学と企業との関係

一方、日本の企業と大学の関係は、私の周辺領域では、以前よりも希薄になっているように感じています。グローバル化が叫ばれる中、企業の資金の多くが海外に向けられています。大学では上に述べたような深刻な財政難から企業との連携が叫ばれています。しかし大学における研究の意義が十分吟味されることなく、企業における研究との差別化も図られず、結果的に大学の研究の弱体化を招いています。その結果日本の大学に対する企業の期待が益々小さくなり、共同研究の空洞化が進行しています。いまこそ、大学と企業との連携の新しいシステムが必要となっており、それが双方の研究力強化に必ずや貢献すると考えます。

このような危機意識を持って大隅教授は生物学の基礎研究を支援する財団を設立されま

した。政府の政策の軌道修正を待ってはいられない、というわけです。本庶教授も受賞後に、ノーベル賞の賞金をもとに、基礎研究を支援する基金を学内に設立しました。ノーベル賞受賞学者がこぞって財団や基金を設立しなければと思い詰めるほど、日本の基礎科学研究は酷い状況にあるということです。

では、日本の基礎研究はどれほど大変なことになっているのか。本章のテーマはそこです。

基礎研究費割合は主要国下位

まず、日本全体の研究開発費に占める「基礎研究」の割合をご覧ください（図表5－1）。基礎研究とは、応用や利用の可能性などを考えることなく、まだ知られていない物質や現象を発見したり、新しい知識を得たりするための研究です。応用研究も新しい知識を得るための研究ですが、特定の実用上の目的や目標を持って実施されます。それに対し、

図表5－1　日本の性格別研究開発費の割合（2016年）

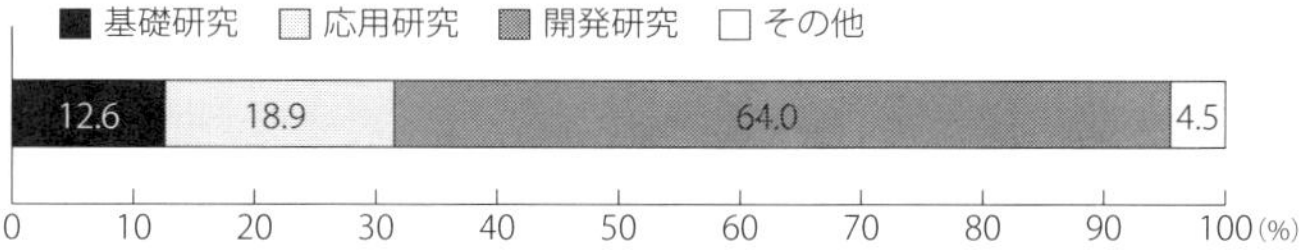

（出典）2018年版科学技術白書

開発研究は既存の知識を活かして、新しい材料や製品、デバイスを作ったり、新しいプロセスやシステム、サービスを創造（発明）したり、すでにあるものを大幅に改善したりするための研究です。

基礎研究は何の役に立つかは分かりませんが、何が飛び出してくるか分からないので、ノーベル賞につながるような破天荒な発見があるかもしれません。一方、応用研究は目的を持って研究するわけですから、研究がうまくいけば何かの「役に立つ」研究です。さらに、開発研究はモノやシステム、サービスを作ったり開発したり改善したりするわけですから、すぐに役立ちます。

基礎研究費割合は主要6カ国中5位

日本の研究開発費に基礎研究が占める割合は12・6%です。応用研究は18・9%、そして開発研究が64%でおよそ3分の2を占めます（図表5－1）。

それぞれの研究開発費のバランスはどの程度が理想的なのか。それに正解はないように思えます。現状をどのように理解、解釈するか、何年先を見据えるか、目の前の課題を重要と考えるか、持続的な発展や100年、200年先の

図表5－2　主要国の性格別研究開発費の割合

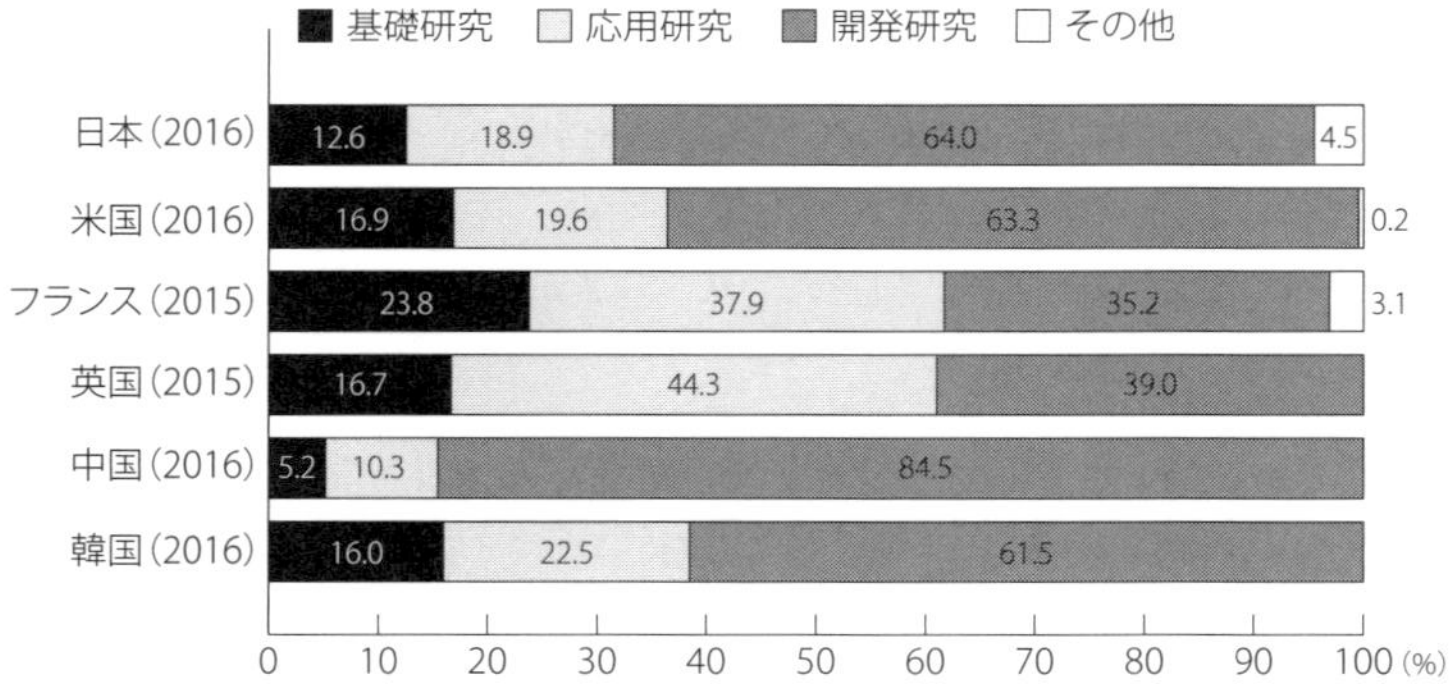

（出典）2018年版科学技術白書

社会の姿に想像力を働かせるか、政策立案者なのか科学者なのか、その人の立場や考え方によって、答は違ってきそうです。

参考に諸外国の状況を見てみます。図表5－2です。基礎研究、応用研究、開発研究の定義や線引きは国によって違いがあるので、正確な比較ではありません。最も多いフランスは23・8％、アメリカ、イギリス、韓国は16％台です。ドイツはデータを公表していません。応用研究でもイギリス、フランスが4割前後を占めているのに対し、日本はドイツを除く主要6カ国中5位です。日本の基礎研究費の割合は他の主要国に比べて小さいのが現状です。換言すれば、他の主要国と比べ日本は基礎研究や応用研究より開発研究を重視しているということです。

中国の基礎研究費は5・2％で、主要国中もっとも割合が小さいのは、他の科学技術主要国に追いつくため、「目先」の成果を重視しているからでしょうか。けれど、中国

図表5－3　日本の大学の性格別研究開発費割合の推移

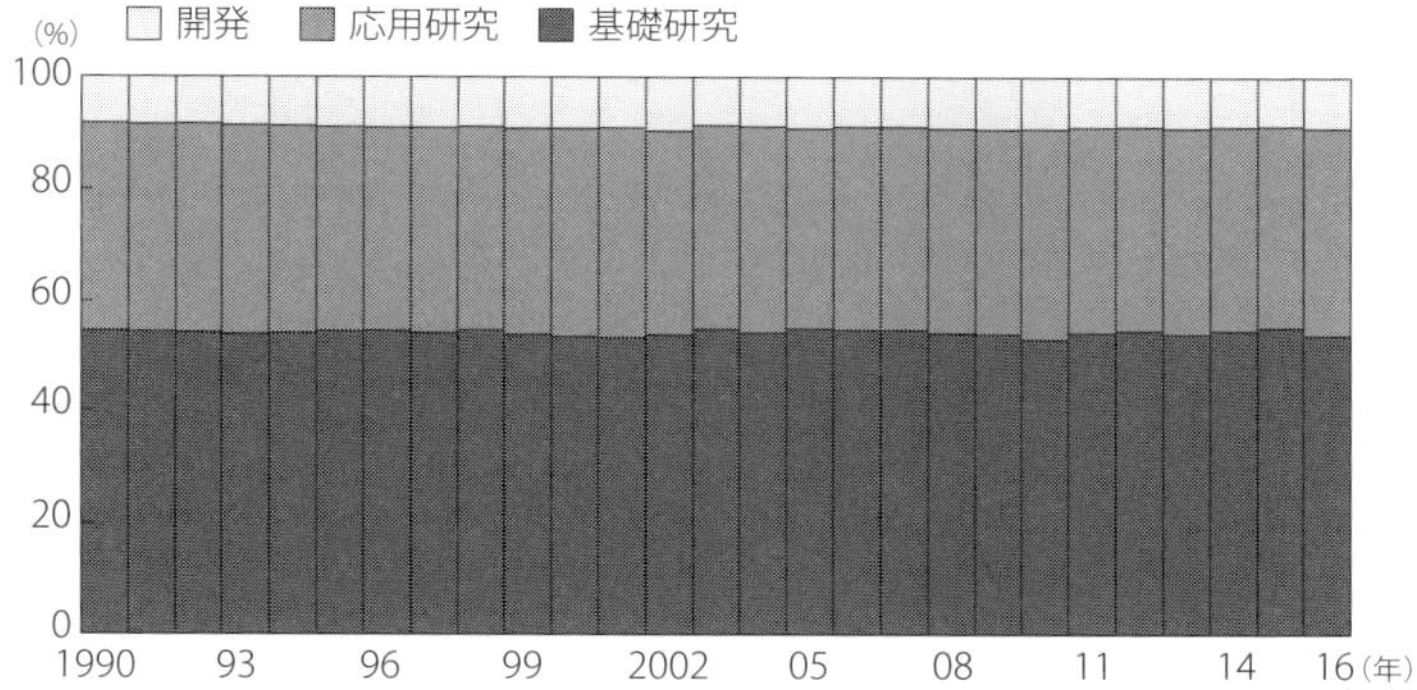

（出典）科学技術・学術政策研究所「科学技術指標2018」

の開発研究費は急激な増加を続けており、2016年は4074億ドル（OECDデータ）を費やしています。1686億ドル（同）の日本の2倍以上です。基礎研究に費やした研究費は中国が211億ドルで日本は212億ドルとなりほぼ同額です。

大学の基礎研究費割合は、主要国で中位

大学ではどのような状況になっているのか。それを示すのが図表5－3の「日本の大学の性格別研究開発費割合の推移」です。日本の大学では基礎研究が57％前後、応用研究が25％前後で推移しています。この傾向は20年以上変わっていません。大学はもっぱら基礎研究に傾注しているのかと思っていましたが、そうではありません。応用研究にも力を注いでいます。国立大学法人化の影響は、この推移には見られませんでした。

図表５－４　主要国の大学の性格別研究開発費割合の推移

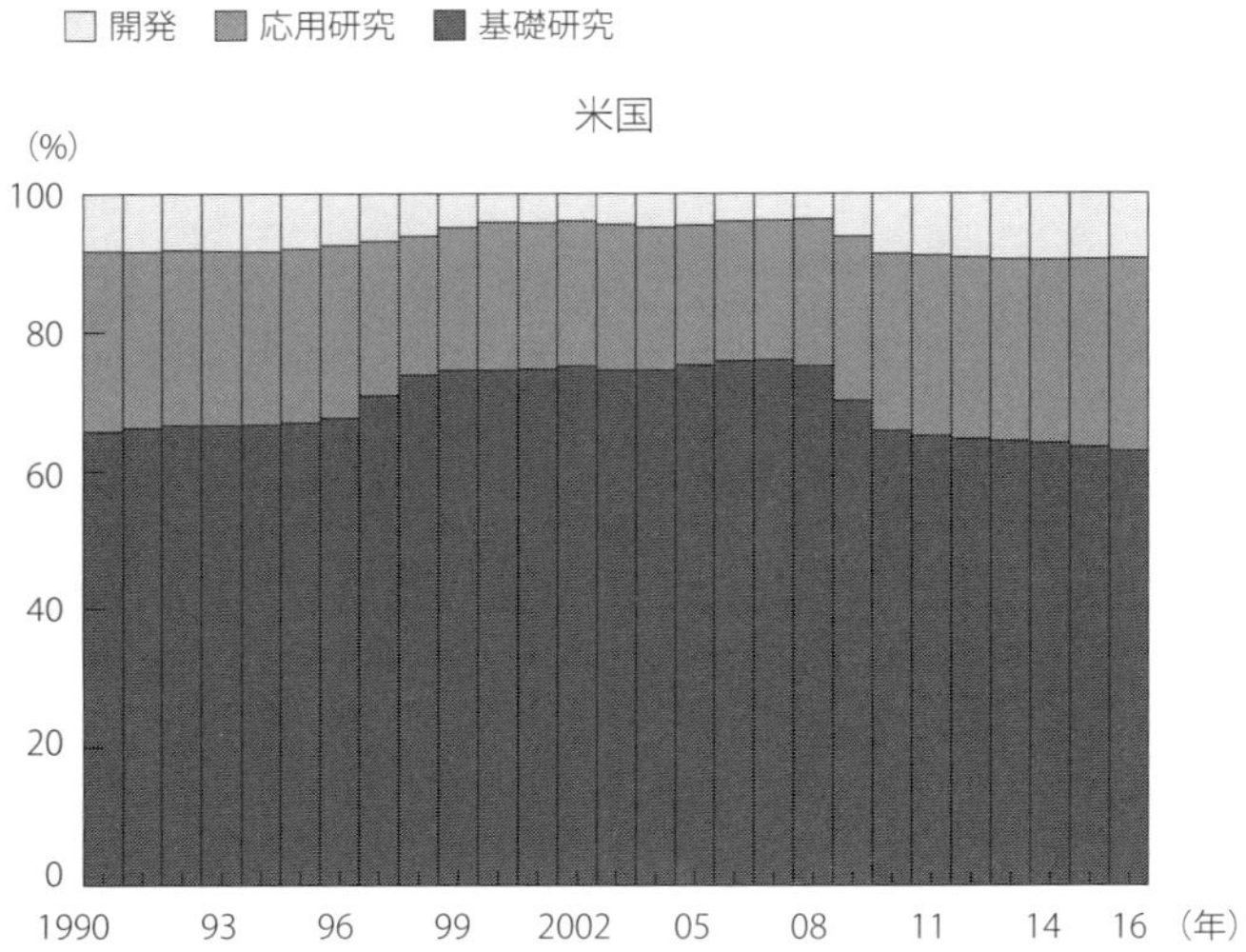

他の主要国の状況も見てみます（図表５－４）。基礎研究の研究費割合が大きいフランスの大学では、基礎研究の割合は80％を超える水準で推移しています。近年、減少が見られるのは、「計算方法の変化によるものと考えられる」（科学技術指標２０１８）ということです。アメリカの大学も60％を超える水準で推移し80％に迫る時期もあります。また、イギリスの数値は見積もり値です。研究開発費の割合という指標では、日本の基礎研究は主要国で中位にあると言えそうです。

次に論文数です、と記述したいところですが、できません。これまで、論文数やＴｏｐ10％補正論文数などを指標として日本や大学の研究力の推移を検証してきましたが、公表されているデータで論文を「基礎研究」「応

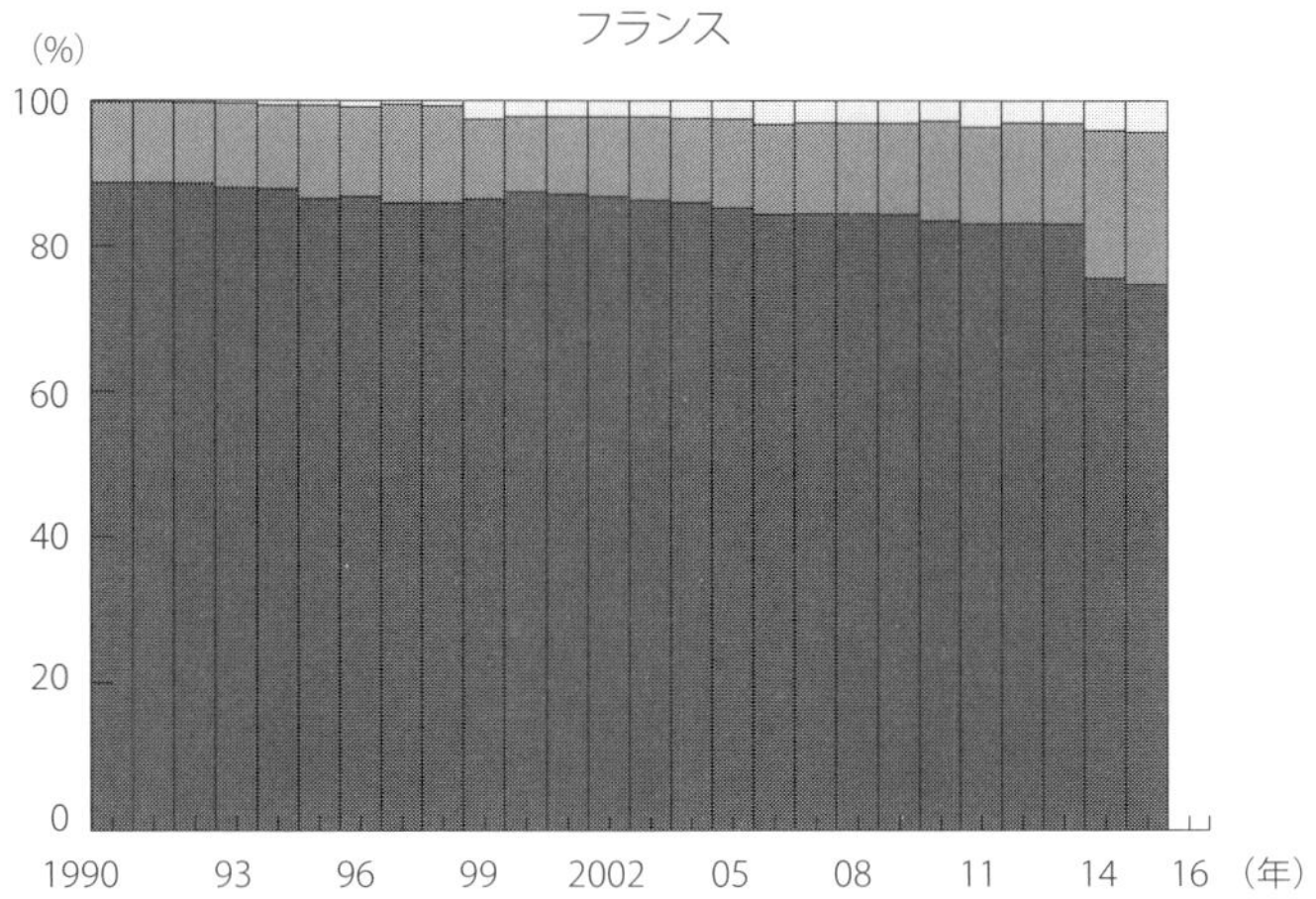
フランス
(%)
100
80
60
40
20
0
1990
93
96
99
2002
05
08
11
14
16
(年)

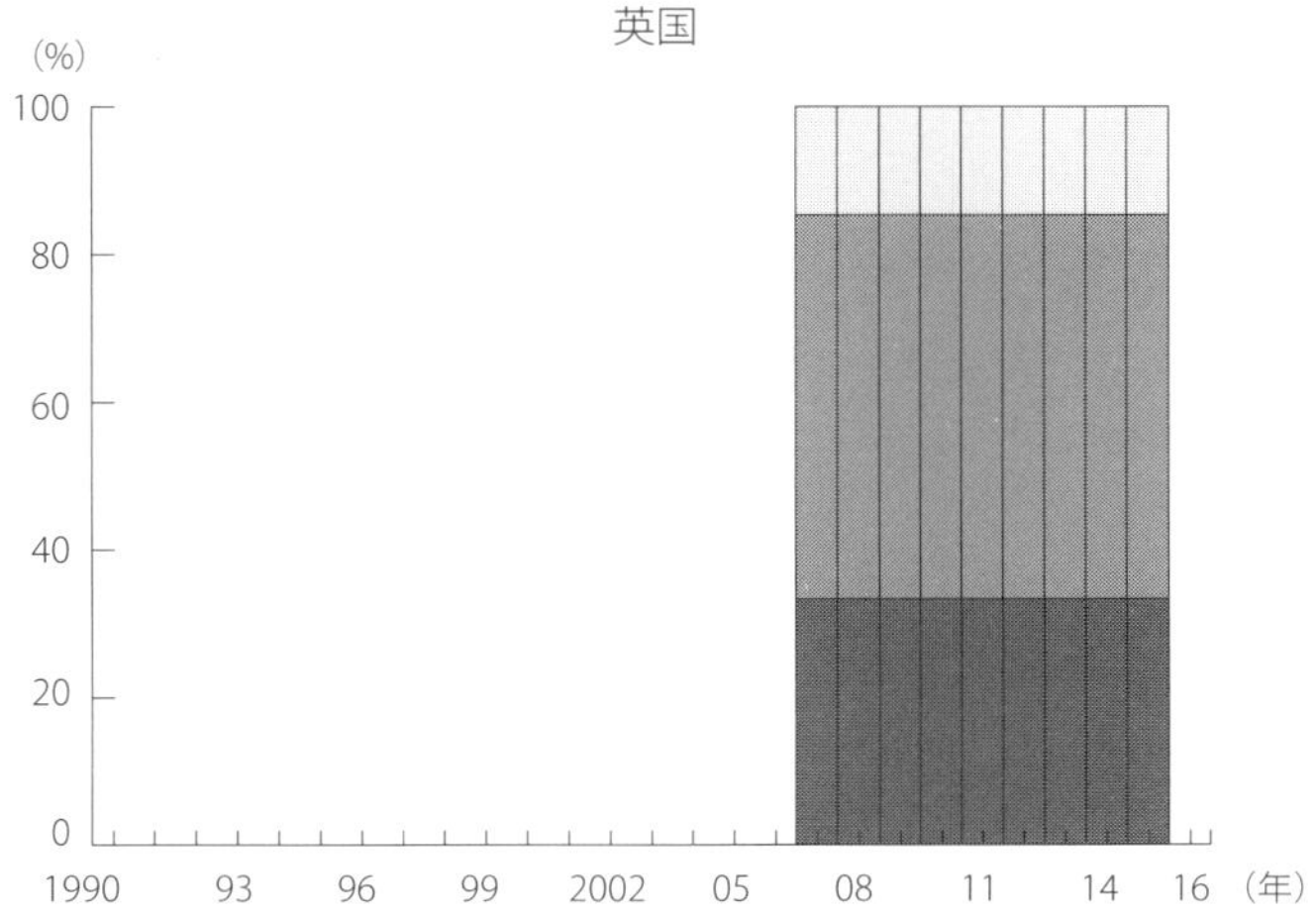
英国
(%)
100
80
60
40
20
0
1990
93
96
99
2002
05
08
11
14
16
(年)

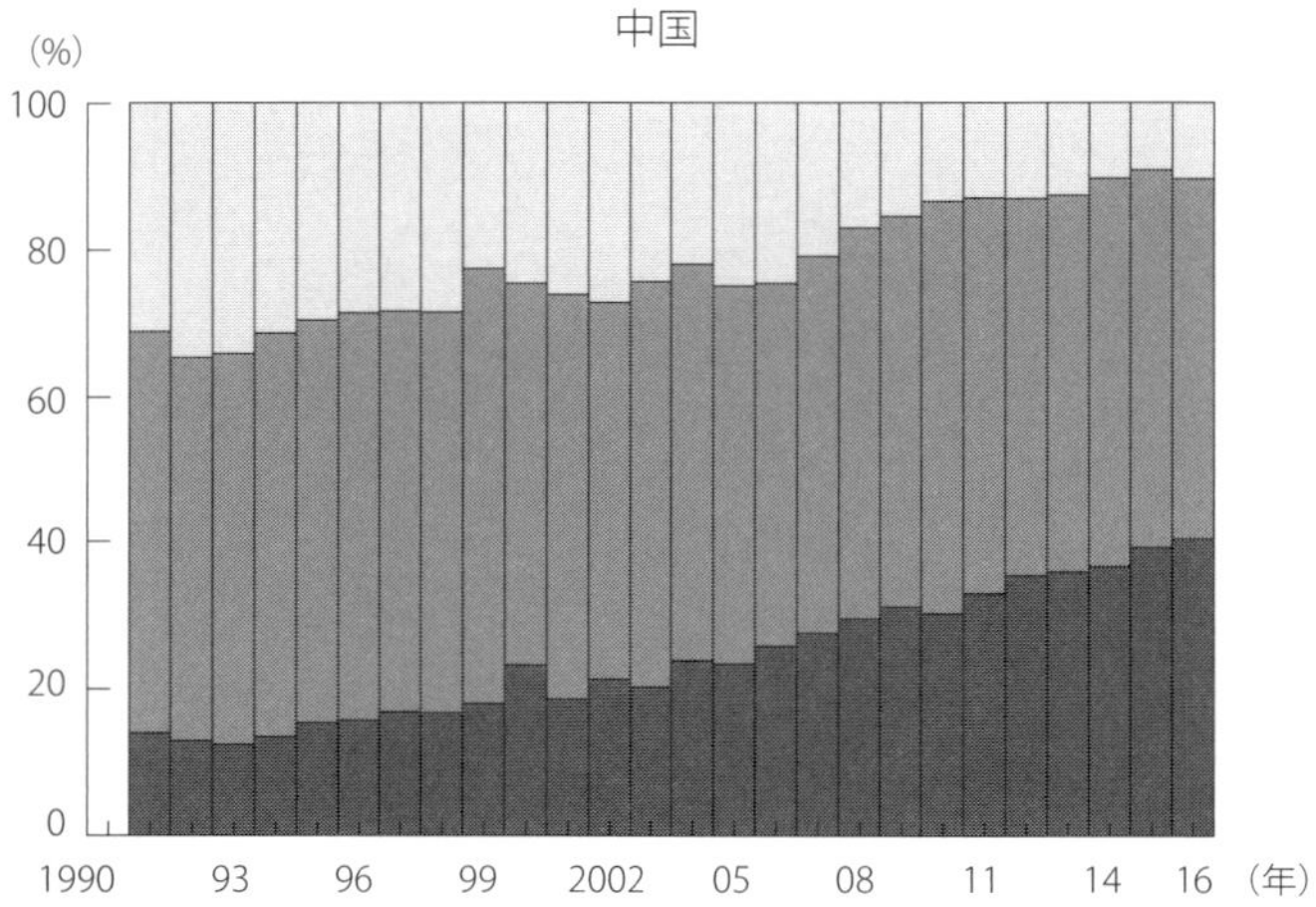

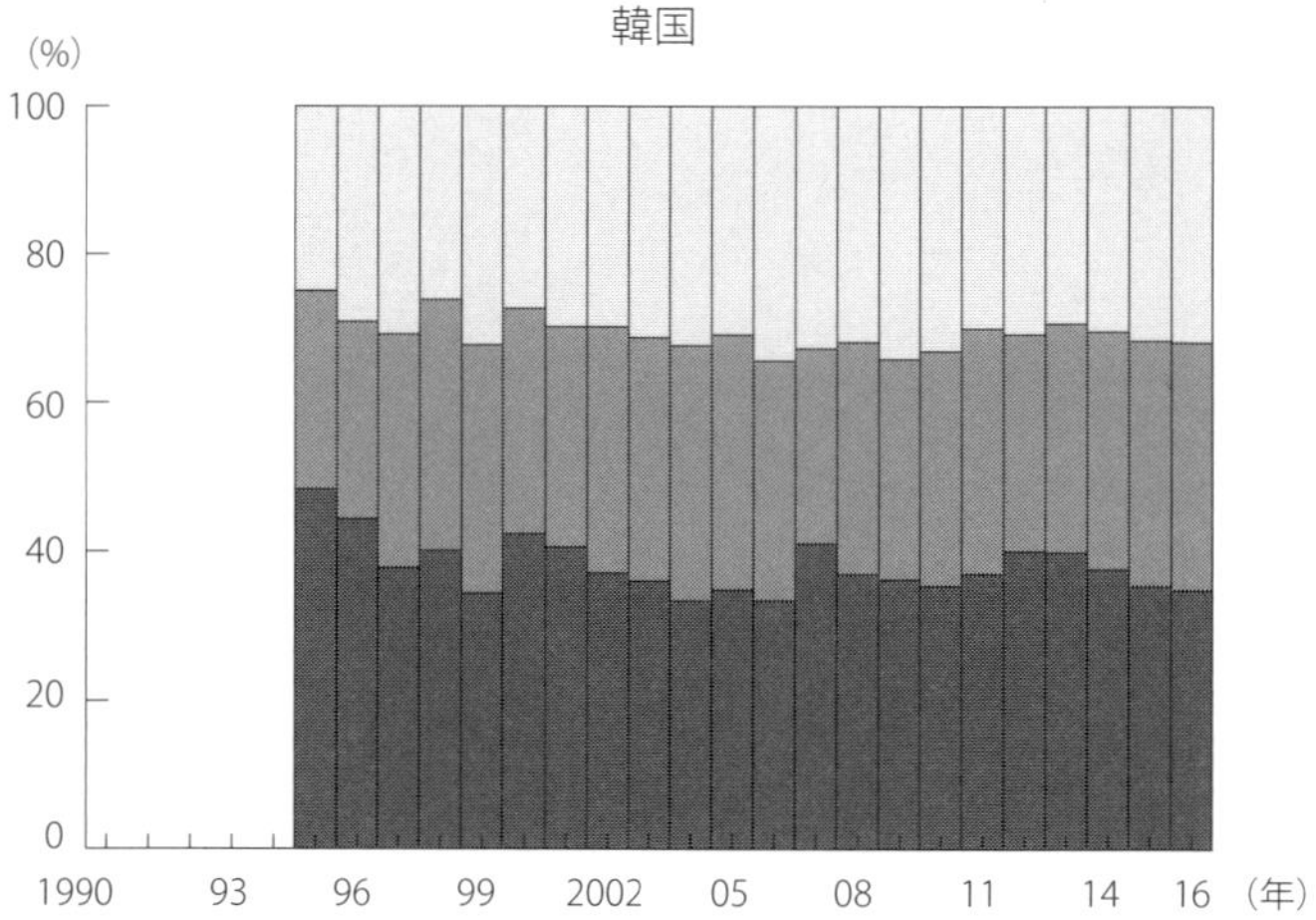

(出典) 科学技術・学術政策研究所「科学技術指標 2018」

用研究」「開発研究」の性格別に分類したものはありませんでした。残念です。

「基礎研究自体の存在が脅かされて来ている」

研究開発費の総額に基礎研究の研究費が占める割合の推移を見る限り、日本の大学の基礎研究の環境が、「選択と集中」の政策が推し進められてきたことで損なわれてきたことを示すデータはありませんでした。大隅教授の危機感とデータには大きな乖離があります。そこにはデータでは掬い取ることのできない問題が生じている可能性があります。あるいは、研究開発費の「基礎研究」「応用研究」「開発研究」の分類が形骸化し実態を必ずしも正確に反映していない可能性もあります。つまり、「基礎研究」に分類された研究費を使って応用研究などを行っている可能性があるかもしれません。

図表5－5　我が国において、将来的なイノベーションの源としての基礎研究の多様性は、十分に確保されていると思いますか

（単位：人）

		6点尺度回答者数						回答者合計
		1	2	3	4	5	6	
大学・公的研究機関グループ		404	664	455	258	90	17	1,888
大学等		336	553	393	216	75	13	1,586
業務内容別	学長・機関長等	22	48	35	17	1	0	123
	現場研究者	338	491	330	204	78	16	1,457
大学グループ	第1グループ	60	88	51	41	16	3	259
	第2グループ	70	133	97	52	10	3	365
	第3グループ	102	129	90	41	24	3	389
	第4グループ	92	183	141	68	24	2	510

		6点尺度回答者割合					
		1	2	3	4	5	6
大学・公的研究機関グループ		21	35	24	14	5	1
大学等		21	35	25	14	5	1
業務内容別	学長・機関長等	18	39	28	14	1	0
	現場研究者	23	34	23	14	5	1
大学グループ	第1グループ	23	34	20	16	6	1
	第2グループ	19	36	27	14	3	1
	第3グループ	26	33	23	11	6	1
	第4グループ	18	36	28	13	5	≒0

（注）「科学技術の状況に係る総合的意識調査（NISTEP定点調査）2017」のデータをもとに著者が作成

多様性の確保は不十分

大隅教授の危機感は、その他の研究者に共有されているものなのかどうか。研究者の声を聞いてみたいと思います。「科学技術の状況に係る総合的意識調査（NISTEP定点調査）２０１７」です。「我が国において、将来的なイノベーションの源としての基礎研究の多様性は、十分に確保されていると思いますか」という質問があります（図表５－５）。

ご覧のとおり、大学・公的研究機関の研究者の80％が3点以下、つまり不十分と回答しています。業務内

図表5－6　我が国の基礎研究について、国際的に突出した成果が十分に生み出されていると思いますか

（単位：人）

		6点尺度回答者数						回答者合計
		1	2	3	4	5	6	
大学・公的研究機関グループ		169	522	511	429	216	27	1,874
大学等		133	439	429	371	183	22	1,577
業務内容別	学長・機関長等	10	24	38	40	11	0	123
	現場研究者	133	405	390	326	166	26	1,446
大学グループ	第1グループ	29	66	58	64	29	8	254
	第2グループ	24	103	109	83	46	5	370
	第3グループ	37	113	109	74	47	4	384
	第4グループ	38	138	138	135	54	4	507

		6点尺度回答者割合					
		1	2	3	4	5	6
大学・公的研究機関グループ		9	28	27	23	12	1
大学等		8	28	27	24	12	1
業務内容別	学長・機関長等	8	20	31	33	9	0
	現場研究者	9	28	27	23	11	2
大学グループ	第1グループ	11	26	23	25	11	3
	第2グループ	6	28	29	22	12	1
	第3グループ	9	29	28	19	12	1
	第4グループ	7	27	27	27	10	1

（注）「科学技術の状況に係る総合的意識調査（NISTEP 定点調査）2017」のデータをもとに著者が作成

容別のグループや論文数シェアの多寡で分類した大学グループ間でもほとんど違いは見られず、所属大学や業務の区別なく、大半の研究者が「基礎研究の多様性」が十分には確保されていないと感じています。つまり、新しい分野の基礎研究に挑戦したいと思ってもなかなか実現できない環境にあるということです。2017年の定点調査の報告書によれば、不十分と評価した人の割合は、2016年調査より増加しています。

もう一つ、ずばり、日本の基礎研究の実力を問うような質問があります。「我が国の基礎研究について、国際的に突出した成果が十分に生み

出されていると思いますか」（図表5－6）との問いです。

多様性に比べると少し減りますが、全体の64％が不十分と回答しています。こちらも業務別や論文数シェア別で大きな違いはありませんが、微妙には違っています。学長・機関長と第4グループで不十分の割合が若干少なくなっています。学長・機関長が所属機関の実力を高く評価するのは分かる気がしますが、第4グループだけが少し違っている理由はよく分かりません。

「役に立つ研究に研究費が集中している」

自由記述も見てみます。先に「多様性の確保」の方です。今回は公的研究機関や民間企業の研究者の声も含めました。職位は教授・部長、准教授・主任研究員、助教・研究員とし、大学研究者は、元資料に記述があるものについては論文数シェアによるグループも付記しました。

問は「多様性の確保」ですが、回答者の関心は「多様性を確保」するための基礎研究の状況に向けられています。

まず、学長・機関長クラスと教授・部長クラスです。

〈学長・機関長クラス〉

◎基礎研究の多様性どころか、基礎研究自体の存在が脅かされて来ている――大学共同利用機関、機関長、男性

◎大学において、自由な発想に基づく研究に充てる資金は非常に限られている――大学、学長クラス、男性

◎応用研究が求められすぎている――第4G大学、学長クラス、男性

◎社会実装等、基礎研究に実用性を求めすぎている――公的研究機関、機関長クラス、男性

〈教授・部長クラス〉

◎役に立つ研究・成果が望める研究のみに研究費が集中しているように感じる。イノベーションを諦める方向に進むだろう――第1G大学、教授、男性

◎基盤的経費の削減により、科研費に出す以前の本当に挑戦的な研究は、非常に実施が難しくなっている――第2G大学、教授、男性

◎短期での成果が求められるプロジェクト型の研究予算が多く、多様性を阻害している――第2G大学、教授、男性

◎直近の成果に依存したり、流行を追う研究が多い――第1G大学、教授、男性

◎競争的でない研究費の減少が基礎研究の存続を危うくしている――第2G大学、教授、男性

◎ポスト数や研究時間の確保の点から、相対的に難しくなってきていると感じる――第2G大学、教授、男性

◎基盤経費の削減は、基礎研究の多様性の確保を難しくしていると思います――第2G大学、教授、男性

◎流行を追う研究者が増え、多様性は減少しつつある――第3G大学、教授、男性

◎極端な重点配分よりも、もう少し薄く広い研究費支援が（特に基礎研究に対して）必要だと考えます――第3G大学、教授、男性

◎研究費の集中投入の反面、多様性は減少していると思う――第3G大学、教授、男性

◎論文が出やすいホットテーマに飛びつき、最近、それを科研費なども支援する傾向がある。多様性の観点では危険――第4G大学、教授、男性

◎最近は学会などでも研究内容の偏りが見られ、多様性はなくなっている様に思える。研究資金が得られやすい応用研究や、論文が書きやすい短期的な研究が増えている様に思える――第4G大学、教授、男性

◎研究成果がダイレクトに社会還元されるような研究が好まれるようになりつつあると感じる――大学、教授、男性

◎出口指向が強まり、投資という意味での研究が不十分になってきている――大学、教授、男性

◎出口戦略、社会実装、といった短期目標への要請が巨大になり、基礎研究から応用へ発展させる時間と研究考察を確保することが困難になっている――公的研究機関、部長クラス、女性

◎研究の多様性が、社会の要請と財源確保の必要性によって大きく減少させられていると強く感じる。そのことが逆にイノベーションの可能性を減じていることがなぜわからないのだろうか
――第2G大学、教授、男性

◎基盤的経費削減により、基礎研究の多様性を確保できなくなりつつある――大学共同利用機関、教授クラス、男性

大学の学長や教授の職にある人たちは、大隅教授と危機意識を共有し、日本の基礎研究の危機的状況を憂いているのが分かります。「基礎研究自体の存在が脅かされて来ている」「自由な発想に基づく研究に充てる資金は非常に限られている」などの指摘はそれを象徴しています。その理由は、基盤的研究費の削減と研究費の競争的資金への依存であり、その結果として、研究者のポストと研究時間が減少し、短期的な成果が見通せて競争的資金を獲得しやすい研究が増えているからです。

応用と実用を求める圧力

次に准教授・主任研究員クラスです。

◎応用できる分野に偏っている感じがする――第2G大学、准教授、女性

◎教員・研究者の意識の焦点が急速かつ確実に応用研究にシフトしている――第3G大学、准教授、男性

◎資金の問題から、基盤的な基礎研究はできなくなっている――第4G大学、准教授、男性

◎テーマが設定された研究費目が多く、多様性の観点からは望ましくない――第4G大学、准教授、男性

◎最近は特に、イノベーション先行型の研究費が増え、相対的に研究者自身の動機に基づく基礎研究を実践できる機会が減少している――第3G大学、准教授、女性

◎若手研究者が論文数と職に意識がとられるので、十分に予算と職位を持ったシニアだけが基礎研究ができるように見える――第2G大学、准教授、男性

◎応用研究が重視されてきており、基礎がおろそかになってきていると思います――第2G大学、准教授、男性

◎選択と集中によって、切り捨てられた分野の研究者が、研究を諦めて民間へと異動していくのを数多く目の当たりにしている――第2G大学、准教授、女性

◎基礎に対する風向きは、厳しくなりこそすれ、好転しているとはとても思えない――第2G大学、准教授、男性

◎基礎研究はどんどん退化し、評価をされなくなっている――第2G大学、准教授、女性

◎研究者たちは多様性を持たせようと努力しているが、それを許さない環境が存在することもまた事実であるように思う――第4G大学、准教授、男性

◎実用性へ執着しすぎることで、多様性が失われる傾向にあるように感じる――第4G大学、准教授、男性

◎短期的な目標を重視する傾向があり、中長期的なスパンを想定した挑戦がしにくい――公的研究機関、主任研究員、男性

◎社会的ニーズによる選択と集中が大学にまで浸透しつつあり、大学の研究自由度が縮小傾向にあるように感じる――公的研究機関、主任研究員、男性

准教授・主任研究員クラスの自由記述には、「すぐに応用できる分野に偏っている」「急速かつ確実に応用研究にシフト」「応用研究が重視され」「実用性へ執着」などの言葉が頻

出し、研究現場に「応用」や「実用」を求める圧力が働いていることが見受けられます。キーとなりそうな言葉を抽出して作文するとこうなります。「『基礎に対する風向きは、厳しくなり』、『基礎研究を実践できる機会が減少』したり『選択と集中によって、切り捨てられ』たり『できなく』なったりして、『基礎がおろそか』になり、『基礎研究はどんどん退化』している」――。これが、研究現場の次世代を担う准教授や主任研究員の記述から浮かび上がる基礎研究の状況です。まさに「存在が脅かされて」います。

「基礎研究は予算を得づらい」――若手研究者の声

助教・研究員の声です。キャリアアップするために実績が求められる若手研究者の関心が、競争的資金の獲得に向けられているのがよく分かります。

◎応用性が不確定な原理追求型の基礎研究は予算を得づらい――第3G大学、助教、男性

◎応用指向型研究に資金が集まりやすい状況になっている――第3G大学、助教、男性

◎研究費はほとんどが競争的なものであり、基礎研究を研究テーマとして設定することの難しさを感じる。恐らく多様性は狭められていると思われる――第3G大学、助教、男性

◎どうしても「いますぐ役に立つ」研究ばかりが採択されがち――第2G大学、助教、女性

◎アピールのしやすさから特定分野へ支援が多くなっていると感じている――第3G大学、助教、男性

◎最近、基礎よりも応用としての結果を出すことが求められる風潮が強くなってきている――第4G大学、助教、男性

◎将来性よりも直近の実用性重視の傾向が強まっているように思います。人材募集における「即戦力の人材」と同様で、募集側には都合の良い言葉ではありますが、応募側としては基礎研究はほぼ不可能になってしまいます――公的研究機関、研究員、男性

◎年々、成果を重視するようになっているように感じる――第1G大学、助教、男性

◎研究費の獲得しやすい研究テーマを設定する傾向がみられる――第2G大学、助教、男性

◎基礎研究への援助が減ったことで、一部の研究者が目先の応用研究にシフトしているように思います。もともと多様性の問題を抱えていたのに、ますます悪くなっていくようです――第2G大学、助教、男性

若手研究者の声からは、実績を積むためには競争的資金を獲得するしかなく、そのために研究者が、「テーマとして設定するのが難し」い基礎研究よりも、「実用性」や「成果を

重視」した、「いますぐ役に立つ」「アピールのしやす」いテーマを選ぶ傾向が強まっていることが読み取れます。

「基礎研究分野は壊滅状態」――企業研究者の声

定点調査のアンケート対象には、企業の経営者や研究者も含まれています。ここでいう企業には、研究・開発部門を持つ一般民間企業の他、大学発ベンチャー企業も含まれます。主に開発研究に取り組んでいる企業の研究者には、基礎研究はどのように映っているのでしょうか。

◎教官の自由度が減るばかり、革新的な研究を行う意欲を失わせている――民間企業、社長クラス、男性

◎大型研究費は増えているが、基礎研究費は減少のまま――民間企業、社長クラス、男性

◎基礎研究分野は壊滅状態。すぐにお金になるところばかり――民間企業、社長クラス、男性

◎基礎研究に挑む研究者が減っているような気がする――民間企業、社長クラス、男性

◎研究費の削減傾向、非常勤研究者の増加などマイナス要因ばかりが増えつつあるように思う

——民間企業、社長クラス、男性

◎トレンドに左右される傾向があり、多様性を阻害しているのでは——民間企業、社長クラス、男性

◎何故、優秀な研究員が海外に流出するのかを考え、基礎研究分野の更なる充実は必要——民間企業、社長クラス、男性

◎基礎研究分野の研究者の視点が全く外を向いていないと感ずる——民間企業、社長クラス、男性

◎基礎研究に対する国の補助金が、成果を求めすぎるように思います——民間企業、部長クラス、男性

◎現状の予算で将来のノーベル賞候補が出るかについては大いに危惧される——民間企業、部長クラス、男性

◎基礎研究にイノベーションを求める必要はなく、多様性が確保できれば、その中に、イノベーションを起こすものも出てくるのだと思う。だとすれば、ある程度の長期（5から10年）にわたった研究費の確保ができる仕組みがあるといい。また、研究テーマを認可する側にも資質が求められることになります——民間企業、部長クラス、男性

◎多様性があればよいというものではなく、ある程度集中する中での多様性と割り切ることも大

事──民間企業、部長クラス、男性

企業研究者の中には、基礎研究や基礎研究分野の研究者に対する厳しい見方もありますが、基礎研究が重要であると理解し、その縮小ぶりを危惧する意見が大勢を占めています。

受賞ラッシュは過去の遺産

ご紹介する、もう一つの自由記述は「我が国の基礎研究について、国際的に突出した成果が十分に生み出されていると思いますか」との問いについて、6点尺度の評価を変更した理由です。直球です。日本の実力を訊いています。質問は「現状」を問うものですが、回答者の多くは将来を危惧する回答を寄せています。

「20年先は危うい」

まずは、学長・機関長クラス、企業経営者です。

◎これまでの蓄積の賜物である。大隅先生（ノーベル賞）が言われるように今後は暗い……——第４Ｇ大学、学長クラス、男性

◎若手研究者の雇用・研究環境が悪化しており、国際的に突出した挑戦的研究テーマへチャレンジすることが困難となりつつある——第３Ｇ大学、学長クラス、男性

◎ノーベル賞受賞者の発言などによって、基礎研究の重要性は述べられているものの、相変わらず競争的資金のアウトカムは産業の創出など産業への連結が協調され過ぎている——第４Ｇ大学、学長クラス、男性

◎応用研究が求められすぎている——第４Ｇ大学、学長クラス、男性

◎最近、基礎研究への逆風がさらに強まっている——公的研究機関、機関長クラス、女性

◎研究環境が悪くなる一方なので生み出されるはずがない——民間企業、社長クラス、男性

◎大型研究費が交付される領域だけ——民間企業、社長クラス、男性

◎まったくもって、危機的な状況——民間企業、社長クラス、男性

定点調査の報告データには、この質問項目で152人の自由記述が紹介されていますが、将来について明るい見通しを持っている人は一人もいません。例外なしです。大学や研究機関、大学発ベンチャー企業を率いる研究者は「今後は暗い」「生み出されるはずがない」「危機的な状況」と口を揃えています。「応用研究が求められすぎ」「研究環境が悪くなる一方」で、「若手研究者の雇用・研究環境が悪化」しており、「基礎研究への逆風がさらに強まっている」からです。ノーベル賞受賞ラッシュが続いているのは「これまでの蓄積の賜物」です。「今後は暗い」のです。

教授・部長クラスです。

◎オートファジー研究でのノーベル賞のように、これまでの蓄積が開花している。いまから20年先は危ういとも思う——第2G大学、教授、男性

◎貧すれば鈍する状態に落ちいりつつあるのではないか——大学、教授、男性

◎基盤的な研究経費の減少で、これまでに比べて現状、将来は危うい状況である——第1G大学、教授、男性

◎この頃、研究の基礎体力が低下している——第1G大学、教授、男性

◎少しずつ日本の研究力が落ちていると感じる——第1G大学、教授、男性

◎現時点では、ある程度の成果は出ていると考える。しかしながら、これは以前の貯金によるものであり、基盤的経費が削減された影響が今後少なからず出てくるものと考える――第2G大学、教授、男性

◎50歳以上の研究者には見られるが、それ以下ではほとんど見られない――第3G大学、教授、女性

◎過去はそうだったと思いますが……――第3G大学、教授、男性

◎応用研究が注目され、基礎研究がおろそかになってきているように感じる――第4G大学、教授、男性

◎若手研究者の自由度が減り、年々、突出した成果が得にくい環境となっているように感じる――第4G大学、准教授、男性

◎かつては、十分であった。しかし、重点的な予算配分がされている現在、ユニーク、独創的な研究が減っているように感じます――大学、教授、男性

◎成果の社会実装を求められることが多いのと、研究期間が短縮化されてきており、基礎研究を前面に出した研究では、外部資金の獲得が難しい――大学、教授、男性

◎基礎研究に成果を求めるあまり、多様性、新規性が失われている――公的研究機関、部長クラス、男性

◎アジアの基礎研究の中心が中国に移りつつある——公的研究機関、部長クラス、男性

◎大学や国立機関の交付金が激減し時間をかける基礎研究の部分が非常に弱くなっている——公的研究機関、部長クラス、女性

◎基礎研究のゆとりが減少してきている——大学、教授、男性

◎10年ほど前までは突出した成果を生み出していたが、現在は、運営費交付金の削減による研究環境の悪化で国際的に突出した成果は生み出されていない——第1G大学、教授、男性

◎生み出されていない——第2G大学、教授、男性

研究室を率いる大学の教授や研究機関の部長クラスの認識も、学長・機関長クラスのそれと変わりありません。

「短期的成果を求めすぎている」

准教授・主任研究員クラス、助教・研究員クラスの声です。

◎短期的な成果を求めすぎていて、かえって基礎が痩せ衰えてきていると感じる——第2G大学、

准教授、女性

◎応用研究に軸足が移っている印象を持つ――第4G大学、准教授、男性

◎研究費と研究時間の削減は進む一方で、状況は悪化する一方である。成果主義の傾向も強まり、確実に成果の出る研究しかできない。将来のイノベーションの源を研究する余裕はほとんどなくなってきている――第4G大学、准教授、男性

◎基礎研究に関する人員・費用が削減されているように思える――第4G大学、准教授、男性

◎若手研究者の自由度が減り、年々、突出した成果が得にくい環境となっているように感じる――第4G大学、准教授、男性

◎研究成果をできるだけ早期に直接社会還元することが重視されている傾向なのでなかなか突出した成果を上げるだけの状況になっていない――民間企業、主任研究員、男性

◎まだこれまでの蓄財で何とかやっているように思います。これからは悪くなっていくのでは――第2G大学、助教、男性

◎基礎研究の研究環境は年々衰退しており、最新装置等を使用した研究は一部の大学でのみしか実施できない状況になっている。それに伴って学術論文数の世界ランキングも下降している。より基礎研究に費やす経費が必要であることは明白であると思う――第4G大学、助教、男性

◎十分の定義が難しいが、少なくとも国際会議の主要メンバーから日本人が大幅に減っているこ

とから、成果は不十分、あるいは次世代が育っていないと言える——第3G大学、助教、男性

◎プロジェクト型のトップダウン研究に関して予算がつく傾向にあり、相対的に成果の見えにくい基礎研究に関して予算が削減されていると思われる——公的研究機関、研究員、男性

大隅教授が財団設立趣意で訴えた日本の大学の窮状と基礎研究の危機は、一人大隅教授の認識ではありません。科学技術・学術政策研究所の定点調査を精読すると、日本で研究するほぼすべての人が、同じ認識を共有していると言ってもよいことが、よく分かります。国立大学と国立研究機関の法人化で、基盤的研究費が削減されて、自由に研究することができなくなった。競争的資金がなければ研究はできず、競争的資金を獲得するには目先の成果が確実な応用研究にシフトしなければならない。しかも、その獲得に追われ研究している暇がない。将来、ノーベル賞を受賞できるような基礎研究をしたいけれど、そんなことは夢の中で見る夢のようなものだ——。定点調査で浮かび上がった研究者の声を代弁するとそうなります。

日本の研究現場では、基礎研究ができなくなっています。ノーベル賞は基礎研究を重視していることを思い出してください。今世紀に入って日本の基礎研究がノーベル賞という果実を数多く生んだのは、過去の遺産によるものです。受賞者の大半は引退寸前の科学者

です。このような現状では、そう遠くない将来に、ノーベル賞を受賞する日本人科学者はいなくなってしまいます。大隅教授の予見は現実となるに違いありません。

終章

大学解体のとき

最後に、本書の概要と触りを整理しておきます。

○毎年のように、日本人がノーベル賞を受賞し、日本中が沸き立つお祭り騒ぎが続いているが、研究者の大半は日本の基礎研究の将来を悲観している

○ノーベル賞受賞ラッシュは研究者の裾野を広げていない

○大学院の博士課程は空洞化している

○博士課程修了者のうち、修了後すぐに安定した期限なしの研究職の職を得ることができる人は1割に満たない

○優秀な人材は博士課程に進学しない

○論文数、研究費、研究者数、大学ランキングのすべての指標が、日本の科学技術の「基盤的な力」の低下を示している

○研究現場は研究予算の削減で疲弊しきり、「忙しくて研究できない」状況が蔓延している

○とくに、基礎研究の分野の疲弊は激しく、大学で「基礎研究ができない」状況が生まれている

○30年後には、日本人ノーベル賞受賞者が5年に一人になってしまう可能性が非常に高

い――

毎年政府が発行する科学技術白書などを丁寧に読んでいくだけで、このような実態が浮かび上がってきました。

本文でもしつこく指摘しましたが、高額な教育費を投資して高等教育を9年間も受けてやっと博士号を手にした研究者の卵の多くが研究職に就けない。大学院博士課程修了後、大学の助教や研究所の研究員など、期限付きでない安定した研究職に職を得ることができる人が1割に満たないという実態は、異常です。滅茶苦茶です。

博士を増やすだけ増やした政府の無策

原因は明らかです。政府の無策です。いや無策ではない。場当たり的な、無責任な政策を繰り返してきた結果です。

前述のとおり、大学院博士課程の進学者は1990年から10年間で倍増しています。進学者が増加したのは、政府が大学院重点化政策で大学院の定員を増加させたからです。政府の圧力で大学院の定員を倍増させた大学で何が起こったか。本書では詳しく検証はしませんでしたが、それは学生の質の低下です。当然です。政府の号令に従って入学定員を増やした大学は、欲しいけれど定員の制約でやむなく不合格としていたような、研究者として能力の高い学生に進学を許可したのではなく、とにかく定員を埋めるために、以前なら絶対に合格しなかったような、研究者としての能力が疑わしい学生を受け入れるようになったからです。

低下したのは学生の質だけではありません。「博士」の質も低下しました。かつては、大学院の博士課程に進学したからといって、博士号の取得が保証されるわけではありませんでした。博士課程は修了したけれど、博士論文が通らず博士号を取得できない人は少なくありませんでした。博士は物凄く偉かったのです。今はそうではありません。いくら学生の質が低下したからといって、博士課程に進学してきた学生の多くを博士号を取得させずに世に送り出していたのでは、「あの大学は博士号を取らせてくれない」という〝悪評〟が瞬く間に広がってしまい、学生が集まらなくなってしまいます。それでは、厳しい大学間競争に勝ち残れません。勢い、博士論文の審査は甘くなり、博士号は大安売りで乱発されています。結果、博士の質の低下と、博士課程修了者の就職難を招きました。そして、多くの大学院で博士課程の定員割れが起こり、空洞化が進んでいます。

なぜ、大学院の定員を躍起になって増やしたのか。それは、「有用な人材を増やす」ためでした。日本は欧米諸国に比して、学士は多いけれど修士や博士の数が少ない。それじゃグローバル化の時代の競争に勝ち残れないし、何より経済大国として格好がつかない、という気分もあったことと推察されます。それはいいとして、大学院の定員を増やせば「有用な人材が増える」と信じていたとすれば、政策立案者としてはナイーブが過ぎます。

しかも、増やすだけで、量産した博士のその後のことを、彼ら彼女らの人生を戦略的に考えた形跡はありません。場当たり的に研究予算を増やして期限付きの研究者を雇用する取り組みはありましたが、恒久的に博士の受け皿を用意する政策は皆無でした。まさか、博士ならば就職に困るはずはないと、信じていたのでしょうか。結果、大学は40歳になっても安定した職にありつけない、期限付き雇用の研究者で溢れかえっています。研究者になるのを諦めて技術者として就職しても、企業は博士号に何の価値も認めてくれません。高等学校や中学校の教員になったのでは、博士だということを隠して生きるということになりかねません。落伍者のレッテルを貼られる危険性があるからです。これでは、博士課程で学んだのは時間とカネの無駄だったということになってしまいます。その姿が、有為な人材に、大学院博士課程に進学することを躊躇させています。

若い頭脳が流出する

こうした状況を反映して、日本の大学では若い世代の研究者が、より安定した身分と高い報酬を求めて海外の大学に移籍する、「頭脳流出」の兆候が現れ始めています。博士課程の空洞化だけでなく、若手研究者層の空洞化も始まろうとしているのです。

２０１７年４月、当時、一橋大学経済学部の助教だったＫ氏のツイートがネット上で大変なトピックとなりました。本書が焦点を当ててきた理工系の研究者ではありませんが、まずは、実際の「つぶやき」をご紹介します。

今日の教授会で報告したので公表しますが、実は、今年度の春夏学期を最後に８／１付けで一橋大学経済学研究科から香港科技大学ビジネススクール経済学科に移籍することになりました。ランクは今と同じテニュアトラック Assistant Professor です。

香港科技大は近年シンガポール国立大学の後塵を拝しつつあるものの長らく経済学では アジア太平洋地域のトップ校で、大学総合ランクでも２０１５年のＴＨＥでは東大を上 回っています。とはいえ、研究環境面で一橋が特別負けているとは思いません、じゃあ 何が違うのかというと、あれですね、給料です。

具体的にいうと、一橋の給与は昨年、各種手当を全部ひっくるめて６３４万円でした。 科技大のオファーはというと、ＵＳＤ１４４Ｋ、日本円で１５００—１６００万円です。 最高税率は15％らしいので、手取りの変化率は額面以上になります。今回特別交渉はし てないのでこれはおそらく最低提示額です。

香港だから家賃とか高いんじゃないの？　と思うかもしれませんが、大学内にファカル ティハウスがあって、年収の10％を支払えば、１００平米ぐらいの３ＬＤＫに召使い部 屋と駐車場が付いた部屋を借りられるそうです。しかも、キャンパス内に保育所が完備 されており、子育てもし易いようです。

ここで何度も言ってきたことですが、経済学というのはこのようにグローバルな労働市場に直面した分野なんですね。これまでにも「PhDがみんな海外に行く」「海外就職して帰ってこない」などの形で問題は生じていたのですが、このように近年では「国内の人材が海外に出ていく」例もでてきています。

近年シニアで東大のAさんがコロンビア大に行ったり一橋のBさんがアマースト校に行ったりしましたが、中堅どころでも一橋のCさんがシンガポール経営大学に、京大のDさんがNYU上海に流出しました。シニアの「いなくなったらまじ困る人」にも海外からN千万円級オファーが来ています。（著者注：原文通り。ただし、固有名詞はアルファベットで表記した）

ツイートを読んで、K氏を取材したwebマガジン『withnews』の記事によると、K氏のツイートはツイート直後に1000回以上リツイートされ、K氏のツイートを「まとめ」、反応も盛り込んだまとめサイト「togetter」は30万回以上閲覧されたと言います。

K氏のツイートがネット上で大きな反響を呼んだのは、移籍の理由が「給与」だったことを率直に表明したためだったと思われます。K氏は東京大学大学院の出身で、当該記事の掲載時に34歳。５年間の任期中に一定の業績を上げれば任期なしの教員に採用されるテニュアトラック制度で、２０１５年から一橋大学大学院経済学研究科で任期付きの助教の職にありました。ツイートにあるとおり給与は諸手当を含め年額６３４万円。香港科技大学ビジネススクールが提示した年俸は１６００万円ということですから、２倍以上の好条件でした。

Ｋ氏は「議論を呼び起こそう」と考えて意図的にツイートしています。給与などを赤裸々に公表したのもそのためです。

Ｋ氏が「議論を呼び起こそう」としたのは、日本の頭脳の海外流出の問題です。Ｋ氏によれば、経済学の分野は「グローバルな労働市場に直面」しており、出身の東大大学院では「ＰｈＤがみんな海外に行く」「海外就職して帰ってこない」といった状況がすでに生まれていたそうです。そして、その状況は、自らも身を投じることにした研究者の海外移籍という段階に入っています。

『withnews』のインタビューで、Ｋ氏は二つの問題を指摘しています。一つは、海外移籍の大きなインセンティブとなっている研究者の待遇です。

「日本の国立大学は、本当なら、手放したくない人材によそからのオファーが来たらカウンターオファーすべきです。給与制度全体を変えられなくても、その人の等級をぐんと上げて高い待遇を示すとか。できるはずなのに、しない」

もう一つが、研究環境です。本書でも見てきたとおり、日本の研究者は教育と事務に忙殺され、研究に十分な時間が確保できないという問題を抱えています。K氏も経済学者らしい視点から、それを指摘しています。

「講義が得意な人には講義を多く任せ、研究が得意な人には講義の負担を減らす。それができれば、大学全体のパフォーマンスが上がるのに、そうなっていない。一橋大の中で論文の執筆数などのデータを見ても、それは明らかです」――。

K氏は日本の大学の硬直したシステムに嫌気がさして、海外に新天地を求めたのでした。日本の頭脳流出は、国際競争が熾烈な産業分野でも始まっています。その一つがAI（人工知能）技術分野です。2015年4月の毎日新聞は「グーグルが東大で『青田買い』揺れる『ものづくり』　AI技術流出に日本危機感」との見出しで、その一端を報告しました。

毎日新聞の記事によると、AI技術を研究する大学院生らのリクルートのために、グーグルの役員ら総勢約40人が東大のキャンパスを訪れたと言います。提示した条件は年俸約1800万円。日本のサラリーマンの平均年収の四倍以上でした。記事には、AI研究の第一人者と言われる松尾豊・工学系研究科准教授のコメントが記されていました。「優秀な学生から引っ張られていく。国内産業の将来を考えると日本にとどまってほしいが、行くなとは言えない」――。

本来、博士課程に進学して日本の科学技術の未来を担う研究者に育ってほしい人材が、より好条件の職を求めて海外へと去って行っています。

このように、若手研究者の頭脳流出は、学術分野でも産業分野でも静かに進行し始めています。本書で見てきた日本の大学の現状を見れば、その傾向は今後、さらに強くなっていくに違いありません。その先に待っているのは何か。考えると恐ろしくなります。

ノーベル賞受賞者の方々は、基礎研究がまったく重視されない研究環境を憂い、このままでは近い将来、日本人ノーベル賞受賞者がいなくなると警鐘を鳴らし続けておられます。が、ことはそれ以上に深刻だと私は思います。

このままでは、将来の日本には、ノーベル賞受賞者はおろか、科学者自体がいなくなってしまう危険性があります。もちろん、ゼロになるとは言いません。ですが、博士課程修了者の十人に一人にしかまともな、つまり、研究職として身分の保障された職がない現状で、なお、科学者を目指そうという若者がそんなにたくさんいるとは思えません。そうなれば、天然資源が少なく、科学技術立国で曲がりなりにも経済的発展を遂げてきた日本という国に明るい未来はありません。

少子化で人口はどんどん減っていく。そんな中で、産業や経済の発展の礎となる可能性を秘めた科学者が消えていく――。すでに陰りを見せ始めているとはいえ、戦後、奇跡の復興を遂げ、経済大国の名を恣にしてきた日本という国が、その座から滑り落ちていく日は、そう遠くありません。

今、文教政策や科学技術政策の立案者の方々が、事態をもっと深刻に受け止め、研究力再生のために、革命的な政策を打ち出さなければ、大変なことになってしまいます。待ったなしです。

大学は解体し、教育機関と研究機関に分離すべき

私は主にノンフィクションの分野で執筆活動を続けてきた文筆家に過ぎず、科学技術や高等教育の問題を専門に取材や研究を続けてきたジャーナリストではありません。仕事上の必要や関心の趣くままに、大学関係者や研究者に取材をした経験があるだけです。です

から、私に言えることは、特に蓄積された知識や経験がなくても、誰もが知ることができる情報を集めてきて、それを俯瞰して見れば、誰がどう考えたってそう思うだろうというようなことだけです。特別なことではありません。

それを承知で記述するなら、日本の大学制度はすでに金属疲労を起こしており、対症療法で再生できるような状況にはありません。もう、無理です。制度自体を見直して、大学を解体する以外に、日本の研究力を再生する方法はないように思われます。

紀元前からの世界各地や日本の「大学」の発祥と発展の歴史をすっとばして記述すると、日本で最初に大学が設置されたのは1878年です。東京大学です。1886年の帝国大学令により、東京帝国大学に改組されました。その後、1897年の京都帝国大学、1907年の東北帝国大学など、各地方の中心都市に帝国大学が設置されていくと同時に、1920年代には慶應義塾大学、早稲田大学、同志社大学などの私学が続々と誕生しました。それぞれの大学には前身があり、創立年は設置年とは異なります。設置年は、日本の学制上、政府に大学と認められた年のことです。

戦中の1935年の大学進学率（高等教育在学者の割合）は3％です（図表6－1、6－2）。旧制大学や師範学校、医学専門学校などの高等教育の学校に進学した人の大半は、裕福な家庭のごく一部のエリートでした。

図表 6－1　高等教育機関在学者数の該当年齢人口に占める比率

年　度		高等教育在学者の割合(1)	鉱工業生産指数(2)	国民所得の伸び(2)
明治 28 年	(1895)	0.3%	3.0	20.1
38	(1905)	0.9	6.8	23.1
大正 4	(1915)	1.0	16.5	37.0
14	(1925)	2.5	62.8	60.7
昭和 10	(1935)	3.0	100.0	100.0
25	(1950)	6.2	96.8	93.3
35	(1960)	10.2	476.9	225.8
36	(1961)	10.2	577.1	266.9

（出典）旧文部省「日本の成長と教育」（1962 年）

図表 6－2　高等教育機関在学者数の推移

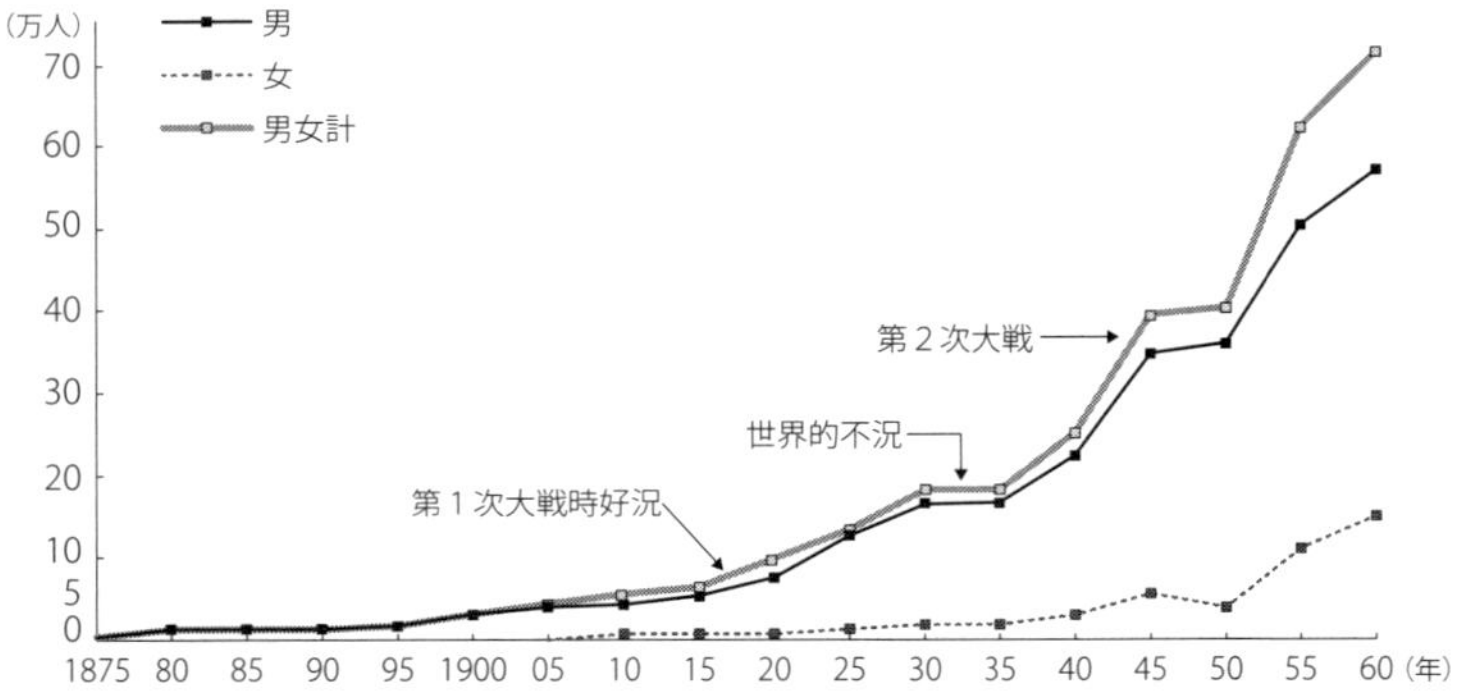

（注）旧文部省「日本の成長と教育」（1962 年）

図表6－3　大学進学率の推移

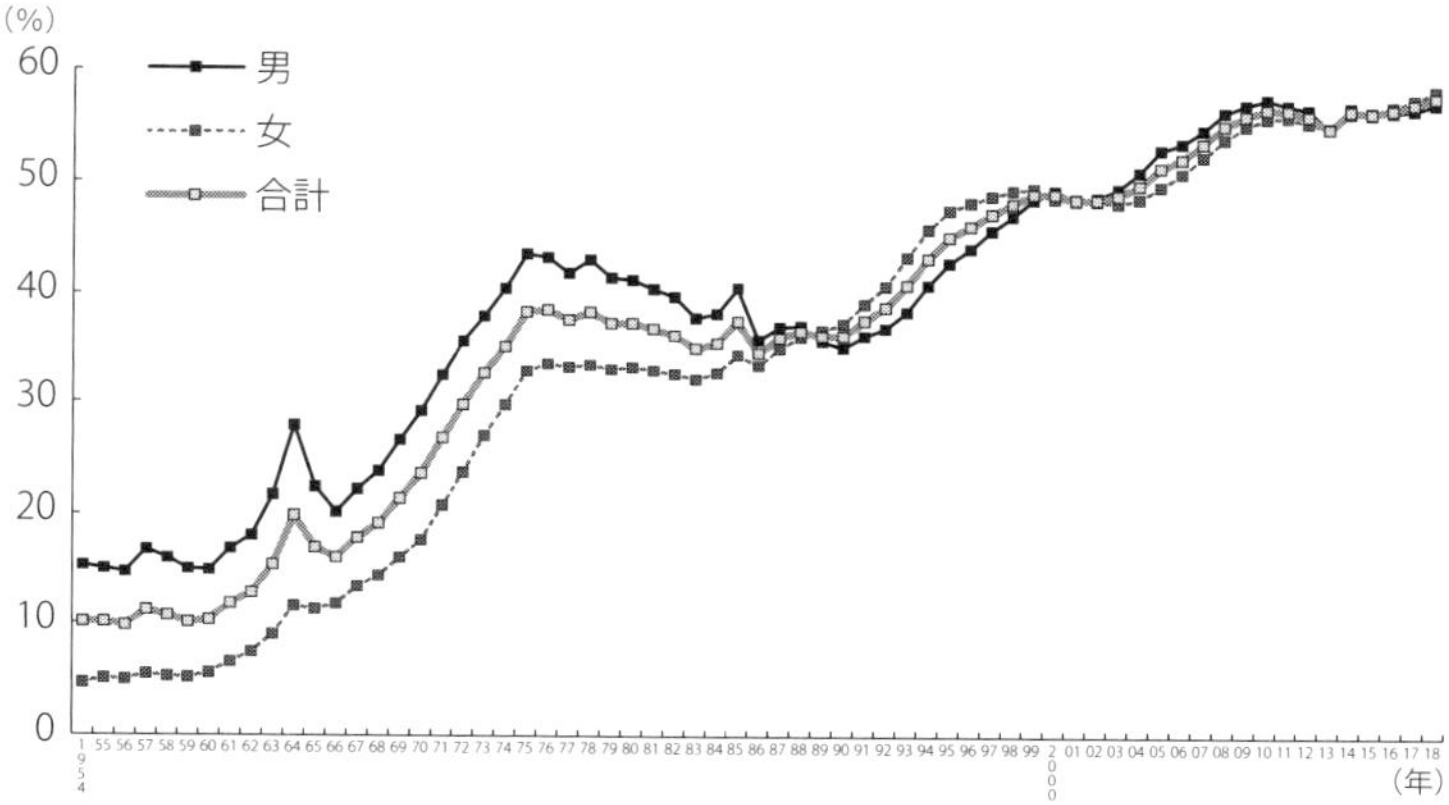

（注）文部科学省「学校基本調査」のデータをもとに著者作成

戦後の学制改革により、１９４９年に各県に旧制高校、旧制専門学校、師範学校などを母体に新制大学が誕生します。学制改革より一足早く、１９４８年には津田塾大学、神戸女学院大学などの女子大学も学制上の大学と認められました。

１９４９年には私立大学も多数誕生しています。この年に誕生した大学は新制国立大学を含め１２０校近くに及びます。翌年にも20校以上が設置されました。

新制大学の登場とともに、大学進学率も上昇していきます（図表６－３）。１９５４年には進学率は早くも10％を超え10人に一人の同級生が大学生となる時代に入ります。高度成長期の１９６９年に20％を突破、その後10年も経たないうちに30％を超えます。大学の大衆化が加速していきます。

１９８０年代後半には私立大学の創設ラッシュが始まります。毎年10校前後で増え続け、２０００年前後からは新設校は毎年20校前後となります。ラッシュは2000年代後半まで続きました。その間、進学率も上昇を継続し、1993年に40%を超え、2005年にはついに50%の大台に乗りました。二人に一人が大学に進学する時代です。そして、直近の2018年のデータでは進学率は57・9%です。大学に進学しない方が少数派なのです。成績は人の価値とは無関係ですが、学校の成績が平均以下でも大学生になれるということです。大学は完全に大衆化しました。

つまり、何を言いたいのかというと、大学は変わっています。戦後、七十有余年の歳月を経て、以前の大学とはまったく違った姿になっているのです。

2006年に第一次安倍内閣が改定した教育基本法には大学の記述が新設され、第七条で「大学は、学術の中心として、高い教養と専門的能力を培うとともに、深く真理を探究して新たな知見を創造し、これらの成果を広く社会に提供することにより、社会の発展に寄与するものとする」と定められました。後段の研究についての記述はともかく、前段を読むと、そんなもん、どこにあんねん、と多くの人が思うのではないでしょうか。

にもかかわらず、制度上の大学はほとんど変わっていません。大きな変化は1990年代に旧帝国大学などの大学で、学部を基礎としていた教育研究組織を、大学院を中心とした組織に変更する大学院の重点化が実施されたことぐらいです。問題点は前述したとおりですが、これにより大学院の学生定員が大幅に増えています。が、教員が研究と教育の双方に職務を負う大学の基本的な構造は変わっていません。

大学研究者の研究時間が減り続けていることは第4章で詳しく検証してきたとおりです。代わりに増えたのは教育に割く時間です。国立大学では運営費交付金の減額による人員削減で教員の教育活動の負担が増え、私立大学では過当競争から教員に学生サービスを求める圧力が強まりました。しかし、もっと俯瞰して見れば、大学教員の教育への負担が増えたのは当然です。なんせ、二人に一人が、成績が平均以下という学生が入学してきているのです。大学教育は以前のそれとはまったく違っています。役割も変わっています。

私が大学の取材を続けていた2000年代後半から10年代前半、大学の先生方は学生の学力の低下を口を揃えて指摘していました。学生獲得競争の激しい私立大学ではＯＡ入試で学力考査を経ないで入学したり、入学試験の多様化の名目で、一科目か二科目だけの試験で入学したりする学生が増えていました。今もそうです。中には「中学校の教科書から補習しないと講義が成り立たない」と嘆く教育担当理事もいました。入学難易度の低い大学ではありません。都心にキャンパスを持つ人気大学の理事でした。

国公私立を問わず流行していたのは、「コミュニケーション能力」「問題発見解決能力」「英会話」の教育です。学問とは関係ありません。学問以前の問題です。ですが、それが現実です。多くの大学は学問を学んだり研究したりするところではなく、学生を社会で働ける人に育てる場所に変容しています。「学問の府」ではなく、「人材養成機関」となっているのです。社会もそれを期待しています。誰もが知っていることです。

私が大学生だったのは1980年代前半ですが、乱暴に言ってしまうと、学生の側から見て、当時の大学には二つの機能があったと思います。一つは学問でもう一つは学歴です。学者を志す学生や、自然科学の実験系や医学部や薬学部など専門職を養成する学部の学生、弁護士、会計士、上級職国家公務員などの国家試験を目指す学生は別ですが、企業や役所に就職することを前提に学歴を求めて入学した学生に勉強する必要はありませんでした。受験勉強で勉強は終わりです。重要なのは大学に合格して学歴を得ることでした。それで十分でした。

私の母校は極端に自由な大学だったかもしれませんが、大学は勉強したい人が勉強するところで、一生懸命に勉強していたのはごく一部の学生だけでした。彼女・彼らは寝食を忘れるくらい猛烈に勉強していました。ですが多くの学生は大学を社会に出る前のモラトリアム期間と割り切り、効率よく卒業に必要な単位を集めているだけでした。大学の教員もそれを前提に講義をしていたと思います。なかには知的好奇心が刺激されるわくわくするような講義もありましたが、大半は、教授や助教授が自分で書いた本を読んでいるだけの退屈な講義でした。先生が教科書を読むだけなら、講義に出る必要はありません。試験前に下宿で教科書を読めばよいだけです。出席をとるような愚かなことをする先生もいませんでした。いても、そのような先生の講義は選択しなければよいだけです。試験も簡単です。解答用紙に名前を書きさえすれば単位をくれる〝人気教授〟もいました。履修者は殺到しましたが、用意された大教室には閑古鳥が鳴いていました。

教授や助教授からの直接の指導を期待したこともありません。教授が学生と認めて指導するのは研究者を志し大学院に進学した学生だけだと知っていたからです。

２０００年代の後半、四半世紀ぶりに取材で母校を訪ねると様相は一変していました。出席をとるのは当たり前で、新入生にまで少人数制のゼミナール形式の授業が用意されていました。至れり尽くせりです。

昔は良かったと言うのではありません。良し悪しの問題でもありません。変わったのだ、ということです。

今の大学制度が、大学に教育を求めている以上、「学問の府」とは言えないような学問以前の指導であれ、コミュニケーション能力であれ、英会話であれ、社会や企業の要請に応えて、社会で働くことのできる人材を育成するのは当然のことです。

しかし、大学の先生に、それと一緒に研究もいたしましょう。できれば、世界最先端の研究をしましょう。ノーベル賞が取れたら言うことない、などと求めるのは酷です。スーパーマンじゃあるまいし、あれもこれもはできません。だいたい、研究者になるような人の大半は、一般社会では生き辛い人なのです。そんな人たちに、一般社会で通用する人材が育てられるわけもありません。誰もが知っていることです。が、それを言う人はあまりいません。それを言っちゃお仕舞よ、となってしまうからです。

学生の側に立っても同じです。一般社会でよりよいキャリアを得るために学んだり身に付けたりしておくべき教養や技能と、将来、研究者になるために学ぶべき素養は違って当たり前です。大学は社会や学生のニーズに応える教育を提供すべきです。そこを直視せずに、大学設立当初と同じ発想で、研究者の就職口として大学を捉えているため、社会のニーズに応える教育を提供できないのです。これも、誰もが知っているけれど口にしないことです。

教育と研究の二兎を追う大学は、すでに耐用年数が切れています。大学進学率が60％に迫る状況の中で、もはや教育と研究の両立は無理です。それが、日本の研究力が衰退してきている構造的な問題だと、私は思います。分離して再出発するしかありません。すでに、一部ではそうした議論は始まっているようですが、大学は解体し、教育と研究の機能の分離を探る時期にきています。

おわりに

本書を執筆する直接のきっかけは、前述のとおり、豊田先生が執筆された『科学立国の危機――失速する日本の研究力』（東洋経済新報社）の原稿整理のお手伝いをしたことでした。大変な労作で、日本の研究力が衰退していること、その原因は「選択と集中」を過剰に進めた政府の失政にあることの証左が、日本の学術論文数の推移をきめ細かく分析することで余すことなく綴られています。大部です。詳しく知りたい方は、是非、ご購読ください。

原稿のお手伝いをしながら、日本の大学の現状に強い衝撃を受けました。論文数の減少もさることながら、最も驚いたのは、若手研究者の多くが安定した職を得ることができずにいるという実態です。が、その部分は、論文数の推移を手掛かりに日本の研究力の衰退を明らかにした先生のご著書では、当然のことながら、あまり触れられていません。

さらに詳しく調べていくうちに、とんでもないことになっている実態が分かりました。本書に記したとおりです。このままでは、本当に、日本から科学者がいなくなってしまいます。それじゃ困る。ちょっとでも多くの人に、その実情を伝えねばなるまい。編集部のお勧めもあり、そのために、僭越ながら筆を執ることにしました。

最後になりましたが、本書をお手に取りご高覧下さった読者の皆様に、感謝を申し上げます。ありがとうございました。本書の出版の機会を与えて下さった、東洋経済新報社編集局長（前出版局長）の山崎豪敏さんと出版局の岡田光司さんにもお礼を申し上げます。ありがとうございました。

本書が、折角苦労して博士になりながら、安定した研究の職を得られずにいる多くの研究者の方々の研究環境改善のための、延いては、日本の大学制度を改革するための議論が始まるきっかけの一助となることを願ってやみません。

岩本 宣明

２０１９年８月

参考文献

【第１章】

◇Ｗｅｂサイト

THE NOBEL PRIZE＝https://www.nobelprize.org/prizes/

国立科学博物館公式サイト＝https://www.kahaku.go.jp/exhibitions/tour/nobel/esaki/p1.html

文部科学省文部科学要覧（２０１８年版）＝http://www.mext.go.jp/b_menu/toukei/002/002b/1403130.htm

２０１６年版科学技術白書＝http://www.mext.go.jp/b_menu/hakusho/html/hpaa201601/detail/1374199.htm

２００７年版科学技術白書＝http://www.mext.go.jp/b_menu/hakusho/html/hpaa200701/014.htm

第一生命「ニュースリリース」２０１８年１月５日＝https://www.dai-ichi-life.co.jp/company/news/pdf/2017_058.pdf#search=

Career Groove「子どもの頃の夢と職業比較調査２０１７」＝https://cg.moppy-baito.com/【調査】子どもの頃の夢と職業比較調査2017/

tennis365.net＝http://news.tennis365.net/news/today/201807/120343.html

世界バドミントン連盟（ＢＷＦ）公式サイト＝https://bwfbadminton.com/results/3020/dubai-world-superseries-finals-2017/podium

日本バドミントン協会公式サイト＝https://www.badminton.or.jp/

福原愛公式サイト＝http://ai-fukuhara.com/profile/

【第２章】

科学技術・学術政策研究所（ＮＩＳＴＥＰ）「科学技術指標２０１８」＝http://data.nistep.go.jp/dspace/handle/11035/3208

２０１８年版科学技術白書＝http://www.mext.go.jp/component/b_menu/other/__icsFiles/afieldfile/2018/06/06/1405921_002.pdf

科学技術・学術政策研究所「我が国の博士課程修了者の大学院における修学と経済状況に関する調査研究」（２０１２年３月）＝http://data.nistep.go.jp/dspace/bitstream/11035/1140/1/NISTEP-RM206-FullJ.pdf

「東洋経済オンライン」は２０１６年２月２日付で『博士になったのに、なぜ報われないのか――当事者に聞く「ポスドク問題」の根深さ』＝https://toyokeizai.net/articles/-/103023

科学技術・学術政策研究所「日本の理工系修士学生の進路決定に関する意識調査」（２００９年３月）＝http://data.nistep.go.jp/dspace/bitstream/11035/895/1/NISTEP-RM165-FullJ.pdf

科学技術・学術政策研究所「科学技術の状況に係る総合的意識調査（ＮＩＳＴＥＰ定点調査）２０１７」＝www.nistep.go.jp/research/science-and-technology-system/nistep-teiten-survey

独立行政法人日本学生支援機構「学生生活調査報告（２０１６年度）」＝https://www.jasso.go.jp/about/statistics/gakusei_chosa/__icsFiles/afieldfile/2018/08/30/houkoku16_all.pdf

【第３章】

Times Higher Education 世界大学ランキング＝https://www.timeshighereducation.com/world-university-rankings

クアクアレリ・シモンズ社「世界大学ランキング」＝https://www.topuniversities.com/university-rank-

ings/world-university-rankings/2019
上海交通大学「世界大学学術ランキング」＝http://www.shanghairanking.com/ARWU2018.html
世界大学ランキングセンター「世界大学ランキング」＝https://cwur.org/2018-19.php
科学技術・学術政策研究所「科学研究のベンチマーキング２０１７」＝http://www.nistep.go.jp/wp/wp-content/uploads/NISTEP-RM262-FullJ.pdf#search
豊田長康著『科学立国の危機』（２０１９年、東洋経済新報社）

【第４章】

国立大学協会「国立大学法人基礎資料集」（２０１７年１月）＝http://www.janu.jp/univ/gaiyou/files/20170110-pkisoshiryo-japanese.pdf#search
２０１７年版科学技術白書＝http://www.mext.go.jp/b_menu/hakusho/html/hpaa201701/detail/1388434.htm
文部科学省「科学技術要覧２０１７年版」＝http://www.mext.go.jp/b_menu/toukei/006/006b/1397847.htm
科学技術・学術政策研究所「大学等教員の職務活動の変化」（２０１５年）＝http://data.nistep.go.jp/dspace/bitstream/11035/3027/5/NISTEP-RM236-FullJ.pdf
文部科学省「国立大学改革プラン」（２０１３年）＝http://www.mext.go.jp/component/a_menu/education/detail/__icsFiles/afieldfile/2013/12/18/1341974_01.pdf#search
大学改革提言誌「ナジック・リリース」第17号
日本学術振興会公式サイト「グローバルＣＯＥプログラム」＝https://www.jsps.go.jp/j-globalcoe/05_kyoten_k.html

科学技術・学術政策研究所「論文データベース（Web of Science）と科学研究費助成事業データベース（ＫＡＫＥＮ）の連結による我が国の論文産出構造の分析」（２０１５年）＝http://data.nistep.go.jp/dspace/bitstream/11035/3028/7/NISTEP-RM237-FullJ.pdf

【第５章】

公益財団法人「大隅基礎科学創成財団」公式サイト＝https://www.ofsf.or.jp/

児島将康著『科研費　獲得の方法とコツ』（改訂第６版、２０１８年、羊土社刊）

旧文部省「日本の成長と教育」（１９６２年）＝http://www.mext.go.jp/b_menu/hakusho/html/hpad196201/

【終章】

まとめサイト「togetter」＝https://togetter.com/li/1100145

ｗｅｂマガジン『withnews』＝https://withnews.jp/article/f0170429000qq000000000000W05x10301qq000015121A

『毎日新聞』２０１５年４月２日朝刊「グーグルが東大で『青田買い』　揺れる『ものづくり』　ＡＩ技術流出に日本危機感」

【著者紹介】
岩本宣明（いわもと　のあ）
1961年生まれ。文筆家、ノンフィクションライター。著書に『新聞の作り方』（社会評論社、文藝春秋菊池寛ドラマ賞受賞）、『新宿リトルバンコク』（旬報社）、『ひょっこりクック諸島』（NTT出版）、『がんとたたかう心の処方箋』（光進社）、『ホスピス――さよならのスマイル』（弦書房）などがある。他に共著書多数。近年はブックライティングも手掛けている。

科学者が消える
ノーベル賞が取れなくなる日本

2019年10月10日発行

著　者――岩本宣明
発行者――駒橋憲一
発行所――東洋経済新報社
〒103-8345　東京都中央区日本橋本石町 1-2-1
電話＝東洋経済コールセンター　03(5605)7021
https://toyokeizai.net/

装　丁…………橋爪朋世
D T P…………アイシーエム
印　刷…………東港出版印刷
製　本…………積信堂
編集担当………岡田光司
　ISBN 978-4-492-22390-1